민족의 스승

월남 이상재

4권

민족의 스승

월남 이상재

천광노 지음

4권

한국학술정보㈜

　3권에서 다뤄진 을사늑약 사건은 본 4권에서 경술국치로 이어집니다. 필자는 월남 이상재 선생의 일대기를 집필하면서 그분의 양어깨에 상당 부분 대한제국이 얹혀 있었다는 것을 알았습니다.

　이것은 바로 침략자 일본이 간파한 대한제국의 맹점이자 허점이었습니다. 임오군란에 이어 명성황후 시해사건을 당한 고종은 이미 궁을 지킬 능력을 잃어 아라사(러시아) 공관으로 피한 상황입니다. 당시 조선은 통치력을 잃고 나라를 지켜 낼 능력이 사라진 상태입니다. 아라사 공관에서 과연 국가 운영이 가능했겠으며 관리들 녹봉인들 제대로 챙겨 줬겠습니까?

　명성황후 시해 뒤 대한제국은 결국 나라 살림을 맘대로 처분하라고 주인이 집을 비운 상황이나 마찬가지였습니다. 중전의 죽음은 곧 고종과 대신들의 공포심으로 이어졌고 궁궐을 지켜 줄 변변한 군대조차 없어 외국에 황제의 안운을 맡긴 서글픈 역사가 바로 아관파천이지요. 그런데 이 아관파천을 주도한 인물 가운데 한 명이 매국노 이완용이었습니다. 그때까지만 해도 이완용은 충직한 고종의 신하였습니다. 이 책 제2권에서 살펴본바, 임금의 명을 받아 미국도 다녀왔고, 제3권에서 본바 독립협회 회장도 역임했습니다.

상황이 이 지경에 이르자 일본은 이제 식물 임금이나 다름없는 고종은 더 이상 경계 대상이 아니었습니다. 그들의 신경을 자극하는 것은 구름처럼 모여드는 만민공동회 군중집회였습니다. 바로 이상재라는 이 만민공동회를 주도한 인물입니다. 만민공동회는 조선 역사상 첫 국민 참여 집회이며 한국 민주주의의 씨앗입니다. 그 중심에 바로 월남 이상재 선생이 서 있습니다.

이상재는 만민공동회에서 큰 감투를 얻지는 않았으나 연설을 담당하는 주 강사로 활동했습니다. 월남으로 하여금 말할 기회를 주자는 것이 곧 만민공동회였으며 이것이 나라를 지켜내는 초석이 됐습니다.

제4권에서는 이처럼 일본의 심기를 건드린 월남 이상재 선생이 억울하게 옥에 갇힌 상황이 절절히 드러납니다. 당시 일본은 이상재 선생뿐 아니라 이승만 훗날 초대 대통령까지 옥에 가두고 말았습니다. 또 함께 가담한 서재필 선생은 또다시 미국으로 망명을 떠나 버려 만민공동회라는 민중의 들불은 곧 사그라지고 말았습니다.

결국 당시 대한제국은 나라를 이끌 지도자(고종)도, 국가적 근간을 유지할 정신적 구심점(이상재 선생)도 없어졌습니다. 꽃대와 순이 부러지며 강제 을사늑약 체결이라는 수모와 더불어 멸망의 수순에 접어든 것입니다.

3권 서문에도 강조한 것처럼 월남 선생이 개혁당의 누명으로 3년간 옥에 갇히지 않았다면 을사늑약은 불가능했을 것입니다. 만민공동회가 가만히 있지 않았을 것이고, 민중시위는 거대한 불꽃이 되어 과거 민란 수준을 뛰어넘었을 것입니다. 이렇게 철저히 만민공동회를 말살한 일제는 강점 절차를 다 끝내고 보호조약이라는 허울로 늑약을 체결하기 직전에야 이상재 선생을 석방하기에 이릅니다. 이미 월남의 날개는 꺾인 뒤였습니다.

곁에 동지이자 수제자와 다름없는 이승만도 없습니다. 어느새 이완용은 친일파로 변해 있었습니다. 나라를 지탱할 기둥과 대들보가 다 뭉그러졌습니다. 제4권에서는 결국 나라를 빼앗기는 한일강제병합과 식민지로 전락한 망국의 땅을 살아가는 이상재를 만나게 됩니다.

하지만 이상재는 여기서 포기하지 않습니다. 방법은 달라졌습니다. 기독교에 눈을 뜬 이상재는 종교적 힘으로 나라의 명운을 맡기는 역사적 사명 활동에 뛰어듭니다. 4권에서 이상재는 진정한 나라의 통치자는 절대자이며 보이지 않는 절대자의 힘과 능력 안에 나라의 장래도 있다는 신념을 보여 줍니다.

이 시기 이상재는 신앙의 동지이자 새로운 반려자 장순재와 재혼합니다. 전처 월예가 세상을 떠난 이듬해, 순재와 만난 지 14년 만의 일입니다. 이렇게 18년을 함께 살지만 둘 사이에 자식은 없었습니다. 다만 조선호적령이 내려져 월남 이상재의 처(妻)는 장순재로 기재된 것입니다.

일제강점기 시절 호적을 보면 이상재와 장순재는 법적인 부부입니다. 하지만 장순재는 다른 기록에서는 찾아보기 어려운 베일에 가린 인물입니다. 이로써 이상재뿐 아니라 장순재를 향한 필자의 험난한 추적은 계속 이어졌습니다. 부디 글을 통해 재현된 이상재와 장순재의 애틋한 부부애와 신앙심, 독립의지가 독자 여러분들과 공감대를 이루기 바라는 마음 간절합니다.

2011년 7월 제4권 서문(2010년 3월)을 수정하며
천광노

제15부 | 2·8 독립선언서와 민족대표 33인

헌시 |

아! 경술국치
어찌 우리 잊으랴

1910년 8월 29일 경술국치

월남(月南) 이상재(李商在).

1850년 조선 제25대 철종 임금 2년, 10월 26일에 출생하였다.

바로 이해가 경술(庚戌)년이며 개띠의 해다.

어언 갑년이 돌아와 그게 60년 전이고 1910년을 맞이하였으니 경술국치(庚戌國恥)라 칭하는 일제의 강제국권침탈의 해를 맞은 것이다.

이제 세월이 흘러 두 달 후(10월 26일)면 환갑을 맞는 이때(8월)다.

대한제국 12년과 더불어 조선왕조 518년(대한제국포함)이 종말을 맞는 것이다.

지금(2012년)부터 102년 전(2012년 기준)인 1910년 경술년 8월 29일이었다.

매국노 이완용이 일본 제1대 통감 이토 히로부미(伊藤博文)에 이어 제2대 통감 데라우치 마사타케(寺內正毅)와 심약한 황제, 순종의 옥새를 빼돌려 한일합병이라 불리는 국권양도 조약을 체결한 것이다.

옥새는 윤덕영(尹德榮, 경기관찰사 → 의정부찬성 → 侍從院卿)이 빼돌렸고, 윤덕영은 매국노의 잔당으로서, 1904년 순종의 제1비 순명효황후 민씨가 죽자, 그의 뒤를 이어 1906년 제2비로 황후에 오르는 순정효황후 윤씨의 백부(伯父, 큰아버지)가 되는 사람이다.

다음은 윤덕영의 아우이자 순정효황후의 친부는 윤택영(尹澤榮)으로 역시 매국 친일파였다. 윤택영은 일제로부터 이런 공로로 자작의 벼슬을 받았으나 파직되고 헤픈 씀씀이로 부채를 쌓아 '채무왕(債務王)', '차금대왕(借金大王)'으로 불렸고, 1920년 아들 윤홍섭과 함께 베이징으로 달아나 그곳에서 사망했다.

순정효황후 윤씨는 아비와 백부가 옥새를 빼돌리려는 기미를 눈치채고 별별 수를 다 해 옥새를 감추었으나 결국 옥새는 못된 백부 윤덕영의 손아귀에 들어갔고, 이 옥새를 이완용에게 건네주어 멋대로 대리 행위권을 허락한다는 위조문서를 만든 후에 강제병합조약을 체

을사늑약 강제체결현장 가상도

결하여 옥새를 누른 것이니 이는 원천 무효다.

허나, 이로써 일본은 한국을 자국에 포함시키고 한국은 일본정부에 귀속된 경술국권상실이라고 하는 비운의 날을 맞은 것이다.

우리는 이날을 잊지 말아야 한다.

그러니까 1876년 강화도 조약 이후 34년 만에 나라를 잃은 것이며, 더구나 그것도 우리와 같은 피를 나눈 우리 민족 가운데 반민족 역적들의 모사로 나라가 무너진 것이다.

이 얼마나 복통하고 분한 일인가.

그러므로 망국의 적은 항상 내부(국내)에 있다.

단군성조 이래 무려 1,000여 번의 외침에도 지켜온 나라였는데 안에서 곪은 암 덩어리가 결국 반만년에 이르는 조국을 쓰러뜨린 것이다.

이 통분의 피가 역류하는 사건을 기분 나쁘다고 덮으려고만 해서는 안 된다.

그렇다고 구태여 마음 상하는 침통한 과거사를 곱씹어 희망찬 대한민국의 미래를 향한 장도에 걸려 넘어지자는 뜻은 더욱 아니다.

재작년 2010년만큼은 적어도,

매년 국치일이 되거든 최소한 한 번쯤은,

우리 민족이 내 손으로 내 눈을 찌르고,

내 도끼로 내 발등을 찍은 그 엄청난 어리석음은 없는가에 대한 성찰에 게으르면 안 된다는 것이다.

한마디로 말할 수는 없지만 나라를 맡은 고위공직자(당시의 관리, 신하)가 사리사욕에 눈이 어두워 비리와 뇌물에(당시의 탐관오리) 눈이 멀면 개미구멍에 둑이 무너지듯, 국가라고 하는 것도 세우기는 어려우나 무너뜨리기는 쉽다는 경각심을 가지고 투철한 애국애족정신으로 공직에 충실해야 한다는 교훈 말이다.

그렇다면 그 당시 강화도 조약 이후 34년의 세월에 무슨 일이 왜, 어떻게 잘못되었기에 국권이 무너져 일본 제국주의의 손 아래 들어갔는가에 대하여는 영원무궁토록, 대한민국이 발전하고 선진강국이 되면 그럴수록 잊지 말고 기억해 두어야 한다.

몸은 병들지 않아 건강할 때 지켜야 하며, 보험도 건강할 때 들어야 하고, 미리미리 예방주사를 맞아두어야 하는 것처럼, 개인이나 국가나 평상시 건강을 유지하여야 하고 국토방위에 빈틈이 없어야 하기 때문이다.

그렇다면 그 당시 우리 민족의 상징과도 같은 애국지사 월남 이상재는 왜 무너지는 나라를 지켜내지 못하였는가?

월남 이상재는 무엇을 하고 있었는가?

을사늑약 이후 월남을 중심으로 한 당시를 살펴보기로 하자.

먼저 아무리 토악질이 난다 하여도 국치조약문을 들춰 보고 갈 일이다.

원문 중 조칙(詔勅)[1]과 칙유(勅諭)[2]는 한글을 삽입하고, 이어 조약문은 아래에 한글로 번역하여 싣는다.

---

1) 임금의 명령을 알리는 문서.
2) 임금이 친히 이름, 포고문.

순종 황제의 경술국치 조칙 조유 및 조약원문
純宗 皇帝의 庚戌國恥 詔勅 勅諭 및 條約原文

詔勅(조칙)

朕(짐)이 東洋平和(동양평화)를 鞏固(공고)케 하기 위하야 韓日(한일) 兩國(양국)의 親密(친밀)한 關係(관계)로서 彼我(피아)가 相合(상합)하야 一家(일가)를 成(성)함은 互相(호상) 萬世(만세)의 幸福(행복)을 圖(도)하는 所以(소이)라. 故(고)로 玆(자)에 韓國(한국)의 統治(통치)를 擧(거)하야 此(차)를 朕(짐)이 極(극)히 信賴(신뢰)하는 大日本(대일본) 皇帝陛下(황제 폐하)께 讓與(양여)함을 決定(결정)하고 仍(잉)히 必要(필요)한 條章(조장)을 規定(규정)하야 將來(장래) 我皇室(아황실)의 永久安寧(영구안녕)과 生民(생민)의 福利(복리)를 保障(보장)하기 爲(위)하야 內閣總理大臣(내각총리대신) 李完用(이완용)을 全權委員(전권위원)에 任命(임명)하야 大日本帝國(대일본제국) 統監(통감) 寺內正毅(데라우치 마사타케)와 會同(회동)하여 商議協定(상의협정)케 하노니 諸臣(제신)은 朕意(짐의)의 確斷(확단)한 바를 體(체)하야 奉行(봉행)케 하라. 御璽(어새) 隆熙(융희) 4年 8月 22日.

勅諭(칙유)

皇帝若曰(황제약왈) 朕(짐)이 否德(부덕)으로 艱大(간대)한 業(업)을 承(승)하야 臨御(임어) 以後(이후)로 今日(금일)에 至(지)하도록 維新政

令(유신정령)에 關(관)하야 亟圖(극도)하고 備試(비시)하야 用力(용력)이 未嘗不至(미상불지)로되 由來(유래)로 積弱(적약)이 成痼(성고)하고 疲弊(피폐)가 到處(도처)에 極(극)하야 時日間(시일간)에 挽回(만회)할 施措無望(시조무망)하니 中夜憂慮(중야우려)에 善後(선후)의 策(책)이 茫然(망연)한지라 此(차)를 任(임)하야 支離益甚(지난익심)하면 終局(종국)에 收拾(수습)을 不得(부득)하기에 自底(자저)할진 則(칙) 寧(영)히 大任(대임)을 人(인)에 托(탁)하야 完全(완전)한 方法(방법)과 革新(혁신)한 功效(공효)를 奏(주)케 함만 不如(불여)한 故(고)로 朕(짐)이 於是(어시)에 瞿然(구연)히 內省(내성)하고 廓然(곽연)히 自斷(자단)하야 玆(자)에 韓國(한국)의 統治權(통치권)을 從時(종시)부터 親信依仰(친신의앙)하던 隣國(인국) 大日本(대일본) 皇帝陛下(황제 폐하)께 讓與(양여)하야 外(외)으로 東洋(동양)의 平和(평화)를 鞏固(공고)케 하고 內(내)으로 8域(역)의 生民(생민)을 保全(보전)케 하노니 惟爾大小臣民(유이대소신민)을 國勢(국세)와 時宜(시의)를 深察(심찰)하야 勿爲煩擾(물위번요)하고 各安其業(각안기업)하야 日本帝國(일본제국)의 文明(문명)의 新政(신정)에 服從(복종)하야 幸福(행복)을 共受(공수)하라. 朕(짐)의 今日(금일)의 此(차) 擧(거)는 爾有衆(이유중)을 忘(망)함이 아니라 亶(단)히 爾有衆(이유중)을 救活(구활)코자 하는 至意(지의)에서 出(출)함이라. 爾臣民(이신민) 等(등)은 朕(짐)의 此(차) 意(의)를 克體(극체)하라. 隆熙(융희) 4年 8月 29日 御璽(어새).

韓日合倂條約文(한일합병조약문)3)

韓國 皇帝陛下 及 日本國 皇帝陛下는 兩國 間의 特殊히 親密한 關係를 顧하야 互相 幸福을 增進하며 東洋 平和를 永久히 確保하기 爲하야 此 目的을 達成코자 함에는 韓國을 日本國에 倂合함에 不如할 者로 確信하야 玆에 兩國 間에 倂合條約을 締結함으로 決定하고 爲此 韓國皇帝陛下는 內閣總理大臣 李完用을 日本國 皇帝陛下는 統監 子爵 寺內正毅를 各其 全權委員에 任命함 仍하야 右 全權委員은 會同協議하야 左開 諸條를 協定함.

第1條 韓國 皇帝陛下는 韓國全部에 關한 一切 統治權을 完全且 永久히 日本國 皇帝陛下에게 讓與함.

第2條 日本國 皇帝陛下는 前條에 揭한 讓與를 受諾하고 且 全然 韓國을 日本帝國에 倂合함을 承諾함.

第3條 日本國 皇帝陛下는 韓國 皇帝陛下 皇太子殿下 並其 后妃 及 後裔로 하여금 各其 地位에 應하야 相當한 尊稱 威嚴과 及 名譽를 享有케 하고 且 此를 保持함에 十分한 歲費를 供給함을 約함.

第4條 日本國 皇帝陛下는 前條 以外의 韓國皇族 及 其 後裔에 對하야 各 相當한 名譽 及 待遇를 享有케 하고 且 此를 維持하기에 必要한 資金을 供與함을 約함.

第5條 日本國 皇帝陛下는 勳功이 有한 韓人으로 特히 表彰함을 適當할 줄로 認할 者에 對하야 榮爵을 授하고 且 恩金을 與함.

第6條 日本政府는 前記 倂合의 結果로 全然 韓國의 施政을 擔任하야

_____
3) 한일합병은 일본식 표기이며 한일병합이 옳은 말이다.

該地에 施行할 法規를 遵守하는 韓人의 身體 及 財産에 對하야 十分한 保護를 與하고 且其 福利의 增進을 圖함.

第7條 日本政府는 誠意忠實히 新制度를 尊重하는 韓人으로 相當한 資格이 有한 者를 事情이 許할 範圍에서 韓國에 在한 帝國 官吏에 登用함.

第8條 本條約은 韓國 皇帝陛下 及 日本國 皇帝陛下의 裁可를 經한 者로 公布日로부터 此를 施行함.

右 證據로 하야 兩全權委員은 本條約에 記名調印함이라.

隆熙 4年 8月 22日 內閣總理大臣 李完用 官章.

明治 43年 8月 22日 統監 子爵 寺內正毅 官印.

한일합병 조약문(한글번역본)

1910년 8월 22일 기초. 1910년 8월 29일 선포.

대일본제국 황제 폐하는 한국 황제 폐하와 더불어 양국 간의 친밀을 보다 돈독히 하고, 상호 간의 행복을 증진시키며, 동양의 영구적인 평화를 유지하기 위하여 한국을 일본에 합병하기로 결정하였노라.

양국 간에 합병조약을 체결함에 있어, 대일본제국 황제 폐하는 데라우치(寺內) 통감을 특파하였으며, 한국 황제 폐하(순종)는 내각총리대신 이완용을 특파하여, 각기 전권위원자격으로 조약체결을 다음과 같이 협의 정하노라.

제1조 한국 황제 폐하는 한국의 모든 통치권을 완전히 영구적으로 대일본 황제 폐하에게 양도한다.

제2조 대일본 황제 폐하는 선포를 접수함에 있어, 전조(前條)의 양도권 이외에 한국이 대일본 제국에 합병되었음을 승인한다.

제3조 대일본제국 황제 폐하는 한국 황제 폐하 및 황태자 전하·
후비(后妃)와 그 후예들이 상당한 영예를 누릴 수 있도록 특대할 것
이며, 신분에 상당한 존호(尊號)와 위의(威儀)를 갖출 수 있도록, 그
지위를 특준(特准)함과 아울러 충분한 세비(歲費)를 지급한다.

제4조 대일본제국 황제 폐하는 전조(前條) 이외에도, 한국 황족 및
그 후예들이 상당한 영예를 누릴 수 있도록 그들의 대우를 보장하며,
필요한 유지비를 특별 지급한다.

제5조 대일본제국 황제 폐하는 수훈이 있다고 인정되는 한국인을
특별히 표창할 것이며, 그 공에 따라 작위(爵位) 또는 은급(恩給)을 수
여한다.

제6조 대일본제국정부는 합병 후, 한국의 모든 시설을 전담하여 실
행하며, 현행법규를 준수하고, 국민의 신체 및 그 재산을 보호하며,
복리(福利) 증진을 꾀한다.

제7조 대일본제국정부는, 이에 성의를 다하여 충실히 이행할 것이
며, 새로운 제도를 실시 존중함과 아울러, 한국인 중 상당한 자격이
있다고 인정되는 사람은 그때그때 사정이 허락하는 한, 제국(帝國)관
리로 등용한다.

제8조 본 조약은 대일본제국 황제 폐하와 한국 황제 폐하가 재가
한 후 공포된 날부터 실시한다.

隆熙 4年 8月 22日 內閣總理大臣 李完用 官章.

明治 43年 8月 22日 統監 子爵 寺內正毅 官印.

월남을 버리고 세상을 떠난 사람들

돌아보면 월남은 올해(1910년)로 어언 환갑을 맞았으나 모든 게 엊그제만 같은 세월을 살아왔다.

임금님을 제대로 모시는 훌륭한 신하가 되겠다던 어린 상재가 꾸었던 꿈을 잠시나마 이루기도 하였고, 꿈에도 생각지 못한 일본을 두 번이나 다녀도 왔고, 미국이라는 지구 반대편의 거대한 국가에 주미공사 서기관으로 다녀오기도 했으나, 이 모두가 한바탕 따뜻한 봄날 꾸었다가 깬 일장춘몽이라 해도 될 판이다.

가슴이 찢어지는 듯하는 생사의 아픈 이별에 몸부림친 날도 많았다.

5년 전(1905년)에는 정치적 스승인 죽천 박정양이 피를 토하고 죽었다.

3년 전(1907년)에는 천생의 배필, 아내 월예가 세상을 떴다.

같은 해(1907년) 나흘 간격으로 간이 녹는 것 같은 장남 승륜이가 세상을 떠났다.

2년 전(1908년)에는 함께 옥중에서 그렇게 큰 고문을 당하고 그 고문의 후유증이라고 보아야 할 둘째 승인이마저 부여군수로 재직하다 관찰사로 가는 가운데 공주에서 알 수 없는 이유로 죽어 양주군 삼하리에 장사를 지냈다.

미국공사관으로 떠나기 직전 1886년에는 어머니 박씨가 세상을 뜨셨고, 동학란과 갑신정변, 청일전쟁판으로 극도의 혼란이 휘몰아치던 그해에는 부친 희택 공이 세상을 떠났으며, 이 난리통에 홍영식도 세상을 떠났다.

박정양, 유월예, 이승륜, 이승인, 어머니, 아버지, 홍영식….

살붙이요, 피붙이라고 보아야 할 일곱 사람이 월남을 버려두고 먼저 저세상으로 떠난 것이다.

그때마다 월남의 가슴은 산산조각이 나는 것 같고 숯덩이가 되는 것처럼 아팠으나, 한번 간 사람은 월남의 환갑날이 가까워도 올 줄 모른다.

스승님들도 세 분 모두가 세상을 뜨셨다.

그때 나이 13세, 어릴 적엔 봉서암에서 현만 스승의 임종을 몸소 겪었다.

일정 스님의 임종은 보지 못했으나 혜산 스승님은 월남의 품에 안겨 세상을 떠나셨다.

대궐에서도 신정왕후 대왕대비 조씨의 사망에 이어, 그렇게도 애처롭게 문호개방을 염원하면서도 순종이 자식을 낳지 못하는 것으로 인해 몸부림치던 명성황후는 일제 낭인에게 대궐에서 피습을 당하여 세상을 떠났다.

백호보다 더 큰 위세를 떨치더니만 대원군도 세상을 떠났다.

어디 그뿐이랴.

첫 관직에 나가도록 도와준 홍영식이 죽자 면이 있는 그의 아버지 홍순목은 아들의 죽음에 자결하였다.

자결한 동지 중에는 민영환이 있다. 함께 독립협회를 이끌어 오면서 조선기독교 청년회 활동을 했던 사람이었다.

이준은 헤이그에서 자결하였다.

죽고 죽고 죽는 사람들 중에 월남이 모른다 할 사람이 없을 정도여서 혈육만도 일곱 명이고 스승이 셋이고 모시던 왕실에서도 세 분이었고, 함께 나라와 임금을 섬기던 신하들은 충신이고 역신이고 그 수를 다 셀 수도 없이 많아 가히 50명은 될 정도다.

해마다 두셋이 세상을 버리고 떠나 월남은 갈수록 수족이 잘리는 것 같다.

사람들이 떠나는 것이야 하늘이 내려준 생명의 수가 다하여 그렇다 치자.

요는 지금 나라마저 월남을 버리고 떠났다.

차라리 가족이 떠날 때의 아픔이 적었다.

나라가 일본의 손아귀에 들어갔으니 이것은 국가지첩(國家之妾)이 된 것과 마찬가지다. 가정에도 본처가 있고 후처가 있다면 나라에도 첩이 있나 보다. 일본이 지금 대한제국을 첩으로 들여앉힌 것이다.

'살던 나의 아내를 빼앗아 누군가가 자기의 첩을 삼았다면?'

월남은 지금 살치가 벌벌 떨린다. 사지가 굳는 것 같고 둔기로 맞은 것 같다. 전신이 오그라드는 아픔은 왜 그런지 종내,

'내 아내를 빼앗아 첩을 삼은 것과 무엇이 다른가?'

자꾸 빼앗긴 나라가 아내와 견주어져 괴롭다.

월남이 만난 사람들

떠난 사람이 있고 만난 사람도 있다.

월남의 장남 승륜(承倫, 1907년 사망)이가 낳은 손자 선직(宣稙, 1890년생)이다.

장남 승륜(承倫)이는 선직이 아래로도 손녀를 셋이나 더 낳아주었다.

게다가 장손자 선직이는 지난해 인형 같은 증손녀 경애(敬愛)를 낳

아 주어 증조할아버지 소리까지 듣게 되었다.

2년 전 세상을 떠난 차남 승인(承仁, 1908년 사망)이는 장녀에 이어 2남의 손자를 월남에게 안겨 주어 맏이는 한직(翰稙, 1902년생, 혼전 사망으로 자손 없음)이고, 둘째는 죽기 1년 전(3년 전)에 태어나 월남을 빼다 박은 듯 똑똑하기 그지없는 홍직(鴻稙, 1907년생)이었다.

셋째 아들 승간(承侃, 1911년 사망)이도 손자 안직(安稙, 1894년생)이를 낳아주었다.

월남의 유일한 넷째 딸 미연은 1880년에 출생하여 출가하였고, 월남의 4남 1녀 중 막내 승준(承俊, 1887년생)이는 올해 스물네 살인데 아직은 미혼이다(후일 승준의 장녀 '차순'이를 낳았다. 1919년생).

이로써 지금 월남의 가족은 출가한 여식들까지, 직계가족만 월남까지 13명이다.

3년 전에 꾸었던 꿈 이야기

3년 전(1907년) 초겨울 어느 날이었다.

꿈에 을사늑약으로 나라를 잃은 슬픔에 피를 토하며 세상을 떠난 죽천이 월남에게 나타났다.

"월남! 황제 폐하가 황태자(순종)에게 양위를 했지요?"

"예, 잠시 정사를 맡기고 섭정을 하기로 하신 대 황제 폐하의 의도와 달리 이를 양위라고 몰아붙이고 다음날 강제로 양위식까지 마쳐버리고는 순종 황제는 창덕궁으로 이어하여 별거까지 시켜놓고 말았습니다."

"그래서 이제 어쩌려 합니까? 이준 동지도 실패하고 자결하지 않았습니까?"

"순종 황제를 보위에 앉히자마자 이완용 일당들이 친일파로만 내각을 채워 버렸습니다."

"그러니 이제 남은 수순은 아예 순종에게 황위를 넘기듯 조선이라는 나라까지 넘기라고 할 것 아니겠소?"

"대감마님! 그러니 이를 어쩌면 좋겠습니까?"

"그래서 하는 말인데 월남도 혹 그런 생각을 했는가 모르겠는데(옥중에서 한 바 있음) 월남이 한번 미국에 갈 방도는 없겠소?"

"미국이요? 미국에 가서 어쩌라는 말씀이십니까?"

"알다시피 을사늑약으로 외교권이 일본에 넘어갔습니다. 그 일환으로 미국뿐만 아니라 모든 나라의 공사들을 퇴국(강제퇴출)시켜 주미·주한공사라고는 아무도 없습니다. 그러니 헤이그 만국평화회의에 기대를 걸었으나 무위로 끝나고 이준 동지만 잃었으니 이젠 지푸라기라도 잡는다는 심정으로 미국을 찾아가야 하겠습니다."

"미국을 가더라도 전직 서광범이나 민영환이 공사로 있다면 쉽지만 지금은 민영환도 세상을 떠나고 미국과는 연통이 안 되고 있습니다."

"그러니 월남이 가면 어떠냐고 묻는 것입니다."

"가면 좋지만 미국 외무성에도 줄이 없습니다. 있다면 우리 기독교청년회 선교사나 게일 목사님과 상의해야 하는데 쉬운 게 아닙니다."

"물론 쉽지 않겠지. 여비도 없으니 말이야. 혼자 갈 수도 없는 데다가 가서 머물 체재비도 있어야 하고 몇 명이 가느냐에 따라 여비도 다르겠지만… 그보다 중요한 것은 1904년에 당선되어 내년(1908년)까지는 시어도어 루스벨트4)가 대통령인데 루스벨트 대통령을 만날 수 있느냐고 하는 것이고, 만난다고 하면 어떻게 할 것이냐가 더 중요하지요."

"대감! 만난다면 어떻게 해야 하겠습니까?"

"조선에 미국 군함을 보내 일본을 몰아내 달라고 하자는 것인데 이거야 말이 쉽지 현실이 가능할지 불가능할지는 장담을 못하겠어요."

"그런데 빈 주머니라 여비가 없습니다. 제가 요즘은 녹봉이 없습니다. 그렇다고 사패지(賜牌地, 나라에 공을 세우면 내려주는 전답, 고종 시대에는 내리지 않음)를 받은 것도 없으니 팔 것도 없습니다."

"왜 모르겠는가? 그러니 내가 있어야 전 재산이라도 팔 생각을 해볼 건데…"

월남은 이러다가 잠이 깨었다.

잠에서 깨어난 월남은 머리가 깨질 것같이 아프다.

머리를 잡고 뒹굴 정도로 아파 견뎌내기 어려운데 잠이 오지 않다가 새벽에야 잠이 든 까닭에 늦잠까지 잔 것이다.

'아, 죽천 대감마님께서 어인 일이신가?'

꿈에 보이지 않던 대감께서 나타나 꿈에서도 나라를 걱정하신다.

그때 연통이 와서 이완용이 만나기를 청한다는 것이다.

이게 3년 전에 꾼 꿈이었는데 오늘 똑같은 꿈을 또 꾼 월남이다.

---

4) 세계최초로 옐로스톤 국립공원을 지정한 환경대통령.

법부대신으로 와 주시겠소?

'거참, 이상도 하다.'

혼자 꿈을 꾼 그날이 3년 전인데 지난밤에 또 같은 꿈을 꾸다니, 하고 일어났는데 아프던 머리가 아직도 낫지 않는다. 그런데 연통이 오기를 신 황제 폐하께서 창덕궁 궐내각사로 들어와 안내를 받으라는 것이다.

'무슨 일로 오라 하시는가?'

하면서 아픈 것도 잊고 오랜만에 창덕궁에 들어섰다.

고종이 경복궁에서 아관파천하고 경운궁에 재어하시므로 창덕궁은 몇 년 만에 와 보는 것인지도 가물가물하다.

어딘지 을씨년스러운 창덕궁 궐내각사에 들어서니 이완용을 비롯한 을사늑약을 맺은 역신들이 반가이 맞는다.

"곧 일어나서야 하지만 우선은 좀 앉으시오."

이완용의 얼굴을 뚫어져라 다시 본다.

'어쩌다가 이 자가 이렇게까지 변하였단 말인가?'

갑자기 머리가 쑤석거리고 찔러댄다.

"…"

선뜻 반갑다는 말도, 왜 불렀느냐는 말도 나오지 않는다.

"제가 드릴 말씀은 아니고 신 황제 폐하께서 뵙고자 하셔서 오시라 하였습니다."

"신 황제 폐하요? 어찌 보자 하신 답니까?"

"제가 드릴 말씀은 아닙니다. 희정당으로 가 보십시오. 자네가 게 까지 모셔다 드리게, 어서!"

월남은 희정당으로 가 순종 황제를 배알하였다.

"월남께서 법부대신의 자리를 맡아 주시라고 들라 하였습니다."

월남은 깜짝 놀랐다.

"소신은 더 이상 불충을 쌓을 수 없사옵나이다."

월남은 일언지하에 거절하였다.

"나라가 어지러운 것은 아시지요? 이럴수록 월남 같은 사람이 나랏일을 하셔야 하지 않습니까? 짐은 아직 잘 몰라 어떤 사람을 어디에 앉혀야 할지도 모릅니다. 다만 신료들이 월남 이야기를 자주 하여 하는 말이니 사양하지 말아주세요."

"폐하! 받들 수 있으면 어찌 영을 거역하겠습니까? 소신의 불충이 이미 하늘에 닿아 아니 되오니 영을 거두어 주옵소서."

"왜요? YMCA(이하는 '황성기독교청년회'를 말함) 종교부 위원에서 곧 종교부 총무가 되실 거라는 말이 들리던데 Y일로 사양하시는 것입니까?"

"Y일도 Y일이지만 이미 미력하여 나랏일에는 손을 대지 않는 것이 합당하다고 결심한 바이기 때문입니다. 이것은 이미 대 황제 폐하로부터 그리하라는 영을 받은 바도 있사옵니다. 언제 뵈오시거든 여쭈어 오면 아시옵니다. 소신은 신하의 능이 절대 부족하옵니다."

"Y일이라면 나도 협조하려 합니다. 언제 무슨 일이 생기거든 알려 주세요. 참석도 할 것입니다. 그런데 그러지 말고 대 황제 폐하께 바치던 충심으로 나를 도와주셨으면 합니다. 사양하지 말고 받아 주기 바랍니다."

월남은 순간 진땀이 솟는다.

분명 대신들의 주청이 있어 간곡하게 청하든가, 아니면 엄하게 명하라고 한 것 같아 더 이상 거절하면 무슨 일이 생길지도 모를 것 같다.

그러나 이미 대한제국 천국공사로 파견되어 아직은 회관이라 할 것도 못 되는 작은 거소지만 Y일에 열심을 내는 중이다.

"황제 폐하! 소신의 항명을 벌하시옵소서. 소신은 대 황제 폐하 전에도 이미 불순종의 죄를 지었으며, 넓으신 아량으로 용서함까지 받았나이다."

꿈자리가 사납다 했더니만 여간한 일이 아니다.

어디라고 감히 신 황제의 명을 거역한단 말인가. 신 황제는 월남에 대해 잘 알지도 못하기에 더욱 어렵다.

"정말 안 되겠습니까?"

"폐하 신을 용서하소서!"

"그래요? 그럼 일단 결정은 잠시 미루고 각사로 가서 대신들과 좀 더 상의를 하도록 해보시오."

순종이 한발 물러선 것이다.

천만다행이다.

조선신하가 왜 일본 녹을 먹습니까!

궐내각사에로 돌아오니 따라오라 하며 궐 밖으로 안내한다.

"도동에서 식사 중이십니다. 오시면 모시고 오라 하셨습니다."

월남은 영 내키지 않았다.

'아니오, 나는 집에 가서 먹으면 되니 그냥 갔다고 하시오.'

하고 아니 갈까 하는 생각도 들었으나 신 황제께서 아직 매듭을 지어 주지 않은 것이 마음에 걸려 가보기는 해야 할 모양이다.

"그래요? 그럼 일단 결정은 잠시 미루고 궐내각사로 가서 대신들과 좀 더 상의를 하도록 해보시오."

신 황제께서 이렇게 말씀하셨는데 얼굴도 안 보고 가는 것은 신 황제에 대한 도리가 아니기 때문이다.

이미 점심때가 지나도록 걸어 도착한 곳이 도동(桃洞)이다.

'도대체 어디서 기다린다지?'

도착한 곳은 요릿집이 줄달아 들어선 골목, 작년 말 문을 열었다고 말로만 듣던 신지(新地, 후일 신마치와 합침)다.

여기는 이미 일인들의 유곽지대로 변모해 들어가는 곳이다.

금년에도 여러 개의 요릿집들이 들어섰는데 말이 요릿집이지 매춘이 전업인 곳이 더 많다는 곳이다.

춘일(春日), 수(壽), 입주(入州), 홍엽(紅葉)…

간판에서만 풍기는 퇴폐의 향기가 술과 여자로 뒤엉킨 이 거리는 이제 일본인뿐만 아니라 바람난 조선의 유부남, 유부녀들도 드나든다 하고 용산의 일본군사령부 소속 일본군들이 자주 찾는다는 곳이다.

당연한 것은 여기 최고의 단골손님이며 돈 잘 쓰는 사람들은 통감부에 속한 침략자들과 그들의 졸개들이다.

앞서 말한바, 지난해 문을 연 마치아이(待合)에는 50개의 방을 만들고 50명이 넘는 창녀를 두고 대좌석업(貸座席業, 방 + 술자리 + 여자장사)으로 자리를 굳혔다고 한다.

'이 친구들이 왜 여기서 기다리지?'

그래도 그렇지 설마하니 조선의 신하들이 이런 곳을 출입할 줄은 몰랐다.

그야말로 상다리가 부러질 지경이다. 역신들의 얼굴색이 변하여 과거에 보던 얼굴색이 아니다. 이완용은 웃기만 하고 박제순이 지나치게 반가며 맞는다.

"어서 오시오, 월남!"

월남은 갑자기 심한 불편함에 앉고 싶은 마음이 달아났다.

"왜 서 계시오? 앉으시오. 자, 시장하시지요?"

선 채로 말했다.

"나는 속이 안 좋아서 아침식사도 건넜소이다. 기름진 것을 먹으면 안 됩니다."

"아니 그럼, 다른 걸로 드시면 되십니다. 우선 앉으시오, 어서."

상에서 떨어져 털썩 앉았더니,

"황제 폐하의 영을 받으셨습니까?"

대답을 하고 싶지도 않다.

"편하게 이리 와 앉으시오, 월남!"

마뜩치 않아 시장기는 사라져 버렸다.

"요샌 우리 각사 신료들이 대낮에 이런 데도 와서 외식을 합니까?"

"그게 무슨 말입니까? 자, 그러지 말고 드십시다."

월남은 갑자기 치미는 울화를 누른다.

"신 황제 폐하께 분명하게 말씀 올렸습니다. 나는 볼일이 없으니 가겠습니다."

일어서려는데 이완용이 붙잡는다.

"식사는 해야 되는 것이고…. 월남! 이야기나 좀 해봅시다. 함께 나랏일을 해야 되지 않겠소? 독립협회와 미국에서 그 뜨겁던 열정을 다시 한번 신 황제 폐하께 바쳐야 옳지 않겠습니까?"

월남은 멀뚱하게 이완용을 바라다본다.

어구도 안 차거늘 어디서부터 무슨 이야기를 할 것인가?

"이보시오, 일당!(一堂, 이완용의 호) 지금 애국을 하자는 겁니까? 매국을 하자는 겁니까? 이것이 독립협회 일하고 같습니까?"

"자자, 월남! 내가 대감을 모시자고 한 당사자입니다. 월남의 애국충정을 나보다 더 잘 알 사람도 없을 것입니다. 우리 월남이 생각하는 나라를 만드는 데 힘을 모아 봅시다."

"애국충정 두 번만 했다간 나라가 쪽박 차게 생겼습니다, 그려. 대체 일당이 생각하는 나라가 어떤 나랍니까? 일제와 짝하고 대낮에 요릿집에나 다니는 이런 신하가 되자는 것입니까?"

"거참, 나도 알아요. 나라고 왜 월남과 다르겠습니까. 지금 신 황제 폐하가 어렵습니다. 우리가 모시지 않으면 누가 모시겠습니까?"

"모신다? 나는 목은의 후손입니다. 목은은 두 임금을 섬기지 않았습니다. 불사이군(충신은 두 임금을 섬기지 않는다) 아닙니까?"

"불사이군은 왜 불사이군입니까?"

"말해 보시오. 대 황제 폐하께서 선위하신 일 있습니까?"

"양위식을 했는데 그 무슨 소립니까?"

"그게 양위식이요? 내가 볼 땐 양도(盜)식입니다. 훔칠 도 자 말이외다."

"허허 양도식이라, 뭐 그렇게 생각하시는 건 자유고, 그나저나 대 황제 폐하의 장자(長子)가 아니란 말입니까? 황태자가 맞지요?"

"똑똑히 들으시오. 대 황제 폐하께서 황태자를 잘 모시라고 명하셔서 총리대신이 되셨습니까? 아니잖아요? 대 황제 폐하의 뒤통수를 치고 혼수상태에 빠지게 한 다음에 유약한 황태자를 세우며 벼슬자리에 앉았으면 이것이 역모가 아니고 뭡니까? 게다가 일제와 손잡고 일제가 부리는 대로 조정을 받아 그렇게 했다면 그게 역모지, 다른 게 역모입니까? 일당이 이런 걸 정녕 몰라요?"

"벼슬이야 황제가 내리는 거지, 우리가 뺏는 게 아니잖습니까? 알면서 왜 그러시오?"

"알긴 뭘 압니까? 내가 아는 것은 일당 대감은 일당이 아니라 일당(日黨)이라는 것이요. 가운데다 본(本) 자를 하나 더 넣으시오. 일본패거리 아닙니까?"

"허허, 이거 말이 심하십니다."

"심하지 않으면? 내 흥분하지 않게 됐소이까? 일당은 미국서 나하고 한솥밥 먹으며 조선의 미래 연다고 같이 갔던 사람입니다. 그 일당이 지금 맞아요? 또 독립협회 회장이었습니다. 무슨 목적으로 나라를 이렇게 이끌고 가시는 겁니까?"

"원론이야 극동평화(이토의 논리) 아닙니까? 일조동조(日朝同祖, 같은 뿌리)이며 동원동조(同源同祖, 근원이 같고 조부가 같다)요, 내선일체(內鮮一體)이자 조선의 문명개화(文明化, 일제의 침략 구실)지, 다른 게 뭐겠습니까?"

"허허, 극동평화? 이거야 원… 에이, 퉤! 임나일본부설이라는 더러운 머리에서 나온 그 일조동조(日朝同祖)란 말 나 듣는데 꼭 해야 되겠소? 이건 동양 침탈입니다. 조선을 뼈다귀째 씹어 처먹다 뉘 놈의 목에 구멍이 나나 내 두고 볼랍니다. 일당보다 내가 8년이 연상이지만 먼저는 못 죽겠소. 이토가 죽는 것도 보고 죽어 문명개화라는 허울이 벗겨지고 일본 패거리당 무리가 어찌 죽나 좀 보고 죽어야 하겠소이다. 제발 장수하시오. 나는 그보다 더 살 테니까. 나라를 이렇게 몰고 가서 그 뱃속에 무얼 채우기 바라는 거요? 일제가 돈 줍디까?"

"듣자 듣자 하니 악담입니다. 이거 남의 호의를 이렇게 무시해도 되는 겁니까?"

박제순이 싸움을 말리려 한다.

"좋은 사이에 왜들 이러십니까? 일당이 월남에게 앙심을 가진 게 아니라 우의를 가졌으니까 추천한 걸 가지고 곡해하시면 씁니까? 자자, 식사나 하고 보자고요?"

"곡해? 식사? 평재(平齋, 박제순의 호)하고 둘이 갑장이라 그런가? 언제부터 이렇게 죽이 맞아 돌아갔습니까? 나이가 50이 넘었습니다. 살면 얼마나 살지 모르지만 그런들 배꾸래가 두 개 세 개 새로 생기는 것도 아닙니다. 여기 다들 주머니 천 개를 가진다 한들 그게 복이라 하겠습니까? 내가 믿는 성경에 보면 복의 재물이 있고 화의 재물이 있다 했습니다. 재물이 화를 부르면 가지지 않음만 못합니다. 조선 땅 어디서 지금 무슨 돈 나옵니까? 전부 일본서 나오지요? 금이 나옵니까? 전부 일본 놈들 금입니다. 곡식까지 전부 일본 놈 소유입니다. 돈은 일본 놈들 손에서 나오는데 벼슬하면 일본 놈들 녹봉 아니요? 왜 조선신하가 일본 녹을 먹습니까. 그럼 일본신하지, 그게 조선신하라 하겠소? 순종 황제의 녹봉입니까, 지금?"

이완용의 얼굴이 일그러진다.

"월남! 그래서 지금 싸우자고 불렀단 말입니까? 난 일하자고 불렀습니다."

"생각이 그릇된 일은 할수록 독입니다. 생각을 바꾸세요!"

옆에서 참으라고 말린다.

"허허, 이거야 원… 아, 놔둬 봐요, 말리지 말아요."

"말리던지 말든지 맘대로 하시오. 나는 갑니다."

"아, 잠깐 잠깐… 그 왜 이러십니까? 이래서야 무슨 재미가 있겠습니까?"

"재미요? 그 말 참 잘했습니다. 일당도 경무청에 가 보셨소? 거기 가면 재미라는 말 자주 쓰던데…. 왜 재미가 없으면 잡아갑니까?"

"허허, 사람 마음을 이렇게 비틀어 대다니…."

"잡아가라고 소리쳤는데 양위반대시위 때는 왜 안 잡아가시고…. 지금 밀담하다 생각하니 재미없다 그것입니까? 예, 일당이 잡아가면 잡혀가야지요? 일당은 나를 고누고 계시지요? 하기야 내가 먼저 일당을 파직시키라고 시위를 했으니 재미없게는 됐군요. 이보시오, 일당. 죽천 대감이 지하에서 대성통곡하시겠소이다. 죽천 대감의 등에 비수를 꼽고 어찌 각하 소리에 환장을 하십니까? 하긴 뭐 생기는 게 있다는 데야 긴말하고 싶지 않습니다."

월남은 벌떡 일어나 방문을 밀어 던지듯 걷어차고 신지를 나왔다.

송병준이 따라 나왔다.

"오늘은 제가 보자고 하지 않아 저는 아무 말 하지 않았는데 곧 한 번 뵙겠습니다."

"볼 필요 없습니다. 난 이런 데는 질색이오."

"아니, 오늘 무슨 술이 있었습니까? 여자가 있었습니까? 그럼 제가 대감댁으로 찾아가 뵈올까요?"

"글세, 볼일 없습니다. 나도 바쁩니다."

안에서 이완용이 송병준을 부른다.

"다음에 약속이나 잘하고 그냥 들어오시오!"

월남은 집으로 향하고 송병준은 방으로 들어섰다.

이완용이 머리를 괴고 비슷하게 누워 있다.

"총리대신 각하!"

모두가 이완용을 달랜다.

"너무 신경 쓰실 것 없습니다. 자기도 알 거예요. 각하께서 그래도 월남을 각별히 생각한다는 것 정도는 알지 않겠습니까?"

"알면 뭣하겠는가? 사람을 완전 개똥 취급하지 않았는가?"

"그러니까 양위반대집회 때, 잡아가라 할 때 잡아 처넣었어야 했지 싶습니다."

이제껏 말 한마디 않던 이용구(일진회회장)가 입을 열었다.

"지금이라도 잡아 가둡시다."

"맞아요. 저 인간이 이미 독립협회 추종자들을 전부 예수교로 끌어들였습니다. 화근이 됩니다. 더 늦기 전에…"

이완용이 손사래를 친다.

조선 왕과 왕비의 위패를 모신 종묘

"허허, 그게 아니라니까요. 아직 할 일이 남았습니다. 황제양위는 시작에 불과한 것이고 우리의 목표는 한·일이 국가 대 국가로 양국이 합방조약을 체결해야 하는 게 급선무입니다. 공연히 딴 문제로 시끄러우면 대사를 그르쳐요."

"이토 각하께서 중추원의장으로 가셨으니 어서 합병조약 승인을 받아내야 합니다. 그런 다음에나 어떻게 해야지, 아니라도 조심스러운 판에 선교사 나부랭이들까지 들고 나서면 국제여론이 불리해져요. 대의는 동양평화 아닙니까? 우리는 지금 동양평화정책 임무를 부여받아 수행하는 중입니다."

월남은 집으로 돌아왔다.

"뭐 먹을 것 좀 빨리 줘 봐요."

순재가 부엌으로 달려간다.

제2부

좋아요, 결혼합시다

결혼해 주세요

월남과 순재가 결혼하여 벌써(1910년 현재) 2년이 넘었다.

때는 강제국권침탈, 즉 경술국치 이전 1908년이었다.

월예가 세상을 떠난(1907년) 이듬해(1908년 당시) 월남은 극도의 충격으로 몸져누웠다.

게다가 생떼 같은 차남 승인이까지 별안간에 세상을 버린 것이다.

승인이는 독립협회를 해산시키려 한 개혁당사건 조작으로 월남과 같이 옥에 갇혀 차마 눈뜨고 못 볼 모진 고문을 받았다.

이것이 승인이가 일찍 죽은 원인이 분명하여 월남의 가슴은 더욱 미어져 내리고 그 고문이 바로 월남을 굴복시키기 위해 일제가 책동한 독립협회의 애국지사를 묶어 두려는 속셈인 것을 잘 알기에 월남은 승인이의 죽음이 그렇게 애통할 수밖에 없는 것이다.5)

---

5) 이승인은 독립유공자 명단에 빠져 있다.

겨우 마흔도 안 된 청춘의 나이에, 알고 보면 아비를 대신하여 고문을 당하고 아비가 죽을 죽음을 대신 죽은 것이다.

이에 월남은 승인이를 땅에 묻고 돌아와 열흘이 넘도록 몸져누워 아무것도 먹지 못하는 상태였다.

순재가 달여 주는 백약이 무효다.

"어서 죽천 대감마님 곁으로 가고 싶은 마음뿐입니다."

월남은 기운이 하나도 없다.

"일어나실 의지를 가지셔야 해요."

"나라가 내 자식을 뺏어 갔으니 나라에 바쳤다고 위안을 삼으려 해도 그게 안 됩니다."

말에 매가리도 없다.

순재가 아무리 달래도 기력이 솟지 않는다.

"천국공사님이 이렇게 낙담을 해서야 어찌 대한제국을 일으키겠습니까?"

순재가 몸을 달군다.

"드실 만한 걸 말해 보세요. 내 어디라도 가서 구해 오겠습니다."

"나는 나을 약이 없습니다. 우리 대한제국에서 일본이 물러가는 왜출약(倭出藥)밖에는 없습니다."

"알아들어요. 그런데 그게 안 된다 한들 어쩌시렵니까?"

"그러니 죽천 대감마님께로 가고 싶다는 것입니다. 가서 승인이도 만나 아비의 죄과도 빌어야 하겠다는 생각뿐입니다. 정말 죽고 싶어요."

"가고 싶단다고 가지는 거라면 어찌 하나님이 계신다 하겠습니까?"

바로 지금처럼 이런 날이 있었다.

순재와 결혼하기 직전이고 승인이가 세상을 떠난 다음의 어느 날 이었다.

월남이 무척 힘들어 하자 그때 갑자기 얼굴색이 노래지면서 또 순재가 쓰러져 버린 것이다.

월남은 화들짝 일어났다.

"마님? 숙부인마님? 이 또 어인 일이십니까?"

눈을 뜨지도 못한다.

얼른 바늘을 찾아와 엄지, 검지, 장기, 약지, 새끼까지 손가락 마디마디를 전부 따주고, 있는 힘껏 손바닥을 눌러 주었다.

얼마가 지났을까?

진땀을 흘리며 순재가 깨어난다.

"…휴…."

월남은 다시 또 긴 한숨을 몰아쉬었다.

"마님! 이 갑작스레 이 또 어떻게 된 일입니까? 간이 다 덜렁거립니다."

"아 예, 서방님 죄송합니다…"

"왜 그러셨어요?"

"어젯밤에 한잠도 못 잤습니다. 그러다가 새벽에도 잠깐 이렇게 쓰러졌었는데 또 그러네요."

"아니? 새벽에도 쓰러졌다고요? 무슨 일이지요? 잠은 왜 못 잤습니까?"

"아버지하고 밤새 싸웠습니다."

"싸우셨다고요? 왜요?"

"제가 월남 서방님한테 시집가고 싶다고 보내 달라 했거든요."

"아니? 뭐라고요?"

"거봐…"

"뭘 봅니까?"

"내 이럴 줄 알았다니까요?"

"무슨 소립니까?"

"나는 평생 시집도 못 가느냐고 밤새 싸웠는데 서방님은 내 속도 모르고 무슨 소리냐고요? 거봐요, 내 그럴 것 같아서 얼마나 속이 타는지 아십니까?"

"아니? 저하고 숙부인마님이 결혼을 한다면 남들이 날 어떻게 보며 숙부인을 또 어떻게 보겠습니까?"

"어쩌면 우리 아버지하고 그렇게도 똑같은 말씀을 하십니까?"

"거봐요. 아버님도 안 된다 하시지요? 안 될 소리입니다."

"그러니까 내가 쓰러졌다는데도 또 그 소립니까?"

"이건 쓰러지는 문제하고 다른 얘깁니다. 제가 어찌 숙부인의 남편이 되겠습니까?"

"말 똑바로 해보세요. 나 같은 거란 뜻입니까?"

"같은 거라는 뜻이 아니라…"

"그러면 서방님은 용이고 나는 지렁이라는 것 아니면 뭐냐고요?"

"참 이상한 비유를 하십니다. 어찌 감히 숙부인마님을 지렁이라 하십니까? 지렁이라면 내가 지렁이라 하시던지…"

"참 이상합니다. 한 나라를 지킨다고 하시는 분이 지렁입니까? 도무지 말이 안 통하기를 원하십니까?"

월남은 정신이 하나도 없었다.

느닷없이 뺨을 한 대 맞는 게 낫지, 단 한 번도 그런 생각을 해본 적이 없는데 갑자기 결혼 승낙을 받았다 하니 이게 바로 날벼락이라 하나 보다.

"긴말은 두었다 하시고, 제가 여쭙겠습니다. 서방님! 우리 결혼해요. 아니 나하고 결혼해 주세요. 예?"

하더니만 일어서 큰절을 한다.

"아니 마님! 숙부인마님!"

큰절을 하여 머리를 숙이고 순재가 말한다.

"저는 서방님과 결혼하고 싶습니다. 서방님의 아내가 되고 싶습니다. 하여 아버지하고 밤새 싸워 조건부 승낙도 받았습니다. 결혼해 주세요."

월남은 어찌 할 바를 모르겠다.

"승낙을 받아야 몸을 일으키겠습니다."

머리를 숙인 채 답을 받겠다는 것이다.

'정말 뭐가 잘못되었다지?'

그러나 정신줄이니 뭐니 그건 아니라는 걸 너무 잘 안다.

하지만 너무 갑작스러우니 문제다. 결혼을 이렇게 하는 것은 말이 안 될뿐더러, 게다가 재혼이다. 생각도 안 한 것이 재혼이다. 할 맘도 일절 없다. 또 있다. 살아가기도 빠듯하다. 집도 없고 벼슬도 없다. 더구나 아직 처녀 신분이고 자신은 어느새 58세이니 60을 바라보는 노인이 되어 간다. 또 결혼이란 평생 한 번 하는 거지 두 번 한다는 것은 꿈도 꾸어 보지 않은 일이다. 그럼에도 불구하고 순재는 고개를 들지 않는다.

"어서 일어나세요. 마님!"

몸을 부추기니 다시 또 흐느끼지 않는가?

'이럴 땐 어떻게 한다지?'

이것은 나라를 지키고 되찾기보다 더 맹무식이다.

"일어나세요."

"아닙니다, 서방님! 결혼해 주세요."

월남은 마음에 없는 소리지만 일단 대답부터 하고 보기로 했다.

"예, 알았습니다. 일단 일어나 앉아 얘기 좀 합시다."

"그럼 일단은 승낙하신 거지요?"

월남은

"예, 했습니다. 마님!"

하고 순재를 일으켜 앉혔다.

"때가 되었습니다. 그러니 우선 저녁부터 드시고 천천히 얘기해요. 그래도 되지요?"

월남은 밥 생각도 없다.

"원 참…"

"왜요?"

"난 아플 팔자도 못 되니 하는 말입니다."

"아참, 그렇다…. 서방님 편찮으신데…. 깜빡했네요. 어쩌지요?"

"뭐 어쩌고 말 것도 없습니다. 사람 정신을 다 빼먹고 묻기는 왜 물어요?"

"아닙니다. 어서 누우세요."

"누울 거 없어요. 다 나았습니다."

"하하하!"

"웃음이 나오십니까, 지금?"

"그럼 웃지 또 울라는 것입니까?"

"됐습니다, 마님! 우리 숙부인마님!"

"아, 기분 좋다아! 저녁상 차려 가지고 올 테니 잠깐만 누워 계세요,

예?"

순재가 밖으로 나간다.

'아픈 것도 팔자 좋은 사람들이나 하는 이야기로구나.'

월남이 잠시 몸을 눕힌다.

결혼해야 하는 이유

승인이로 인하여 겨우겨우 이나마라도 몸을 추스르는 것은 어느새 자신도 모르는 사이 순재가 마음을 써주는 탓일 것이다.

YMCA는 세계 각처에서 회관 건립을 위한 성금이 답지하고 있다.

대지 구입비의 절반을 희사한 사람도 있어 종로 중심지에 부지도 마련되었다.

그러나 월남은 승인의 죽음이 가슴에 박힌 상처가 되어 밤이면 전신이 쑤시고 아프다.

오늘은 장마가 그치나 했더니 무더위가 오려나 어느새 덥다.

"결혼하자고 한 말은 그게 진심인가요? 아니면 대답도 안 하신 것입니까?"

촉각을 곤두세운 순재가 눈치를 보며 말한다.

"또 가라고 할까 그러십니까?"

"아니에요. 가라 하셔도 서방님이 아까처럼 결혼을 승낙하셔야 갈 참이니까요."

"허허, 아, 날이 참 덥습니다."

"딴 얘기나 하자고요? 하긴 서방님은 원래 비 오면 좋아하시니까,

비 왔으면 좋겠지요? 그것도 소낙비…. 그렇지요?"

"아, 어떻게 아셨습니까? 저는 비오면 마음이 편안해요."

"왜 모르겠습니까. 서방님을 안 지가 벌써 14년(1908년 당시)이나 되었는데…"

"맞아요, 그런데 사람을 좀 정신을 차리게 하셔야지, 갑작스레 결혼하자 하고 승낙까지 받았다 하시면 제가 감당이 되겠어요? 그러니 자초지종을 말씀해 보세요."

저녁상을 물리고 나자 생각지도 못한 일이나 어젯밤 이야기부터 들어봐야 하겠다. 무슨 말이 어째서 어떻게 오갔기에 순재가 밤새 부친과 싸웠다 하는지 모를 일이고, 과연 어떻게 해서 순재의 부친한테 결혼 승낙까지 받아냈다는 것인지도 모를 일이고, 조건부로 받았다고 하는데 또 그 조건부라고 하는 것은 무엇인지도 알 수가 없다. 이 문제는 그저 흘려듣고 넘어갈 게 아니다. 말이라도 진지하게 들어줘야 한다고 생각하였다.

이미 결론은 정해놓았다.

그럴 수는 없으니 결혼하자는 말은 없던 말로 하자고 이해를 시키려는 속내다.

"어디서부터 말씀드리면 좋겠습니까?"

"어젯밤에 어르신과 무슨 얘길 했는지부터 말씀해 보세요. 차분하게 들어 드리겠습니다. 그런 후에 제 말씀을 드리는 걸로 하자고요."

"그래요…. 아버지도 놀라셨습니다. 갑자기 이게 무슨 소리냐면서 너 정말 미친 게 맞느냐고까지 하셨습니다."

"어찌 안 그러시겠습니까? 저도 이렇게 놀라는데 오죽하시겠어요."

"그야 그러시리라고 각오는 하고 드린 말씀이었습니다."

"그래도 그렇지, 먼저 저에게부터 말씀한 다음에 올려야 하지 않아요?"

"그건 정반댑니다. 아버지께 승낙을 못 받으면 서방님과 뭘 얘길 한들 소용이 뭐겠습니까."

"그건 마찬가집니다. 제가 아니라 하면 같은 얘기 아닙니까?"

"알아요, 단 서방님의 허락은 자신이 있었고 아버지의 허락은 자신이 없기 때문이었습니다."

"자신이요? 허허, 참 이거야⋯."

"그건 제가 하는 판단이니 서방님은 상관없는 저의 속마음 아니에요?"

"그게 누구는 더 자신 있고 없고의 문제가 아닙니다. 양쪽 다 안 될 소리라 할 게 뻔합니다. 하여튼 말씀이나 해보세요. 아니, 그게 아니라, 아버지하고 하신 말은 다음에 하고 우선 저하고부터 얘기하시지요. 우리가 결혼하는 것이 생각이나 해볼 일일까요? 이게 가당한 말입니까? 하지만 숙부인마님을 무시하는 말은 아니거든요."

"그러니까 왜 결혼을 하느냐? 서방님은 생각도 안 한 일이다. 뭐 이런 말씀이시지요? 그럼 그런 서방님과 제가 왜 결혼해야 하는지부터 말씀드려 보겠습니다."

순재가 말한다.

"먼저 이런 말을 제가 한다는 것이 맞는가 모르겠지만, 서방님은 왜 결혼하셔야 하는지를 말씀드려 보겠습니다. 우선 서방님은 대한제국 천국공사라고 하셨으니 나라의 일꾼이십니다. 일꾼은 나랏일에 전력을 다하셔야 합니다. 그러시려면, 잘 하시려고 한다면, 그러려면 서방님의 마음이 안정돼야 하십니다. 서방님은 상처가 많은 분이십니다. 부모님이나 처자식에 대해 할 바를 못했다고 하는 것이 늘 마음을 찌르는 가시입니다. 돌아가신 정부인마님께도 남편 된 도리를 못하시어 마음에 상처가 있으십니다. 게다가 나랏일을 한다는 신료들은 지금 친일로 돌아서서 폐하를 배반했고 마침내 을사늑약에다가 황제 폐하는 강제퇴위까지 당하셨습니다. 오죽하면 지난(1905년) 늑약체결 될 때 죽천 제부가 토혈분사하시자 자결하시려고까지 하셨겠습니까. 무엇 하나 신통한 것이 없어 서방님의 정신세계는 말 그대로 만신창이가 되셨습니다. 이게 상처이며 고뇌이십니다. 더욱이 지금은 양위 반대집회로 온갖 정력을 소비하시는 중입니다. 그렇지만 서방님께는 이를 막을 힘도 없습니다. 올바른 일에 전력투구하시는 그런 서방님은 진정한 충신이요, 애국자이십니다. 애국자와 충신의 길이 얼마나 힘겨운 고난의 길이라는 것을 잘 압니다. 오죽하면 잘된 일이지만 하나님만 붙잡고 매달리시는지도 안타까울 정도입니다. 그러나 갈수록 좋은 일보다 나쁜 일이 반복될지도 모릅니다. 우리 군대가 해산되고 우리 경찰이 해산되어 치안권은 전부 일본에게 넘어갈지도 모릅니다. 이미 전국 지방관리 300명이 넘는 숫자가 친일 프락치들에게 넘어갔으니 조정이야 말해 무엇하겠습니까? 이건 아니 된다는 것인데 아닌 게 현실로 다가오고 있습니다. 저는 암담합니다. 이대로 추락하노라면 가장 아픈 사람이 황제 폐하라 하겠지만 못지않게 고통을 받을 분은 서방님입니다. 다 봐도 나라 잘못되는 것을 못 보는 서방님은 나랏일이라면 물불 몸을 가리지 않는 분인데 현실은 이상과 판이합니다. 그러니 서방님의 미래가 암담합니다. 그렇다고 누구에게 속을 터놓고 말할 사람도 없습니다. 말할 사람이 없는 인생이 얼마나 힘든 것은 제가 잘 압니다. 다음은 가정이 없습니다. 있다 하여도 못해주어 마음이 아픈 자식들이고 어려운 형편입니다. 차남까지 떠났으니 그 아픈 마음 누가 알겠습니까? 혼자 끙끙 앓아야 하는 나라문제와 말

못하는 가슴은 서방님의 일생 전신을 괴롭히는 병이 되어 점점 아프게 할 것입니다. 거기서 더 나아가면 홀아비의 독방신세입니다. 혼자 자는 것 좋으십니까? 묻는 내가 바보 아닙니까? 다 몰라도 저는 너무 잘 압니다. 사람이 독방에서 혼자 자면 점점 까라지고 의욕을 잃습니다. 사람은 음양이 조합된 체질이라 반드시 남자는 여자, 여자는 남자하고 잠을 자고 밥도 먹고 이야기도 하고 살아야 체질이 지탱합니다. 비록 바가지 긁는 마누라라도 같이 살아야 하는 게 사람이고 바람둥이 남편이라도 있어야 균형이 깨지지 않습니다. 부부간에 원수처럼 싸워도 그것이 삶을 지탱시키는 뿌리가 되기 때문에 갈라져 한쪽이 죽으면 충격으로 단명합니다. 잠도 혼자 자보고 혼자 살아보면 아침이 공허하고 밤이 외롭다 못해 괴롭습니다. 그러면 어떤 생각이 들까요? 답은 '죽고 싶다'가 될 것입니다. 무슨 재미로 사느냐고 하는 상심이 전신을 지배하기 시작하여 어떤 충격에도 무너지기 쉬워 자결한다는 생각이 자주 날 것입니다. 아니, 서방님은 자결할 우려가 참 많은 분입니다. 모든 게 꼬이고 여의치 못한데 아무 데도 위로받고 마음이 쉴 공간이 없습니다. 그러시다면 그 어찌 천국공사가 되실 것이며 감히 나라를 지키고 구하겠습니까? 나라보다 서방님을 지키는 것이 더 어려울 일입니다. 그래서 서방님이 살길은 저와 결혼하는 길 하나라고 봅니다. 그런데 우리는 피차 똑같습니다. 서로가 안 죽고 살기 위해 꼭 결혼해야 한다는 것입니다. 이게 안 되면 서방님의 애국충정은 이상이고 공상이고 망상이고 허상이 될 것입니다. 물론 이따가 드릴 말씀이지만 저도 이대로는 더 이상 못 살아요. 저는 열 배나 더 죽고 싶은 날을 살아갑니다. 거절하시면 저는 죽을 거예요. 힘들어서 못 살겠어요. 그러니 저를 살리는 것이 결혼이기도 하지만 구제결혼을 하시라는 것은 아닙니다. 더불어 서방님을 살리는 것이 결혼이라는 뜻입니다. 저도 살고 서방님도 살자는 것이 결혼해 달라는 것입니다. 그러나 인간 목숨이나 살자고 결혼하자는 것도 아닙니다. 우리 대한제국을 살리는 충신의 도리를 다하고 강력한 힘을 잃지 않기 위해 결혼하자는 것입니다. 서방님과 결혼하면서 동시에 대한제국과 결혼하는 것입니다. 나랏일을 하여야 하는 서방님의 아내가 되는 것은 제가 할 수 있는 애국이기도 합니다. 그러니 서방님도 나라를 사랑하신다면 저와 결혼해 주세요. 다만 서방님의 아내 된 도리는 있는 정성 없는 정성 다 모아 바치겠습니다."

들노라니 월남의 가슴이 울렁거린다.

'맞는 말이다 맞는 소리일세.'

월남은 구구절절 되뇌었다.

순재의 애국충정이 담긴 뜨거운 가슴

"잘 듣고 있습니다. 말씀을 다 하셨습니까?"

"아니요. 제 이야기가 남았습니다."

"해보세요."

"서방님은 몇 번이나 자결할 생각을 하셨는지 모르겠습니다. 그 얘기라면 저보다 적을 것입니다. 저는 하룻밤에도 마음속으로는 열 번 자살합니다. 낮에도 어디 가서 어떻게 죽어 이 한목숨 힘겨운 인생의 짐을 내려놓고 편히 쉴까 고민합니다. 그러나 그때마다 제가 살아야 한다는 힘을 얻은 것은 서방님을 지켜보는 것이었습니다. 저는 남자를 모릅니다. 서방님은 남자로 안 보이고 그냥 서방님으로만 보입니다. 또 저를 여자로 보는 남자라면 십리 백리 도망갑니다. 남녀사이는 부부가 아니어도 성교가 가능하여 후실이 되거나 첩이 되기도 합니다. 갈 길은 오직 하나지요. 부부냐 후실이냐 첩이냐. 이게 아닌 남녀 관계는 세상에서 보지를 못했습니다. 저는 그렇게 보는 눈이 싫어요. 그렇게 보이는 것은 더욱 싫습니다. 하여 저는 그런 눈으로 서방님을 본 일이 없습니다. 서방님도 그런 눈으로 나를 안 보시지요? 그래요. 짐승처럼 남녀가 만나기만 하면 단박에 붙어서야 인간이라 하겠습니까. 붙는다고 하여 상스러우시죠?"

"아닙니다."

"그러나저러나 저는 생각해 보았습니다. 나는 왜 사나? 이것은 제가 평생 했던 자문입니다. 난 쓸모가 없습니다. 여자로는 빵점입니다. 자식 노릇도 못하고 아내 노릇도 할 데가 없습니다. 게다가 어미도 아니라 용처가 없습니다. 몇 번 말했지요? 나를 사람 대접 해주고 이야기라도 받아주는 사람이 없습니다. 살 이유도 필요도 없는 계집입니다. 그래서 묘지만 봐도 웁니다. 영원히 내 무덤을 만들지 말라 하고 싶은데 말할 사람도 없습니다. 그냥 파묻고 평평하게 흔적을 없이 하고 묘지 가에 꽃나무나 심어 주면 좋겠지만 누가 해줄 사람도 없습니다. 울 일밖엔 없습니다. 그런데 그런 제가 다소간 살아야 한다는 의미를 찾았습니다. 제 나이 스물여섯, 벌써 14년 전이지요? 그때 서방님을 처음 보니 서방님의 눈빛은 제가 퐁당 빠져도 괜찮겠다는 놀라운 느낌을 받았습니다. 단, 남자 남편 그런 눈이 아니라 그게 뭔지도 모를 진실함이라고 할지 그냥 편하고 좋다고만 해도 알아들으시지요? 아, 세상에 저런 사람도 있구나 싶어 생전 처음 느끼는 감정이 생겼습니다. 아버지 같다고 할까요? 그러나 아내가 있는 분이니까 꿈에도 결혼생각은 안 했습니다. 이대로가 좋은데 그런데 나를 박대하셨습니다. 평생 가끔이라도 보고 산다면 살아갈 맛이 생길 것을 알았습니다. 그렇지만 채워지지 않았습니다. 좀 더 저를 가깝게 맞아주고 추우면 안아 주고 울면 달래주고 웃으면 같이 웃어주면 좋으련만 서방님은 나랏일로 바쁘셨습니다. 전에 말했지요? 교회를 가시니까 결혼한 것보다 더 좋았습니다. 교회가 저를 완전히 살게 해주었습니다. 그런데 정부인마님께서 작년에 돌아가셨지요? 나라는 무너졌지요? 서방님은 3년 전에도 자결할까 하셨지요? 이제는 벼슬도 없지요? 돈도 없어 빈손입니다. 먹는 것 시원찮지, 잠자리 외롭지, 누가 챙겨주지도 않아 차림새는 허술해지지, 제가 미치겠습니다, 정말. 제가 아니면 누가 서방님을 챙기겠습니까? 그래서 결혼해 달라는 건데 이게 여자로서 할 소립니까? 흉봐도 좋아요. 남이 욕해도 상관없습니다. 중요한 것은 나라입니다. 그러려면 서방님이 꼿꼿해야 합니다. 저하고 같이 자고 밥 해먹고 내가 빨아주는 옷 갈아입고 같이 웃고 이야기하고 살면 서방님도 살고 저도 삽니다. 그러면 나라까지 힘을 받아 살아납니다. 또 가장 중요한 것이 하나님이 이놈들 하고 반대하지 않습니다. 남녀가 가정을 이루고 살면서 하나님을 찬양하며 사랑하고 사랑받고 사는 것이 얼마나 아름답다 하시겠습니까? 저하고 살아 보세요. 서방님 어깨에 힘이 솟을 겁니다. 제 입으로 이 말까지 해야 돼요? 저는 서방님 모실 자신 있습니다. 잘 모시고 행복하시도록 할 자신 있습니다. 아무도 나를 몰라요. 나는 미친 여자도 아니고 머리가 텅 빈 여자도 아닙니다. 그런데 왜 망설이세요?"

월남이 할 말을 모르겠다.

"어떠세요? 제 말을 들어 보니 어떻습니까?"

"글쎄요. 아직도 정신이 안 납니다. 할 말이 없습니다."

"서방님 저번에 양위반대연설 할 때의 그 기백은 어디가고 도대체 말이 안 들리세요? 말씀 좀 해보세요."

"틀린 말은 하나도 없습니다. 그런데 감당이 안 됩니다. 어디서부터 말을 꺼낼지도 모르겠습니다. 첫째는 자격이 없습니다."

"자격이 뭔데요?"

"나이로 보면 부친하고 비슷하지요?"

"물론 저의 아버지(張種培)보다 한 살이 위이십니다."

"거봐요. 어찌 아비 나이에 딸 나이의 아내를 맞습니까? 그것이 인도(人道)라 하겠습니까?"

"허 참, 또또또…. 제가 아기 낳자고는 하지 않았지요? 저는 요녀가 아닙니다. 그냥 살면 되는 거지 아버지하고 한 방에 자면 안 돼요? 꼭 남녀가 교합해야 부부입니까? 저는요, 저는 알기는 좀 알지만 사실은 모릅니다. 아버지 같으니까 하는 말인데 저는 처녀로 산 탓인지 마흔이라는 나이 탓인지 생리도 정상이 아닙니다. 폐경이 멀지도 않았나 봅니다. 우리가 만나 할 일이 생산일까요? 서방님을 받들어 드리면 서방님은 기뻐하며 칭찬해 주시고 그로써 기분이 좋고 사는 것 같아 기가 솟아 나라를 위한 애국을 하지 않겠습니까? 농사지을 힘을 받아도 귀하거늘 나라를 위한 충성의 동력을 만들어 드리면 되는 거지, 아버지면 어떻고 할아버지면 어떻습니까? 나랏일에 같이 참여하면 안 됩니까? 저요? 지금 펑펑 울고 싶기만 한 걸 참고 있는 중입니다."

"숙부인마님의 마음은 알겠습니다. 틀린 말씀도 없습니다. 그러나 저는 그렇게 생각해본 일이 없어 당황스럽습니다. 하지만 그러면 좋겠다는 생각이 들어도 이제 말씀드린 대로 저는 무능력한 사람입니다. 전혀 받아들이고 반길 준비가 되어 있지 않습니다. 온통 나랏일과 건축공사를 시작한(1907년 11월 착공) 기독교청년회 일로만 머리가 가득 찼습니다. 그러므로 몸이 부서지는지 마음이 외로운지도 잘 모릅니다. 무디다고 할지, 아니면 목석이라고 할지… 왜 저라고 해서 이런저런 생각이야 없겠습니까. 그러나 그런 생각에 저를 빼앗기면 아무것도 못합니다. 나랏일도 건강해야 하는 것 맞아요. 그리고 누구보다 저를 아끼시고 오랜 세월 지켜봐 주신 것도 잘 압니다. 그런데도 재혼한다는 쪽으로나 마님하고 결혼하는 쪽으로는 정말이지 꿈도 안 꾼 일이었습니다. 하시면 너무 잘하실 분이시고 살면 지금은 모르는 새로운 기가 솟을 것 같기는 해요. 하지만 용기가 안 납니다. 사랑에는 무지한 사람입니다. 사랑의 불구자예요. 애치(愛痴)? 그렇군요. 아내만 알았지, 사랑에는 둔한 애치입니다. 애국은 알아도 애인은 모른다고나 할까요? 이것 참 이렇게 말씀드리자니 예도 아니고 면도 없으니 어쩌면 좋겠습니까?"

진심이다. 월남은 순재를 딱하게만 보았다. 더불어 장래라던가 시집가야 된다라거나 하는 것은 가끔은 걱정은 했어도 자신이 순재의 재혼하는 남편이 된다는 생각은 죄짓는 생각이다 싶어 혹간 그런 생각이 들지도 않았지만 생기더라도 단방에 물리쳤을 일이다. 그래서 한 번도 해본 생각이 아니다.

"알아요, 서방님. 그러면 거절이십니까? 제가 이렇게까지 기력을 잃겠다고 해도 거부하시는 거예요? 지금처럼 속절없이 한 달도 아니고 몇 달에 한번, 운이라고 할지, 연이라고 할지, 우연스레 만나는 것으로 만족하라는 뜻입니까? 오로지 나랏일에만 신경 쓰고 저한테는 무신경인 이대로 좋다는 것입니까?"

들다 보니 말을 좀 잘못한 것도 같다. 말이 이상스럽게도 그렇게 나가고 만 것이다. 사실은 순재의 말 하나하나 일체 틀린 말이 없다. 그러나

'그렇습니다. 옳습니다. 그래요. 결혼해요, 우리….'

선뜻 이런 말은 나오지도 않고 차마 할 수도 없다.

"뭐, 전적으로 그렇다는 것은 아니었습니다. 다만 저도 다시 깊이 생각해 보겠다는 말씀을 드린다고 한 것인데 말이 그렇게 나가지를 않아 버렸습니다. 마님! 마음 상해하지 마세요. 다시 생각해 보겠습니다."

"예, 서방님…. 다시 생각하세요."

순재가 드디어 울먹거린다.

보자 하니 참 아까운 여자다. 세상에 이렇게 똑똑한 여자가 있는가 싶어 놀랄 때도 많았다. 감히 이런 말을 한 것도 여간 큰마음 먹어서 할 수 있는 말도 아니다. 월남은 순재를 감싸 안았다.

"울지 마세요. 저는 지금 마님의 말씀이 고맙습니다. 하지만 결혼하는 것은 아직 입이 떨어지지 않습니다. 그렇지만 결혼한다고 누구 눈치 볼 일도 아니고 안 될 일도 아니라는데까지는 인정합니다. 허나 단박에 그러자는 말이 안 나온다는 것이 솔직한 대답이 될 것 같습니다."

순재를 감싸자 순재는 다시 파고들듯이 안겨 온다.

남들이 보는 눈

"서방님은 그럼 이게 맞는 대꾸라고 생각하세요? 정말 서운합니다."

"맞아요. 대꾸할 정신도 없어서 그랬습니다. 뿐만 아니라 마님의 말씀이 구구절절 하도 옳은 말씀이라서 듣느라고 혼이 나갔습니다. 풀어야 합니다. 제 마음부터 제가 풀어야 할 것 같습니다."

"그럼 풀고 승낙하실 수도 있다는 말씀입니까?"

"못할 것도 없습니다만, 아… 이게 정말 나랏일보다 더 어렵습니다. 나랏일은 이거다 저거다 쉽게 답이 나오는데 왜 이렇게 결정을 못 내겠지요? '절대 못합니다. 안 됩니다'는 말은 안 나옵니다. 그런데 하자는 말은 더 안 나옵니다. 도대체 뭣에 홀린 것 같은 게… 마님! 제가 정신이 하나도 없다니까요? 꿈이라도 꾼 적이 없다 보니 놀라서 그렇습니다."

"놀라지 마세요. 저 장순재입니다. 14년 전부터 서방님, 서방님 하고 따라다녔던 저 장순재입니다. 결혼한다고 해서 아무것도 달라질 것이 없습니다. 단, 정부인마님이 살아계신다면 저는 서방님이 하자 해도 안 할 사람입니다. 제가 맹탕이 아니거든요. 반대로 정부인께서 아신다고 하면 뭐라고 하실까도 생각해 보았습니다."

"뭐랄까요?"

"많이 아주 많이 생각해 봤는데요…"

"봤는데 어떻습니까?"

"그보다는 서방님의 생각이 더 궁금합니다. 정부인께서 아시면 싫다 하실까요?"

"저는 한 번도 안 해본 생각이라서 모르겠습니다."

"예, 저는 너무 깊이깊이 생각해 보았습니다. 그 결과 하라고 하실 거라는 결론이 나왔습니다. 이미 돌아가신 분이 남은 남편 좋은 것을 싫다 하겠어요?"

"알아듣습니다."

"더 중요한 건 아까 말한 대로 하나님이십니다. 하나님도 막지 않고 축복하실 것입니다. 많이 기도해 보았습니다. 그러니 남은 건 자식이겠지요? 자식보다 아마도 남들이 어찌 보고 서방님의 동지들이 어찌 보느냐의 문제도 있을 것입니다. 다 중요하지 않습니다. 정부인마님께는 양심과 도덕의 문제이며, 하나님께는 믿음의 문제입니다. 자식이니 동지니 하는 것은 사실 무시하면 그만입니다. 가장 중요한 것은 바로 우리 두 사람이라고 생각합니다."

맞는 말이다. 역시 순재는 똑똑하다는 생각이다.

"오늘은 이만 잡시다. 숙부인마님 자고 가세요. 저도 생각을 많이 해보겠습니다. 단, 오랜 시간을 두고 생각하지는 않겠습니다. 이불 펴겠습니다."

"아닙니다. 제가 펴면 됩니다. 그런데 한 가지만 더 이야기하고 자야 하겠습니다. 제가 좋으세요? 싫으세요?"

"그 말씀은 금방 대답할 수 있습니다. 저는 마님이 좋습니다. 매번 가시라고는 했지만 그것은 제 마음이 숙부인마님이 싫어서가 아니었습니다. 사람이 분별이 있어야 한다는 거지요. 좋다고 분별이 없으면 되겠습니까. 숙부인마님과 저는 동침할 사이가 아니기 때문입니다. 제 마음에 숙부인마님은 좋습니다. 하지만 결혼하고 그러는 쪽으로는 좋아하지 않았습니다. 해서는 안 된다고 생각했으니까요."

"그러면 저하고 자는 것이 그렇게나 불편하셨습니까?"

"처음에는 불편했습니다. 하지만 죽천 대감마님이나 정경부인마님도 아시고 이해하시니까 차차 불편함은 사라졌습니다. 이제는 이웃이 다 알고 동지들도 다 아는 까닭에 처음처럼 불편한 의식은 없습니다."

"그럼 저하고 자면서 여자라는 마음이 들었습니까?"

"죄송하지만 들지 않았습니다."

"알아요. 그래서 여쭙겠는데 그것은 무슨 문제가 있는 것 아닌가요?"

"문제가 있다면 마님도 문제 아닌가요?"

"아니, 서방님부터 말해 보세요."

"저는 문제없다고 생각합니다. 그러면 말씀하신 그대로 아닙니까?"

"그게 무슨 말씀이세요?"

"여자를 보고 탐하는 자는 재물도 탐한다. 훔친다고 하신 그 말씀 말입니다. 저는 결백합니다. 재물 탐도 이성에 대한 탐욕도 없습니다. 여자 열 명이 곁에서 자도 저는 아무 느낌 없이 잘 수 있습니다. 아까 말한 분별력의 문제입니다. 여자만 보면 마음이 동하는 사람이 어찌 벼슬과 재물에는 무욕이라 하겠습니까? 저는 아닌 건 아닙니다. 어려서 현만 스승님께서는 똥오줌을 가리라는 말씀을 하셨습니다. 마누라도 몰라보고 기생도 몰라보고…. 해장에 취하면 제 아비도 몰라보고, 낮술에 취면 할아비도 몰라보고 밤술에 취하면 마누라도 몰라봐서 치마만 둘렀으면 전부 마누라로 안다는 말이 그 말 아니겠습니까? 어찌 숙부인마님을 몰라보며 제 정체성을 몰라보겠습니까? 저는 그런 사람은 문제 있는 사람이라고 생각하며 살아왔습니다."

"바로 그 점입니다. 서방님은 그런 분이십니다. 그래서 제가 좋아하는 거고요…. 자, 알았어요. 자요, 우리."

이부자리는 위아래로 폈으나, 순재는 월남의 이불 속으로 파고들어왔다.

"아, 아버지랑 한 이야기도 있는데 내일하지요, 뭐…. 저는 잡니다."

월남이 순재를 밀치지 않는다. 그날처럼 순재를 포근하게 감싸 안아준다. 피곤한 모양이다. 순재는 금세 잠이 들어 버린다.

'참 단순한 것이 여자로구나.'

이렇게 곧 잠이 든다는 것이 순재다운 일이다. 말할 때는 열정이 넘치고 자자 하면 바로 자고, 슬프면 바로 울고 아니면 금세 웃는 여자가 순재다. 어쩌면 속이 없다고 보겠으나 없는 게 아니라 속이 깨끗하고 담백한 탓이리라. 어찌 한 이불 속 남자의 품에서 잠이 든단 말인가? 그것도 너무 쉽게 금세 잠이 드는 것이다.

월남은 생각에 잠겼다.

기도도 하고 월예도 떠올려 본다. 하나님의 음성에도 귀를 기울이고 월예의 음성도 들리나 하여 집중해 본다. 과연 하나님께는 문제가 아니다. 문제…. 문제가 뭘까…?

순재의 부모가 문제다. 내게 시집온다 하면 그 마음이 얼마나 아플 것인가. 골고루 생각해 보아도 다른 건 별 문제가 아닌데 나이 차가 많아 일찍 먼저 죽을까 싶어 걱정이고, 돈이 없어 고생시킬까봐 문제라 하겠는데 그 부모의 마음이 아플 것이 제일 마음에 걸린다.

월예의 입장에서

월예의 입장이 되어도 본다. 왈칵 눈물이 터져 나온다. 평생 고생만 시키고 정도 못 주고 남편이냐고 빵점이었다. 그런데도 월예는 그러라고 할 것 같다.

'그러라거나 말라거나….'

사실 월예는 세상 사람이 아니니 월예의 눈치를 볼 일은 아니다. 첫째도 둘째도 순재의 부모 마음이 문제다.

그때 홀연히 월예가 나타난다. 곱게 단장하고 웃는다.

"서방님!"

음성이 밝고 입가에 웃음이 번진다.

"내가 지금 순재하고 누워 있는데 웃음이 나오십니까?"

"죽은 사람이 누구랑 누워 자든 상관없잖아요?"

"왔으니 물어 보겠습니다. 순재가 한 말 다 알지요?"

"예, 압니다. 서방님! 순재를 아내로 맞이하세요."

"그 무슨 이런 말을 당신이 한단 말입니까?"

"나 말고 이런 말 할 사람이 누가 있겠어요?"

"나는 순재를 당신처럼 고생시킬까 걱정되어 승낙을 못하겠습니다."

"아기를 낳지 않는다면 아마 고생시키지는 않을 걸로 보여 집니다."

"아기를 낳고 않고가 인간의 생각대로 되는 것입니까? 바로 그것도 걱정입니다. 그러면 당신은 어떻습니까?"

"낳으면 낳는 거지만 그러면 저하고 합장을 해야 되지 않겠어요? 순재는 평장을 하라고 하는 걸로 보아 여생에 자식이 없다고는 보입니다."

"그것 말고 다른 문제는 없겠습니까?"

죽천의 입장에서

이어서 죽천이 나타난다.

"대감마님! 어쩌면 좋겠습니까?"

죽천은 웃기만 한다.

"돌아가셨지만 저와 동서지간이 되는 문젠데 왜 웃기만 하십니까?"

그래도 웃는다.

"게다가 제가 손윗동서가 되는 것이라니 어안이 벙벙합니다."

"벙벙할 것 없습니다. 하나만 생각하세요. 나의 처형이 월남에게 소중하냐의 문제입니다. 약간이 아니라 세상에서 고르라면 1등이냐는 것입니다. 감동하고 감격하여 너무 과분할 정도로 하늘의 천사와도 같으냐고 묻는 것입니다. 그 바탕은 두 사람의 연정에 달렸습니다. 내가 볼 때 처형께서는 월남에게 잘할 사람이라 보이고 월남도 처형이라면 편할 거라고 생각합니다. 부부라고 하는 것은 하늘이 내리는 짝입니다. 혼자 두고 온 제 집사람도 하늘이 내려 제가 순종하니 얼마나 아름답습니까."

순재가 잠에서 깨었다.

제3부

60에 다시 신혼

순재의 부모 입장에서

"주무시지 않으셨어요?"

"나는 원래 잠이 적습니다. 더 주무세요."

"안겨서 자는 줄 알았더니 언제 밀쳐내 버리시고…. 그러시고 더 자라고요?"

"밀친 게 아닙니다. 편히 주무시라고 가만히 있은 것뿐입니다."

"그런데 궁금하지 않으세요?"

"뭐가요?"

"제가 지난밤을 새워가며 아버지하고 무슨 이야기를 했으며 조건부 승낙을 받았다고도 했는데 그게 뭔지가 말입니다."

"그보다 중요한 것이 있어 잠 안 자고 생각해왔습니다."

"들어 보나마나 나랏일이라 하시겠지요?"

"물론 나랏일도 생각했습니다만, 그보다는 제가 저에 대한 생각을 많이 해보았습니다. 마님께서 결혼하자 하시는데 과연 하자고 할지 아니라 할지의 문제로 깊은 생각을 해보았습니다.”

“그랬더니 하자는 쪽이지요? 그렇지요?”

“그보다는…. 그럼 이제 들어나 봅시다. 지난밤 아버님과 무슨 이야기를 주고받았는지나…”

“이제야 그게 궁금하시다는 걸 보니 그건 들어볼 필요도 없다 하시던 생각이 바뀌시었군요. 아까는 들을 필요도 없다는 투이시더니…. 그럼 잘 듣고 결정해 주세요.”

“결정이라…. 하여간 들어 보겠습니다.”

“아버지께는 이번이 세 번쨉니다. 정부인마님 돌아가시고 나자 제가 바로 말씀드렸습니다. 내가 월남 서방님 곁으로 가고 싶다고…. 그 말은 결혼시켜 달라는 말과 같습니다. 들을 필요도 없다 하셔서 이야기를 제대로 꺼내지도 못했습니다.”

“그건 그러실 수밖에 없습니다. 그래서요?”

“두 달 전 5월 달에 이완용 친일 내각이 들어서고 서방님이 사직하자 그때도 말씀드렸습니다. 두 번째는 좀 듣고 계셨습니다. 하시는 말씀이….”

“무어라 하셨습니까?”

“‘나는 너에 대한 기대가 다 무너졌다. 그토록 총명하던 넌데….’ 뭐 이런 말은 생략하고요.”

“그래서 하라 하셨습니까?”

“아니지요. 아무리 기대가 무너졌어도 안 된다 하셨습니다.”

“당연하십니다.”

“당연한 게 아니라 안 된다는 이유가 있으십니다.”

“그게 어디 한두 가지겠습니까?”

"아니에요. 딱 한 가지였습니다. 월남은 너무 청빈한 사람이라 물이 맑으면 고기가 못 산다는 것이었습니다. 그러면서 하시는 말씀이 그러니까 서방님은 바보랍니다. 조선 천지에 그만한 자리에 있던 사람이 집 한 채도 없어 남의 집에 사느냐는 것입니다. 그렇게 맑다면 아무리 맑은 너도 견뎌내지 못할 괴팍한 성격이 숨어 있을 거라는 말씀입니다. 그래서는 네가 견디지를 못할 뿐만 아니라 그래서는 두 식구도 건사하지 못하여 갈라진다고나 하면 내가 네 성질을 잘 알고 월남도 아는데 결국 우리 모두가 조자리 망신만 당한다는 것입니다."

"허허, 참…. 그렇게 말씀하세요?"

"그래서 제가 뭐라고 했는지가 중요합니다."

"뭐라고 하셨는데요?"

"혼수를 돈으로 달라고 해 버렸습니다."

"아니 승낙할 마음도 없는 어른께 돈까지 달라고 하셨단 말씀입니까?"

"그전부터 제가 이화학당에 간다고 했었습니다. 공부를 시켜줄 돈을 현금으로 달라고 했습니다."

"돈은 어디다 쓰려고 돈을 달라 하신 겁니까?"

"서방니임!"

"예."

"서방님에게 누가 지금 돈 줍니까? 기독교청년회가 녹봉 주는 데 아니지요? 새로 짓는 건물은 크지만 지금까진 사무실도 창고지 그게 사무실입니까? 강당 짓는다고 100명 모일 회관 짓는 데도 얼마나 세가 빠졌습니까? 게다가 저 큰 건물을 지어 입주한다고 종로에 땅을 파기 시작했지요? 공사가 많이 되었으니 후원자를 찾기도 바쁘시지요?"

"그런 걸 어떻게 압니까?"

"왜 모르겠습니까? 우리 연못골(연동)교회 게일 목사님이 이사장인데 모를 게 따로 있지요. 맞습니다. 기독교청년회 회관이 시급하다는 것도 알아요. 제게 돈이 있으면 저도 헌금이라도 듬뿍 하고 싶은 심정입니다. 그런 청년회에서 서방님 돈 주고 일하라 하시는 것 아니지요? 줘도 받을 손이 오그라들 정도일 건데…."

"그래도 회관을 지어야 합니다. 어디 장소가 있어야 민중교육도 하고 서양문화도 들여오는데 지금 사진부다 미싱부다 공작부다 해도 전부 씨갑씨(씨앗)에도 부족합니다."

"그렇다고 이완용 내각에서 거듭 사정하고 부르겠습니까? 부른다고 가시겠습니까? 모르지요 혹 그래도 또 부를지도…."

"부르시면 폐하의 뜻보다는 분명 친일파의 구색 맞추기거나 아마 우리 내각에 이상재도 협조한다는 대외선전효과를 노리려는 것일 겁니다. 미국에게 체면 닦고 우리 백성에게 면을 세우자고 하는 작전이지, 그게 이미 힘을 잃은 황제 폐하나 황태자의 뜻은 아닙니다. 분명해요. 지난번에도 얼굴 생색내기 선전용이었습니다. 그래서 거절하였고…. 그러나 이제야 뭐 그마저도 부를 턱이 없지만…."

"맞습니다. 그러나 부를 수도 있다고 칩시다. 서방님이 거기 가서 친일파 속에서 마음 맞춰 계시겠습니까? 사사건건 친일하자고 할 텐데…."

"그렇지요. 벼슬이라는 것이 황제 폐하가 준다고 다는 아닙니다. 어깨를 맞대고 정사를 꾸리는 신료들이 더 중요합니다. 독불장군으로 모난 돌 정만 맞는 벼슬인 경우가 많습니다. 또 준다 할까봐 겁납니다."

"그러니까 무엇으로 나랏일을 하실 것이며 무슨 돈으로 도지(집세)를 주고 살림을 꾸립니까. 집이라도 새로 사야 도지도 안 나가고 먹고살 양식은 있어야 살지요. 그래서 1만 원(쌀 2천 석)을 달라고 했습니다. 그래야 집 한 채 사고 남은 돈으로 천국공사관을 차리고 운영할 것 아니겠습니까?"

"참 마님도 세상에 그럴 부모가 어디 있답니까? 대부잣집도 잘해야 혼수라고 싸 보내는 것이 5백 원(쌀 100가마니) 아니면 200원(쌀 400가마니)이면 뒤집어쓰는데 단돈 100원(쌀 200가마니)도 적은 게 아닙니다. 왜 그런 말씀을 하십니까? 부모가 무슨 죄인입니까? 정말 제가 들어도 그건 말이 말 같다 하지 못할 소리입니다."

"왜 그러세요? 내가 부모라면 전 재산이라도 주겠습니다. 부모라면 자식이 좋다는데 뭐가 아깝지요? 물론 우리 집에 돈은 얼마나 있는지 없는지는 저도 모릅니다. 아버지가 관직을 떠난 지 10년이 넘었습니다. 어떨 땐 뭘로 사는지도 모릅니다. 해마다 텃도지(땅, 전답 세)가 들어는 온다지만 관심도 없어 모릅니다. 게다가 다 잘사는데 저만 이 모양입니다. 나 같으면 액수의 고하를 막론하고 대뜸…."

"대뜸 뭡니까? 내줍니까?"

"아닙니다. 대뜸 월남부터 만나보자 할 겁니다. 돈이 문제가 아니잖아요? 월남부터 보자는 말을 안 하는 것입니다."

"보시자 한다고 제가 뛰어간다고 보세요?"

"아니지요. 그러면 제가 서방님과 상의부터 하겠지요?"

"다 취소한다고 하십시오."

"뭘 취소하는데요. 결혼을 취소한다 하라고요?"

"아니아니, 돈 얘기 말입니다."

"그럼 어떻게 살지요? 제가 장롱이나 세간만 가져오면 사는 겁니까? 서방님은 예단 값이나 있으세요? 이래서야 결혼이 되겠습니까?

지금 장난삼아 하는 얘기가 아니잖습니까?"

"아니 저는 숙부인마님의 마음 잘 아는데 피차 입장이라는 것이 있는 것이고 상식과 순리가 있으니 하는 말입니다."

"상식과 순리는 해당 없는 말입니다. 제가 상식과 순리대로 살았어요? 그렇다면 시집가서 첫날밤 신방에서 왜 뛰쳐나왔겠습니까?"

"아 참, 그게 무슨 소립니까? 첫날밤에 무슨 일이 있었습니까?"

"내가 한 번 얘기 한 것 같은데 몰라요?"

"아니요. 말하지 않으셨습니다."

"아, 그랬나 보군요. 하지만 저는 마음속으로 열 번 이상 서방님께 실토한다고 했습니다. 왠지 서방님은 아셨으면 좋겠다는 생각이 있었지요."

"모릅니다. 아니 숙부인마님 같은 총기를 지닌 분이 했나 안 했나도 헷갈리세요? 안 하신 말씀입니다."

"잘 됐네요. 말하고 싶었습니다."

"뭐 불편하시면 안 하셔도 됩니다."

"불편할 게 뭐가 있겠습니까? 그보다도 서방님은 아셔야 합니다."

"아니 안 들어도 괜찮습니다. 천천히 두었다가 하셔도 되고 안 하셔도 상관없어요."

"얘기가 나온 김에 하겠습니다."

"그러시던지…."

순재 과거의 첫날밤 사연

"그러니까 열여덟 살이었을 적 얘깁니다. 뉘댁이라는 것은 말할 필요도 없고 지체 높은 당시의 세도가 안동 김씨네였습니다. 지금은 몰락했다던데 관심도 없어요. 그 세도가에 별시(양반자제의 특별전형으로 치르는 특별과거)를 마다하고 초시, 복시, 어전시까지 장원했다는 도련님이라고 하기에 기대하면서 평소에도 공부를 열심히 했으나 걱정이 많았습니다. 그러나 단단히 마음을 먹고 좋은 아내가 된다고 생각하고 혼사를 준비하는데 들리는 소문이 기생을 밝히는 것이 흠이라는 말이 들렸습니다. 헛소문이겠거니 하고 흔들리지 않았습니다. 문제는 신혼 첫날 신혼방에서 터졌습니다. 나이가 동갑인데 이건 완전 탕아라는 확증이 왔습니다."

"그래요? 그런 걸 어떻게 압니까?"

"반대로 서방님께 여쭤 볼게요. 첫날밤부터 신랑노릇 하셨습니까?"

"무슨 말씀이신지…."

"말귀를 못 알아들으십니까? 왜 있잖습니까."

"첫날밤에는 아무것도 모르니까…."

"모르니까 언제부터 신랑노릇 하셨지요?"

"하하, 별걸 다…. 한 몇 달? 하여간 한참을 지나서야 알았습니다."

"맞아요. 그런데 그 사람은 술을 많이도 마셔댔습니다. 술이 취하니까 마누라가 아니라 기생으로 보는 것 같은 눈 있지요? 어린 나이지만 수단이 여간이 아니었습니다. 족두리는 그냥 두고 옷섶부터 낚아채는데 이건 막 나가자는 태도였습니다."

"그래서요?"

"제가 하도 같잖아서 첫날밤에 어처구니가 없어 기가 막히다 못해 깔깔 웃어 버렸습니다. 막 간질여 대는 것 있지요? 변태예요, 완전히…"

"하하, 저런저런…. 그런 사람이 공부는 잘했다니 이해가 안 갑니다."

"그러게 말입니다. 허나 저는 지금도 후회 없습니다. 부부가 뭔가를 많이 생각해 보아도 지금껏 후회가 없습니다. 그래서 여쭤 보겠는데 부부간에 몸이 먼접니까? 마음이 먼저입니까?"

"쉬운 것만 물어 주세요. 이런 문제는 제가 대답을 못하겠습니다."

"간단합니다. 세상은 이미 마음은 상관없이 동물처럼 몸이 먼저입니다. 그러나 분명한 것은 우선 말이 통하고 마음이 통하지 않은 상태에서 첫날밤에 몸부터 합치는 것은 문제가 있습니다. 그야 몸이 가면 마음이 간다는 식으로 사람마다 다 다를 수도 있겠지만 몸부터 합치고 보자고 한다면 서방님은 왜 한참이나 지나신 거지요? 서로 서먹한 것은 면한 다음에야 되는 게 몸 아닌가요? 완전 기생집인 줄 착각하더라고요."

"그렇다고 웃습니까?"

"웃기만 한 게 아니라 방문을 박차고 뛰쳐나와 버렸습니다. 마당에 나와 울 수도 없고 기는 차고 아예 미친년 행세를 하고 싶었습니다. 족두리는 그냥 그대로 꽂혀 있고 겉저고리는 풀어 헤쳐진 채로 나와서 이대로 미치는 것이 좋겠다는 생각이 들어 정신이 돈 년처럼 웃어 댔습니다. 그런데도 그 사람이 나와 보지도 않았습니다. 나중에 알고 보니까 고꾸라져 바로 잤다 그러더라고요. 돌려보내느라고 부모님 간이 다 녹았습니다. 일부러 집이 떠나가라고 웃어 댔습니다. 그래야 듣고 가게 할 것 같았어요."

"그것 참, 제가 이때 무슨 말씀을 드릴지도 모르겠습니다."

"결론은 간단합니다. 몸은 백 개라도 날려 보내겠지만 사람의 마음은 지켜야 한다는 것입니다. 우리 조선은… 전에도 말했지만 우리 조선은 잘못됐습니다. 몸부터 바치라는 게 아니라면 만나 보고 말도 해 보고 나서 시집을 보내야지 얼굴 한 번 보지도 않고 시집가서 찍소리도 못하고 산 여자가 더 많습니다. 그러다가 후처나 들이고 기생집이나 드나들고… 이게 잘못됐다 그 말입니다."

"하지만 그건 일종의 풍속이고 문화입니다. 조선문화와 미국문화는 다르니까 조선사람은 조선사람 풍습대로 사는 거지요."

"저는 반대합니다. 얼굴부터 보고 나서 아니면 말고, 좋으면 피차 다짐을 단단히 받고 책임 있게 살아야지 여차하면 후처나 들여앉힐 거라면 버릇이 잘못됐어요. 동방예의지국은커녕 동방개지지국이 조선입니다. 이런 경우가 어디 있습니까? 여자는 사람이 아닙니까?"

"나도 남녀가 각자의 본분에서 이탈하는 것은 고쳐야 한다고 생각한 지가 오래입니다. 그래서 기독교가 이건 잘하고 있다는 거지요. 일부일처는 당연하고 간음하지 말라는 계명이 옳습니다."

"맞아요. 몸은 둘째라고 봐요. 마음이 중요합니다. 마음이 앞서고 몸은 저 뒤로 처지라는 것입니다."

"그런데 하다가 만 아버님과는 그래서 어떻게 된 것입니까?"

"조건부라는 말이 여기서 나옵니다. 나는 월남을 미리 만나고 싶지 않으니 둘이 마음이 정해지면 같이 오라는 것이 첫째고, 둘째는 돈을 주기는 주는데 월남을 만나보고 나서 그 후에 상의하자는 것입니다. 액수는 중요한 게 아니라면서 부모의 마음을 믿으라 하셨습니다."

"허허…. 숙부인마님은 정말 존경스럽습니다. 매사에 똑 부러지는군요. 참 아까우신 분이고 제게는 태산보다 더 과분한 분이십니다."

"그러시다면 무슨 뜻이지요? 좀 확실하게 말하세요. 이럴 때 한번 저도 행복한 말을 듣고 싶습니다."

"그래요? 저도 똑 부러지게 말씀드리겠습니다. 좋아요…. 우리 결혼합시다. 됐습니까?"

순재의 가슴이 펑펑 뛰는가 보다. 거친 숨을 몰아쉬더니만 또 월남의 품에 쓰러지듯 안겨 버린다.

월남과 순재 결혼하다

마침내 순재의 부친 장종배를 뵙기로 하고 같이 갔다.

큰절을 하니 맞절로 받는다.

"만민공동회 적부터 강연도 많이 들었고 그것 말고도 이미… 월남 선생은 나를 몰라도 나는 아는 분이니 긴말은 필요치도 않겠습니다."

"예가 어그러졌습니다. 생각지도 못한 일이다 보니 나잇값을 못하게 생겼습니다."

"아닙니다. 순재에게 들어서 그간의 사정은 잘 알고 있습니다."

"이제는 면목 없으나마 사윗감 자격으로 왔사오니 되든 안 되든 오늘은 말씀을 내리셔야 하옵니다."

"아니요, 우리 민족의 지도자로 모시는 분이거늘 그럴 수 없습니다. 임금을 사위로 모시면 공대함이 마땅하지 않습니까? 월남 선생은 제가 말을 내려도 될 분이 아니니 괘념치 마시고, 거 이제 와서 안 된다는 생각을 하시면 안 됩니다. 제가 고맙게 받은 입장입니다."

"하오나 사가의 예와 법도가 있사온즉, 소인은 지금 사가의 법도를 따라 삶이 마땅합니다. 말씀은 일단 내려주시지요."

"아아 됐습니다. 민족지도자란 누가 임명하고 추천한다고 되는 게 아닙니다. 저절로 오르신 이 귀한 월남 대감이니 그럴 수는 없지요. 그 얘기는 그만하면 됐습니다. 이는 불변입니다. 그나저나 우리 여식이 거의 평생 몸이 안 좋은 터라 어이하실지 지극히 우려됩니다."

"그 점은 일체 안심하셔도 되십니다. 소인이 평생 부른 대로 숙부인이라 하고 말씀을 올린다고 한다면, 숙부인마님은 세상이 잘못 보고 있습니다. 저야말로 잘못 보고 살아왔기에 숙부인마님 앞에 면목을 잃었습니다. 저는 감히 조선에 숙부인마님 같은 분은 없다고 단언합니다. 제가 부족함이 많은 사람이지만 숙부인마님은 이런 소인에 대해 과분한 보살핌으로 14년이 흘렀습니다. 더 좋아지면 좋아졌지 우리 사이는 나빠질 까닭이 없다고 보는 것이 확고한 제 마음입니다. 우려하지 않으셔도 되시옵니다."

"알아요, 잘 압니다. 어찌 아비가 자식을 모르겠습니까? 내 여식은 남이 어떤 눈으로 보든 간에 아비 된 내 입장에서는…. 글쎄요, 뭐라고 할지 모르겠습니다. 앞날이 훤히 보입니다. 잘 아실 것으로 믿어집니다."

"그러나 소인이 벌써 쉰여덟입니다. 내일모레 환갑을 맞을 터이라 이것이 큰 부담입니다. 게다가 한두 가지 흠결이 아닐 정도입니다. 그러나 모두 이겨낼 결심으로 찾아는 뵈었습니다."

"알겠습니다. 결론은 간단합니다. 여식이 월남의 분신이 되어야 하고 분신이 된다고 결심했다고 하는 그 말이 핵심입니다. 그러니까 월남에게 보내면서 동시에 나랏일에 보내는 심정임을 아셔야 합니다. 이제 자식 낳고 가정을 꾸미는 것보다는 기울어지는 나라를 일으키는 애국의 동반자가 되겠다고 하는 결심이라니 내 자식이라 하는 말이 아니라 이런 여성 아마 드물지 싶습니다. 그 마음이 기특하고 그 영특한 결심에 제가 내심 여간 감복한 게 아닙니다."

"아, 그 점만은 틀림없습니다. 어쩌면 숙부인마님 덕에 소인이 살아 있다고 보아야 할 정도로 숙부인마님은 저의 영혼을 감싸오셨습니다. 한두 번 충격을 받은 게 아닙니다. 이번에는 차남까지 잃었습니다. 곰곰 새겨보면 그럴 때마다 숙부인마님이 저를 지켜주었습니다."

"듣기 좋은 말씀입니다. 일단 예식을 갖추려고 합니다마는 어쩔 생각이신지요?"

"하시라는 대로 하겠습니다. 다만 최대한 간소하게 예만 갖추었으면 하는 생각입니다."

"어떻게요?"

"지금 나라에 초상이 난 것과 다름없습니다. 게다가 소인 자신부터가 위축되어 있습니다. 경사는 경사에 맞아야 할 것이나 소인의 생각에는 교회에서 간단하게 기도를 받는 것으로 가름하면 좋지 싶습니다."

"아, 교회가 좋겠습니다. 교회라면 간단하고 화려할 게 없지 싶습니다. 오시는 분들 대접하는 거야 당연한 것이고요. 한 2~3백 명 모입니까?"

"교인들이 다 참석할 리는 없을 것이고 절반만 잡으셔도 될 것입니다. 잔치에는 국수니까 국수를 대접하면 되는데 교회에는 그런 준비가 잘돼 있습니다."

"그것은 참 잘됐습니다. 그러면 제 여식한테 얘길 들으셨지요? 자식 제때 책임지지 못한 죄로 혼수라고 하던지 하여간 얼마간 준비를 하는 중입니다. 어디 현금 쌓아 놓고 살겠습니까? 그러니 그것은 내가 알아서 할 생각입니다."

"예…. 들어서 알고 있는데 1만 원이다 기천 원이다 하는 이야기는 없던 걸로 해주셔야 하시옵니다."

곁에서 순재가 움찔한다.

"왜냐하면, 제 마음이 가납치 못하는 까닭입니다. 결혼이란 피차 대등해야 하는데 아시다시피 소인은 재산이 없습니다. 없는 자가 아내를 맞는 것만 해도 큰 복이라 할 것인데 거기에 금전이 온다는 것은 분수에 맞지도 않고 성정에도 어긋납니다. 단 한 푼도 그에 대한 말씀은 가납하지 못하옵니다. 이것은 본래의 제 성향입니다. 더 이상의 말씀은 안 되십니다. 아니라도 그게 제가 진 짐이었사오니 벗겨주시기 바랍니다."

이렇게 해서 둘은 결혼하였다.

승인이가 죽고 나서 두 달여가 지난 재작년(1908년) 여름이었다.

월남과 순재의 신혼

이런 과정을 거쳐 이제 월남과 순재의 신혼이 시작되었다.

예식은 교회에서 마쳤다.

월남의 뇌리에는 결혼식 때 받은 메시지가 각인되었다.

하나님은 자기 형상을 따라 남자와 여자를 짓고 둘이 연합하여 하나가 되어라 하시고 말씀하시기를, 남편은 아내의 머리라고 하셨다. 머리는 하나가 된 아내의 몸과 한 몸이 된 것이다.

그러므로 아내 사랑하기를 그리스도가 교회를 사랑한 것같이 사랑하라는 것이다. 그리스도는 교회를 위해 목숨을 주셨으니 아내를 사랑하여 목숨을 주어야 하는 정도로 사랑하라는 것이다.

아내를 향해서는 남편에게 복종하되 교회가 그리스도에게 복종하는 것과 같이 그렇게 복종하라는 것이다. 복종하고 복종받도록 살아야 한다는 것이며 부부는 작은 하나님의 모습이라는 것이다.

그렇게 예배로 부부가 되어 어느덧 2년째 순재와 새 가정을 꾸미고 부부로 산다.

순재는 들어가나 나가나 입가에 웃음이 떠나지 않는다.

결혼을 하고 나니 순재가 이렇게까지 잘 웃고 밝은 얼굴로 변할 줄은 상상도 못한 일이다.

그런 순재와 살아가는 월남은 2년이 지났지만 20년이 더 흘러가도 변하지 않을 순재가 고맙고 사랑스러운 것은 말로 다 표현할 수도 할 일도 아니다.

첫날밤의 기억도 생생하다.

순재와 부부가 되어 이제는 전에 가끔 한 이불 속에서 자던 것과는 달라졌다.

그때는 장난삼아 한 이불속에도 들었으나 곧 따로 잤다. 그래도 마음이 편치는 않았었다.

그러던 것이 식을 올리고 부부가 되자 이제는 잠자리가 기다려진다.

이렇게 마음 편히 기다려질 거라고는 생각지 못한 일이다.

순재는 이미 월남에게 마음은 바친 바이기에 이제는 몸을 맡겼다.

"서방님, 지금부터는 제 몸이 아닙니다. 이 몸은 서방님의 몸입니다. 서방님 마음대로 하시면 되십니다."

월남은 순재를 감사하며 받기로 하였다.

"우리는 각각 우리의 몸이 아닙니다. 하나님의 몸입니다. 하나님께서 부인의 몸을 내게 맡겨 주시오니 그저 감사히 받습니다.”

월남의 가슴이 요동쳐 댄다.

순재는 월남이 하려고 하는 대로 마음을 비우고 다소곳이 월남에게 몸을 맡겼다.

‘진정 하나님의 사랑은 순재를 내게 보내셨구나.’

월남은 하나님이 보내준 순재와 한 몸을 이루기로 하였다.

잠시 후.

순재의 몸이 불같이 달아오른다.

마침내 순재는 이 세상에 사는 사실 자체도, 자신이 순재로 존재한다는 사실마저도 잊었다.

모든 것을 하나님이 가라는 대로 갈 뿐이니 월남은 지금 남자도 아니고 지금은 신혼의 첫날밤인 것도 망실하였다.

이런 감정은 난생처음이고 꿈에도 몰랐다.

월남도 순재가 지금까지 만나던 순재라는 생각을 잊었다.

둘은 모두 자신마저 망각하고 말았다.

천지와 만물과 그 안에 지으신 하나님의 신비로움이 두 사람을 사로잡은 것이다.

이렇게 둘은 한 몸이 되었다.

허락해주신 대로 하나가 되어 하나님의 모든 선물을 아낌없이 받아들였다.

한참이 지나 전신을 태우던 불꽃이 가라앉자 월남은 눈을 뜨고 순재의 얼굴을 내려보았다.

‘어디서 이런 사람이 생겨났을까?’

볼수록 신기하고 놀라운 비밀은 하나님이 창조한 남자와 여자인가

보다.

순재는 시간이 흐르며 차츰 거친 호흡이 가라앉자 아주아주 서서히 천천히 숨을 몰아 길게 내쉬더니 비로소 눈을 뜬다.

"아, 여기가 어디에요?"

월남을 바라보더니 순재가 거침없이 웃는다.

순재의 이렇게 큰 웃음은 처음 본다.

소리 없는 함박웃음이다.

월남의 가슴에 흘러넘치는 함박웃음을 파묻고 안겨온다.

그러더니 갑자기 고개를 들고 월남을 자세히 바라보며 순재가 묻는다.

"서방님. 방금 뭐 보이는 것 없었어요?"

"예, 뭐를 보다니요?"

"아이 참. 난 보이던데…."

아직도 가슴이 다 가라앉지 않았고 이제 곯아떨어져 잠이 들 것 같은데 월남은 영문을 모르는 소리다.

"뭘 봤는데요?"

"서방님과… 방금 그때 있지요?"

"예."

"수천만도 넘고 억만 개도 더 되는 많은 은하수가 보였었어요."

"아하 그랬어요? 은하수라…. 하하."

"그런데 그 은하수가 하늘에는 한 줄기로만 길게 있잖아요? 내가 본 은하수는 그 은하수보다 수백 천배나 더 많은 별이 은하수처럼 흰색이 아니라 총천연색으로 그렇게 밝고 아름다울 수가 없는 천상의 세계가 나타났습니다. 사라질까봐 아까워서 눈을 뜨고 싶지 않은데 오래오래 보였다가 사라져서 눈을 떴거든요? 그런 것 안 보이셨어요?"

"참 복도 많으십니다. 아마 하나님 보시기에 부인이 하늘의 천사처럼 아름답고 깨끗하시니까 부인에게만 보여준 거기가 천국인가 봅니다. 난 안 보였거든요."

순재와의 이런 동침은 꿈속같이 달콤하다.

여자로 보이지 않아 아무런 감정이 없었는데 이런 여자도 있을까 싶을 만큼 달라졌다.

지금껏 상상치도 못한 행복이다.

그간 순재와 자노라면 그저 무생물체하고 자던 것 같은 감정이 어디론가 사라지고 이렇게 사는 삶도 있다는 것에 월남은 스스로 놀라 밤이 오는 게 기다려지고 알지 못하던 행복이라는 글자의 의미를 하나님께서 내려주신 것으로 감사히 받아들였다.

귀여운 네 암사슴

"서방님! 하나님이 남자와 여자를 지으시고 둘이 연합하여 하나가 되라 하시니 이제는 둘이 아니라 하나라는 말씀이 이런 것이라는 사실에 서방님이 너무 고맙고 하나님의 사랑이 무엇인가 이제야 알겠습니다."

"그 말이 내 말입니다. 지금껏 잘 살아놓고 이것이 부부로구나 하는 생각이 들다니 월예에게 죄짓는 것 같기도 해요."

"서방님도 참…. 절대 죄짓는 것 아니거든요. 정부인마님 언니께서 내게도 들려주시는 음성 같은 게 있었습니다."

"그래요? 뭐랍니까?"

"자네 서방님하고 지지하게 살면 나한테 죽어! 이러셨거든요."

"뭔 소리요, 그게?"

"하나님이 주신 사랑을 헛되이 한 모금도 흘리지 말고 알뜰살뜰 챙겨 마시어라! 하하."

"아, 사랑스러운 네 암노루. 귀여운 네 암사슴. 네가 어디로 가든지. 항상 보살펴 주고. 자리에 누우면 늘 보살펴 주고 눈뜨면 말동무라고 하신 잠언말씀 말입니까?"

"맞아요, 네 우물에서 물을 마셔라. 네 우물물 마셔라… 이렇게 시작하는데 왜 앞부분은 빼먹으세요."

"아, 그런가요? 그래서 네 우물이란 부인에게는 나, 내게는 부인이라 그 말이지요?"

"샘솟는 우물의 물을 감사히 마시라 하셨으니 정부인마님 언니(월예)는 흘리지 말고 알뜰히 챙겨 고맙고 감사히 마시라 하시었습니다. 그러지 못하면 내가 가만두지 않으신대요. 잠자리를 제대로 잘 챙기지 못하거나 않으면 용서치 않을 테니 서방님과 제가 꿀이 철철 넘치도록 행복하여야 한다고 단단히 부탁하셨다니까요?"

"그래요? 질투하지 않던가요?"

"반대였거든요?!"

"언제, 꿈에요?"

"아니요, 기도하니까 그렇게 말씀하시는 것 같은 응답이 왔습니다."

"그럼 부인과 깊은 정을 나눌수록 그 사람(월예)이 잘한다 할 거라는 얘깁니까?"

"당연하지요. 그것이 제 할 바 도리이며, 서방님께 지워진 의무거든요."

"예, 그리 하겠습니다."

꿈도 안 꾸었던 월남이 기다려지는 밤.

나이는 들고 마음은 심하게 다쳐 상처가 누적된 자신이 20년(19년) 연하의 순재와 동침에 문제는 없을까 혹여 우려하기도 했던 밤.

그런 밤이 당당하고 알지 못할 감동에 묻혀 놀라운 사실을 체험하기에 이른다.

바로 날이 새는 것이 싫은 것이다.

안 일어나실 거예요?

새벽에 닭이 우는 소리를 듣기가 어렵다.

일단 자리에 누우면 언제 밤이 가고 새벽이 오는지 도통 알지 못하다가 날이 밝아야 겨우 실눈을 떠보면 때로는 순재가 해맑게 웃으며 반가이 바라보는데, 반대로 월남이 더 오래 깨지 못한다.

언젠가 들었던 순재의 말이 현실이 되었다.

아침이 와도 잠자리에서 일어나기가 싫은 것이다.

"서방님! 하하, 안 일어나실 거예요?"

"일어나면 또 못 일어나게 붙잡으려고요?"

순재가 좀 더 있다가 일어나자고 안아 버리기도 하지만 일어나라 밀쳐도 일어나기가 싫은 일이 아침마다 마찬가지다.

"알았어요, 일어납니다."

하고서도 순재를 풀어주지 않고 더 힘차게 안고 잠을 달랜다.

일어나자 하여도 순재의 가슴에서 손이 떨어지려 하지를 않아 어느새 아침이 온 것이 싫어 어떤 날은 둘 다 새로 다시 잠이 들고 점심때에나 일어나기도 하였다.

월남은 60년 가까이를(58년) 일찍 깨어 공부하였다.

밤에는 잠이 오지 않아 첫닭이 울어야 잔일도 많다. 늦게 자고 꼭 두새벽에 일어나 60평생 잠이 오지 않는 밤을 책과 씨름하며 살아왔는데 이제는 어서 잠자리에 들고 싶고 제발 날(아침) 좀 늦게 밝았으면 좋겠다는 생각이 날 만큼 제법 자주 늦잠에 빠진다.

"아이, 서방님. 조금만 더 있다 일어나요."

이래서 늦고

"알았어요, 일어날 겁니다."

하면서 순재의 허리를 휘감은 손을 풀기가 싫어 늦잠이다.

놀라운 것은 일단 잠자리에서 일어나면 전신이 가뿐하고 기분이 상쾌하다.

순재와 함께 살면서 놀라운 것은 항상 기쁘다는 것이다.

"항상 기뻐하라. 범사에 감사하라. 쉬지 말고 기도하라 하셨는데 세 번째만 좀 더 채우면 되겠습니다."

무엇이 기쁜 것인가? 순재와 마주 보니 기쁘고 같이 사니 기쁘고 같이 자니 기쁜 것이다.

벼슬을 받고도 이런 기쁨은 몰랐다.

벼슬은 근심하게 만들고 심각하게 만들어 늘 긴장하여야 하였기로 벼슬이란 이제와 생각해 보니 인신구속이나 다름없었다.

지금은 자유를 누리는 기쁨이다. 아무런 거리낌이 없어 훨훨 날아다니는 주 예수께서 내려주시는 주 안의 평화와 사랑이며 자유 안에서 받는 기쁨이다.

그래서 하나님께 더욱 뜨겁게 감사하는 것은 순재를 품안에 주시기 전에는 진정으로 자유하고 항상 기뻐하지 못한 것 같기 때문이다.

"야야 이놈아, 너는 내가 좋은 거냐? 순재가 더 좋은 거냐?"

심지어는 하나님이 질투하실까 하는 속 좁은 생각도 든다.

"우리가 행복하고 기뻐하는 것은 첫째는 하나님이 대환영하시고 다음은 누군지 아세요?"

순재는 자주 이런 생각지도 못한 질문도 한다.

"누굽니까? 나나 부인 중에 한 사람이요?"

"틀렸습니다. 우리나라 대한제국 대 황제 폐하의 민족이어야 한답니다."

"참내, 무슨 말씀이시라고…"

"왜요, 내 말 틀려요? 천국공사로서 나만 좋으면 다예요? 제가 서방님의 기쁨이 되는 이유의 첫째는 하나님의 뜻과 영광을 위해서지만 다음은 우리 둘만이 아니라 나라를 위해 일할 힘을 길러내는 온상이 되어야 한다는 결혼 조건…. 서방님 이 두 가지는 죽어도 잊고 죽으시면 안 되십니다요."

하는 소리가 어떨 때는 응석받이 어린아이 같은가 하면 어떤 때는 동지 같고 아내이자 한 몸과도 같은 순재와 산다.

순재는 말수가 줄어든 대신 끊임없이 웃음이 피어올랐다.

이전에도 혹 웃기야 했지만 그 웃음 속엔 어딘지 쓸쓸함이 배어 있고 어딘지 눈치를 보는 것 같은 조심성이 불안함으로 나타났었으나 이제는 다른 웃음이다.

"제가 전에 혹간 까분다고 서방님의 이불 속에 들어갔었지요?"

"그랬지요, 왜요?"

"몇 번이나 그랬었나요?"

"내가 어찌 알겠어요, 난 별 관심이 없었습니다. 아마 몇 번 되지 않았을까요?"

"14년에 분명 열 번은 넘을 거예요. 아마 1년에 한두 번은 그런 것도 같은데…."

"그렇게나 여러 밤이었습니까?"

"그게 중요한 게 아니라…."

"무슨 말씀을 하고 싶은데요."

"결혼하기로 한 후에도 왜 몇 번 이불속으로 파고들고 안아도 주고 그랬었잖아요?"

"그렇습니다. 무슨 말이 듣고 싶으십니까?"

"그때 제 가슴이 얼마나 콩닥거리고 뛰었는지 모르실 것입니다."

"왜요? 제가 남자라고 여겨져서 그랬습니까?"

"반대입니다. 반대로 서방님이 저를 실망시키기라도 하실까봐서…."

"실망시키다니요?"

"서방님이 나를 여자로 보고 그러다 어쩌시기라도 하시면 그땐 어떻게 할까로 고민이 많았습니다."

"그랬어요?"

"만약 곧 결혼할 건데 그사이를 못 참고 이제는 마누라라고 다가오시면 제가 엄청난 상처를 받고 실망한 나머지 정말 고민 많이 했을 것입니다. 결혼을 해야 되느냐 말아야 하느냐의 문제까지 말입니다."

"아 예, 알아듣겠습니다. 만일 남자의 본능적인 행동을 하였더라면 실망했을 것이라… 그런 말씀이지요?"

"그렇지요. 분별없는 사람은 제가 가장 싫어합니다. 남들은 저를 무분별한 여자로 보지만 저는 분별 못하는 여자가 아닙니다. 서방님은 그게 제 맘에 들었어요. 자기를 다스리지 못하는 사람이 어찌 아내를 거느리며 나랏일을 한다고 덤비겠습니까? 아니, 참을성이 없는 사람이 어찌 일을 저지르지 않겠습니까? 사랑한다는 말은 핑계입니다. 사랑은 사랑에 합당한 생각과 행동이 맞아야지 사랑이 무분별을 덮어 주는 것은 아닙니다. 그래서 결혼도 서둘고 싶었습니다."

"아하, 결혼도 하기 전에 일이 날까봐 서둘렀어요?"

"그렇지요. 그런 걱정 암만 안 하려고 해도 서방님이 나를 딸처럼 안다가 문득 여자라는 생각이 들면 달라지지 않겠어요. 지난 얘기지만 그랬더라면 제가 어떻게 했을 것 같으세요?"

"글쎄요. 생각해 보지도 않은 것이라서…."

"제 성질에 아마 과거 어릴 때처럼 그대로 뛰쳐나가 다시는 서방님께 안 왔을지도 모릅니다. 남자는 다 똑같다더니 서방님이라고 다를 게 하나도 없다고 실망한 나머지 결혼하는 것도 안 하겠다고 했을지도 모릅니다. 제가 그래서 팔자가 사나운데도 저는 아닌 건 아니라고 단칼에 자릅니다. 알고 보니까 그것이 곧 목사님이 설교하시는 에덴 동산 이야기이며 금단의 열매 선악과(善惡果) 얘기더라고요. 다 먹되 선악을 알게 하는 나무의 열매는 먹지 말라고 한 것이 여기에 해당되는 것 같아요."

"아, 무슨 말인지 잘 알아듣습니다. 유혹에 약한 자는 온전한 사람이 아니라는 말씀 같습니다. 거참, 큰일 날 뻔했군요. 그러니까 불법이고 비윤리적이고 무례한 것에 유혹당하는 사람은 하나님의 사람이 아니라는 말씀이지요?"

"세상이 다 그리하여도 저는 서방님은 안 그런 분으로 알고 살았습니다. 돈이나 여자나 술이나 이 세상에 무엇으로 유혹하여도 저를 버리지 않고 변함없이 사랑하실 것이라는 믿음 말입니다. 남자들이 마누라보다 더 반반한 여자를 보면 쉽게 마음을 빼앗기지요? 이것이 충신과 간신이 갈라지는 길이라 할 것이고 진정한 사랑과 정욕의 포로가 다른 거지요."

월남과 장순재가 살던 집터에서 저자

제4부

침탈, 회유, 안중근

이러하면 역적이다

"원리는 하나님을 믿는 믿음이나 부부간의 사랑이나 참다운 사랑은 같은지도 모를 일이겠습니다."

"부부간에도 강간이라면 강간이 있다고 봅니다. 결혼도 하기 전부터 나는 너를 사랑해서 결혼하려고 그랬다는 말에 속으면 안 된다고 봐요. 제가 가슴을 졸인 게 그것입니다. 서방님이 만약 제게 강간죄를 짓는다면 나랏일 할 자격 없습니다. 역적이나 강간이나 뿌리는 같습니다. 먹음직하고 보암직한 것이 선악과였다는 말과 같지요."

"그리고 보니 부인은 참 다른 분입니다. 보통사람이 아니에요. 맞아요. 강간하는 자는 역적과 같은 동질입니다. 돈의 유혹이나 벼슬의 유혹이나 이성에 대한 성적인 유혹이나 모두가 다 욕심이지요. 참 다행하고 감사한 것은 제가 그렇게 자라지도 배우지도 않았다는 것입니다. 길러주신 부모님과 스승님들이 항상 고맙지요."

"그렇다고 그릇된 것을 고치지 않는 것도 잘못이지요?"

"맞아요. 보수주의라고 하면서 틀린 것도 고치지 않으면 그 또한 문제 있는 것이지요. 가령 제가 예수님을 믿은 경우만 봐도 제가 모른 것을 새로 알게 된 것이고 그것이 옳다 하면 바꾸는 것이 개혁주의지요. 나라나 믿음이나 부부간에나 유혹, 욕심, 개혁은 조화를 이루어야 하는데 그게 어디 쉽습니까?"

"그러니까 이완용이나 친일파들이 그것이 개혁이고 옳은 길이라고 가고 있는 것은 그릇된 개혁이라는 것을 아는 판단력의 문제 같아요. 물론 강간이고 역적이고 욕심의 결과라는 것은 분명하지요. 서방님은 그런 면에서 다르셔서 제가 모든 사랑을 다 바쳐 마땅하다는 것입니다."

"당연한 걸 가지고 과찬이 아닌가요?"

"과찬이라고 몰면 몰리겠지요. 이런 문제가 말로 설명하기 참 어려운 것이라 누가 믿겠습니까?"

"안 믿지요. 볼 장 다 본 사이라고 뒤집어씌우면 버선목이라고 뒤집어 까 보일 수도 없고, 오직 부인과 나 둘만 아는 것이니 어렵겠지요."

"부부가 모든 것의 기본이라고 생각합니다. 부부관계가 부정하게 만나 강간하는 식으로 사는 집은 며느리도 여자로 보고 덮치거든요. 우리 역사에 보면 며느리를 겁탈한 짐승 같은 인간도 있습니다. 그런 자가 임금을 시해하고 역적질을 하는 것이고 친일파든 뭐든 제 욕심만 채우는 매국노가 되는 거지요."

"설마하니 며느리를 어쩌겠습니까?"

"서방님! 제가 봤어요. 그래서 그 아들이 아비를 죽였어요. 결국 며느리는 독약을 먹고 죽었어요. 보다 못해 시어머니도 자살하고 말았습니다. 집안이 쑥대밭이 되어 버렸습니다. 그 집이 뉘 집인지 아세요?"

"알면 뭣하겠습니까? 분명 벼슬은 높지요?"

"예, 높아요. 벼슬이 높으니까 그런 짓도 하는 거지요. 나라를 팔아먹고 임금을 배신하는 자는 마누라도 배신합니다. 내 것도 내 것이고 네 것도 내 것이라고 욕정을 주체하지 못합니다. 그러니까 기생집에 생몸살을 앓는 거지요. 서방님 그런 사람의 심리를 아십니까?"

"안다고 할 수도 없고 모른다고 할 수도 없겠습니다만, 모든 게 욕심이라는 성경말씀이 맞습니다. 욕심이 잉태한즉 죄를 낳고 죄가 장성한즉 사망을 낳느니라. 그렇지요?"

"지금 우리 조선이 그 지경에 왔습니다. 어려서부터 무엇이 옳고 그른가를 분별하여 알게 했어야 하는데 절제를 가르치지 않아 완충이 안 됩니다. 그러니까 항상 추어주고 받들어 모셔야 좋다 합니다. 아니면 당장 떼를 쓰고 앙갚음을 한다고 설치지요. 그게 원한이고 그로써 임금을 위해합니다. 역적이 다른 게 역적이겠습니까? 못 참으면 역적 되고 욕심내면 역적 되고 한마디로 말해서 여자만 보면 침을 흘리는 자는 만사가 역적입니다. 서방님도 조심하세요!"

"예, 알아 모시겠습니다. 조심하겠습니다. 그러나 저러나 예수님을 믿으니 성경대로 살면 되지 않겠어요? 이제야 뭐 변하고 말고 할 것도 없지 싶습니다만…"

"늙어서 변하는 사람도 많습니다. 나이 들수록 남을 무시나 하고, 뭐든지 혼자하려고 하고, 공적은 자기만 독판 차지하려고 하고… 서방님은 그러지 않아서 좋았습니다."

"그건 뭔 소린지 못 알아듣겠는데요."

"독립협회만 봐도 나중에 최고로 올라간 자리가 부회장 아닙니까? 안경수던가 이완용이 회장 할 때 딱 한 번… 왜 회장 안 하셨어요?"

"회장을 내가 하면 지도자가 아니지요. 물론 지도자감도 아니지만

회장을 잘하도록 하는 것이 충신의 태도 아닌가요? 모두가 회장감이
지만 모두가 회장하겠다고 덤비면 조건 없이 분열입니다. 양보가 아
니라 화합의 기본이지요. 내가 아랫자리에 앉아야 진정한 일꾼 아니
에요? 나는 그렇게 생각한 지 오래입니다. 장원급제해도 막돼먹으면
안 하니만 못하다고 한 게 그 말입니다. 밑에서 받쳐주는 것이 더 어
려운 줄 알기에 받쳐주자는 거지요. 여기서 잘못되면 임금도 내가 한
다고 덤비게 돼 있는 것이 인간의 심리입니다. 받들 줄 알면 보람도
있고 빛과 영광은 상대가 받으면 그게 성공 아닌가요? 신하의 원리라
고 생각합니다.”

“그래서 결혼한 것 아시지요? 그게 저하고 맞아요. 서방님은 나를
공주로 받들 거죠? 원래 받드는 것 전문이니깐⋯. 그런데 제가 똑같습
니다. 저는 서방님을 황제 폐하로 받들 것입니다. 저도 나서지 않고
받드는 성향인데 그런 사실 알고 결혼하신 거죠?”

“하하하, 제가 이제 황제 폐합니까? 부인만이 받드는 황제 폐하 맞
아요? 나 같은 황제 폐하가 있을까요? 나는 숙부인마님의 머슴이라는
마음으로 살았고 앞으로는 성경대로 목숨까지 바치는 사랑으로 살
것이니 그게 충신이 바치는 애국의 기본이 되는 건가요? 하하.”

“하하, 우리 서방님 최고최고⋯. 서방님은 하나님과 대한제국과 교
회와 YMCA와 장순재의 머슴이다, 종이다. 목숨까지 다 바치고 상급
은 양보하신다? 하하, 서방님이 최고십니다. 우리 민족의 사표가 되
셔야 할 텐데⋯”

송병준의 방문

한일 강제병합으로 인해 일제는 대한제국을 풍비박산(風飛雹散)내
버렸다. 풍비박산이란 말 그대로 부서져 사방으로 날아 조각조각 뿔
뿔이 흩어져 버렸다는 뜻이다.

월남은 이런 나라를 지켜내지 못한 괴로움에 가슴이 저리고 쓰리다.

그리하여 곰곰이 지난날들을 돌아보지만 참 무능하고 불충한 신하
라는 생각밖에 없다.

자주 미국으로 달려가라는 죽천 대감이 들려주었던 영혼의 소리가
다시금 가슴을 울린다.

그러던 어느 날. 그러니까 국권탈취 전으로서 1908년이었다.

월남은 YMCA 회관 공사가 한창인 상태에서 종교부 총무로 Y일에
전력하고 있을 때의 일이다.

순종 황제가 월남을 불러 법부대신을 맡으라 한 지 얼마가 지난 후
였고, 이를 사양하자 도동 신지에서 매국역신들을 만나 점심도 안 먹
고 돌아온 지 좀 지난 어느 날이었다.

한번 찾아뵙는다 했으나 하는 소리로 알았는데 느닷없이 송병준이
월남의 집에 왔다.

월남은 지금 순재와 재혼하여 순재의 부친이 마련해준 큰 집에서
세를 사는 중이다. 예식은 교회 식구들만 모시고 했으니 오지는 않았
지만 송병준도 알기는 할 것이다.

당시 월남은 순재가 시집오면서 아버지에게 부탁한 결혼자금을 일
체 거절하였다.

"그럼 필요할 때 말하도록 하시오."

장종배(순재의 아버지, 월남의 장인)는 집이라도 한 채 사야 한다고 했지만 월남은 그러시면 저는 결혼할 수 없다고 완강히 거절하였다. 그리하여 보다 넓은 집을 도지(셋방)로 얻어 신혼생활을 하던 중이다. 집은 재동(서울 종로, 현 가회동 동사무소 자리)에 새로 구했다.

송병준(宋秉畯, 1858~1925)은 누구인가?

월남보다 8년 연하이고 이완용, 박제순과 동갑이다.

현직은 이완용 내각의 농상공대신이나 월남과 면식이 있었지만 피차 소 닭 보듯 하는 사이라고 해야 한다.

원래 이자는 월남과 절친한 민영환의 신세를 많이 진 바 있다.

지금은 잘나가지만 한때는 오갈 데가 없어 민영환의 사가에서도 머물렀다.

본시 수구파였기에 김옥균을 죽인다는 목적으로 일본에 갔던 일이 있는데 도리어 설득당하고 김옥균의 동지로 바뀐 인물이기도 하다.

귀국해서(1886년) 김옥균과 통모한 죄로 투옥되었을 때 민영환이 출옥을 도와주어 나오기도 하였다.

민영환이 살아있다면 지금 어찌 이렇게 변할 줄 꿈이나 꾸었을까.

지금은 나라를 팔아먹는 최선봉에 선 것이다.

노다 헤이지로(野田平治郞)라는 이름으로 개명, 야마구치현(山口縣) 오기(萩)에서 잠업에 종사하다가 1904년 러일전쟁이 일어나자 일본군의 통역으로 귀국하였다. 이때부터 완전히 친일파로 돌아서고 일본의 주구(走狗, 개) 노릇을 하기 시작했는데, 귀국 즉시 윤시병(尹始炳)과 함께 유신회(維新會)를 조직하고 다시 이용구(李容九)와 함께 일진회(一進會)를 만들어 나라를 일본에 넘겨주기 위한 전초작업을 시작하였다.

헤이그 밀사사건 후에는 황제 양위운동(皇帝讓位運動)을 벌여 친일 활동에 앞장섰고, 1907년 이완용(李完用) 내각이 들어서자 농상공부대신(農商工部大臣)·내부대신을 역임, 국권피탈을 위한 상주문(上奏文)·청원서를 제출하는 매국행위를 했다.

그 후 다시 일본에 건너가 국권피탈을 위한 매국외교를 하여 전 국민의 지탄을 받았다. 국권피탈 후 일본정부로부터 자작(子爵)을 수여받았고 조선총독부중추원고문이 되었고 1920년 다시 백작(伯爵)에 오르기도 하였으며, 대정실업친목회 기관지로 조진태가 허가받은 조선일보를 인수하여 잠시 사주로도 있었으나 후일 이상재가 4대 사장으로 취임할 당시 신석우는 송병준으로부터 조선일보 경영권을 사들이기도 하여 악연이기도 하나 피치 못하게 월남과 부딪치는 일이 있었다.

송병준은 또 돈이 되는 짓은 물불을 가리지 않아 거부가 되었다.

특히 퇴폐윤락산업에 손을 대어 지금은 직접 경영하는 요정도 가지고 있다.

송병준은 통감부의 일인들을 자신의 요릿집으로 유치하여 돈을 긁어모으기도 하였다.

우리 선조 가운데 참 부끄러운 인물의 중심에 선 자로서 현재는 매국의 길에 깊이 들어선 인물이다.

송병준, 결혼 축의금?

"아니 노다(野田) 아니시오?"

"월남 대감 강녕하시옵니까?"

"아 예, 대감 자를 빼서 미안합니다. 노다 대감!"

'노다'는 송병준이 국내 제1호로 개명한 일본식 이름의 성이다.

송 대감이라 부르지만 이미 노다라고 부르는 사람이 많아 낮잡아 부르는 비칭이기도 하다.

"어인 일이시오?"

한때는 민영환의 식객이었기로 정말 이렇게 변할 수는 없는 사람이 송병준이라 월남은 영 탐탁지 않다. 안으로 들라는 말도 할까 말까다.

"일전에 한번 찾아뵙는다 했잖습니까? 안부도 여쭐 겸사해서, 들어서 알고 있습니다. 배우자를 맞으셨다고요?"

친한 척하는 것도 반갑지 않다.

"어디 툇마루에 걸쳐라도 앉자고 하지 않으시렵니까? 좋게 봐주세요. 알고 보면 저도 괜찮은 놈입니다."

"예 누추하고 협소해서…. 여기라도 앉으시지요."

마지못한 듯 툇마루에 앉았다.

"빈손으로 오기도 뭣해서, 저번에 예식에도 불참하고 하니 늦었지만 받으십시오. 일화(日貨)인데 얼마 안 됩니다."

"결혼 축의금입니까? 축하금은 일체 받은 바 없으니 됐습니다."

"에이 그러시지 마시고…."

송병준이 들이밀자 월남은 소리를 버럭 질렀다.

"왜놈 냄새 진동하는 이런 돈 먹고 목에 걸려 죽으라는 겁니까? 차라리 사약을 한 사발 마시라고 하지 이게 뭡니까! 가져가세요."

송병준이 뻔히 바라다본다.

"온 목적이 있을 터이니 그 얘기나 해보시오. 단…"

월남도 송병준을 불같은 눈으로 내려다본다.

"단, 나를 친일파로 돌리려 하지 말고 노다가 돌아오시오. 나라를 아예 통째로 넘길 속셈입니까? 거기에 내가 왜 필요한데요? 말도 섞을 맘 없으니 돌아가시오."

월남이 완강하게 거부하는데 짐을 실은 마차가 들어온다.

"그게 뭐요?"

마차꾼에게 묻는데 송병준이 대답한다.

"아 글쎄 빈손으로 오기 뭣해 싣고 오라 했습니다. 신혼이신데 예가 아니잖습니까?"

마차꾼이 말한다.

"어디다 내릴까요?"

월남이 기겁을 하며 소리친다.

"아, 내리지 말아요."

하는데도 송병준이 말한다.

"일단 저쪽 처마 밑에 쌓아두시오."

마차꾼들이 가마니를 내리고 있다.

"이 사람들이?! 아, 내리지 말라잖소?!"

순재가 어찌 할 바 몰라 근심스럽게 월남을 바라본다.

병이라도 나실까 깊은 근심이다.

그래도 가마니를 내려쌓자 월남이 흥분하여 달려가 마차꾼을 후려

갈긴다.

"주인이 내려놓지 말라는데 당신 왜 이러는 거요? 당신도 일본 놈들 앞잡이요?"

불식간에 귀퉁배기를 얻어맞은 마차꾼이 죽상이다.

"빨리 실어요. 도로 가져가란 말이오. 굶어 죽어도 내 나라에서 내가 죽지, 일본 게다짝한테 붙어먹고 살 맘 없소이다."

송병준이 난감해한다.

"노다 대감! 이리와 좀 앉아보시오."

월남의 말에 마루에 걸터앉으며 송병준이 음성을 낮춘다.

"아니라 하시면 가져가면 그만입니다마는 이것이 무슨 뇌물도 아니잖습니까? 몇 푼 안 되지만 관록이 끊기신 충신한테 봉투 하나 건네자고 하는 게 죽을죄도 아니잖습니까?"

"죽을죄 아니면? 그럼 구국충정입니까? 내 한마디만 하겠소이다. 노다 대감! 대감소리 들으려면 대감답게 처신하십시오. 지금 나라를 넘기려는 꿍 속을 모르는 사람이 없습니다. 일당(이완용)과 노다가 주구(走狗, 일제를 따라다니는 개)라고 모두가 알고 있습니다. 주구소리 듣지 않고 대감소리 들으려면 일심 단결하여 나라를 살리는 일에 힘을 보태야 합니다. 내가 강의한다고 무슨 소용이 있을까마는, 이보시오 노다. 노다 개(犬)감이 되려고 하시오? 이럴수록 대감은커녕 개감이오. 지금 하는 짓이 이게 개감 아니고 대감입니까? 훠이, 어서 가시오, 개감! 대감이 되거든 그때나 봅시다."

쌀가마니인지 뭘지도 번쩍번쩍 들어올려 도로 실었다.

'어디서 저런 기운이 나실까?'

순재의 눈이 휘둥그레진다.

'저러시다 병나시는 것 아닐까?'

반강제로 송병준을 내어 쫓았다. 순재는 걱정이 많이 된다.

요릿집 홍엽(紅葉)에서

월남은 송병준을 보내놓고도 흥분이 가라앉지 않는다.

"수정과로 올릴까요? 식혜를 올릴까요?"

"수정과 말고 식혜 주세요. 폐하가 식혜를 드시니 우리도 식혜로 합시다."

흥분을 삭이려 하나 월남은 아직도 가슴이 벌렁거린다.

"진정하세요. 서방님에 대해 몰라도 너무 몰라 그러려니 하셔야 하겠습니다. 어쩌면 아직도 저렇게까지 모르신다지요?"

"알아 달라 할 일도 없고 알아줄 일도 없어요. 다 자기주관대로 사는 거지만 그저 딱할 뿐입니다. 나중에 보면 알아요. 이 나라가 그런다고 없어지겠습니까? 잠시 국운이 불운한 것뿐입니다. 사람도 운이 나쁘면 넘어져 다리도 부러지는 것과 똑같습니다. 다리가 부러져도 일어나는 날이 오는 거니까요."

"제발, 서방님 생전에 나라가 일어나야 할 텐데…."

"나중에라도 꼭, 반드시, 틀림없이, 일어나야 하는 것이 중요합니다. 병도 앓다보면 오래 걸려야 낫는 긴병도 있는 거니까요."

"서방님이 그렇게 생각하시니 안심이지만 제발 애를 못 삭여 건강이나 다치시는 일은 없으셔야 합니다."

그러는데 웬 관리 한 사람이 들어서 서찰을 전해준다. 열어 보니

각의(閣議)를 여니 참관인으로 참석해 달라는 내용이다. 보낸 사람은 총리대신 이완용으로 되었으나 내각총서다.

오라는 장소가 얄궂은 곳이다. 지난번에 만났던 도동 신지 옆 홍엽(紅葉)이라 한다.

"홍엽? 미친 작자들 같으니."

월남은 휙 집어 던졌다.

"뭔데 버리세요?"

"볼 것 없습니다. 각의가 열리면 열리는 거지, 왜 나를 오라는 건지 제정신 가진 자들이 아닙니다."

순재가 읽더니만,

"서방님을 YMCA 대표로 오시라는데요?"

"알아요. 개코라 하세요. 말은 번질합니다. 수작이요, 수작."

"그래도 그렇지 Y 대표로 모신다는데…. 일단 가보세요. 가서서 공연한 마음이나 상하지는 마시고…."

"수작에 놀아나란 말입니까?"

"가만히 생각해 보니까…."

"뭔데요?"

"아까 노다라는 사람 그래서 온 것 아닐까요? 일단 가보시기나 하세요. 그러려니 한 수 접고 말입니다."

월남은 내키지 않는 발걸음으로 홍엽에 들어섰다.

해 질 녘이다.

"어머나!"

여인이 언제 만나라도 본 듯이 월남을 반긴다.

'이게 태생인 모양이로고….'

월남은 기가 차서 껄껄 웃었다.

"날 아시오?"

"예, 대감마님. 월남대감 아니십니까?"

"그렇소. 어찌 아시오?"

"아이 올라오세요. 들어서 알지요. 이런 분이 오실 거라고 알려도 주셨습니다. 말씀 들은 것하고 똑같으시네요, 뭘…."

안내를 받고 보니 독방이었다.

이미 진수성찬이 가득 차려진 독방은 여러 사람이 앉을 자리도 아니다.

"어찌 이런 방으로 안내합니까? 오늘 각의가 있다던데 뭘 착각하는 것 아니오?"

"알지요. 착각 아닙니다. 앉으세요, 대감마님!"

하더니마는 방문을 열고,

"얘, 초심이 아직 멀었니? 대감마님 오셨어."

알지도 못하는 초심이라니 화류계 기생인가 보다.

"초심이가 뉘요? 오라 할 것 없습니다. 오늘 안 모인대요?"

"왜 그리 급하세요, 대감마님. 초심이 오거든 술 한잔하시고 들어보시면 압니다."

"뭘 들어요? 아니 내각에서 각하(이완용)하고 대신들은 안 오는 거냐고요?"

"오시지 왜 안 오시겠어요. 오신다 했습니다. 연락 받았다고 했지 않습니까? 초심아, 어서와 대감마님 뫼셔라. 월남 대감마님이시다."

"이게 시방 뭐하자는 거요? 내가 요릿집에 온 것도 술집에 온 것도 아닌데…. 이보쇼?! 각의한대요? 만대요?"

"오셔야 하지요. 안 그래요?"

"이 방에서 한단 말이요?"

"웬 이 방입니까 따로 모셔야지요."

"누가 왔어요? 그 방으로 갑시다. 난 독방에 온 게 아니요. 단 1전도 이런 돈 써보지도 않은 사람입니다."

"1전도 쓰시라고 않습니다. 걱정일랑 접어두시고 어떤 분이 모시라 했는데 웬 돈 걱정까지나…?"

"누구요? 누가 모시고 자시라 했습니까?"

"총리대신 각하께서 연락드렸다고 하시던데…"

"개코라고 했더니 정말 개코로구만…. 에잇 나는 갈랍니다."

월남이 일어서자 기절초풍하듯 둘이서 매달린다.

"아니 되십시다. 가시오면 저희들은 어쩌라고요?"

"왜요? 날 붙잡아 두라는 어명이라도 받았습니까? 시방 무슨 소릴 하는 게요?"

"어명이나 마찬가지지요. 잘 모시라는데 그냥 가시면 저희들만 야단맞습니다."

들고 보니 뭔가 사연이 있다고 보인다.

"내 좀 진정하리다. 단…"

"그러세요. 화내실 일도 아니잖습니까? 단 뭐예요?"

"단, 누가 와도 온다면 기다리고 안 오면 갈 것이오. 그런데 한 가지 물어나 보고 가든지 말든지 하겠소이다."

"예예, 물어 보세요 대감마님! 그러니까 초심아! 네가 잘 듣고 말씀 올리거라!"

초심이와 둘이 남았다.

"월남 대감마님 전에 뵌 적 있어요."

"뭐요? 날 어디서 봤습니까? 나는 이 골목에 온 게 며칠 전 저 옆에 신지(新地) 잠깐 다녀가고 오늘이 처음이요. 그런데 어디서 봅니까, 보길…."

"대감마님, 드시면서…. 제가 말씀드릴게요."

"들어요? 왜놈 밥은 체질에 맞지 않습니다. 먹으면 속이 뒤집어지는 사람입니다. 그러니 내가 묻는 말에나 대답해 봐요."

"무슨 말씀이세요?"

"각의인지 쪼가린지 모인다는 게 사실이요? 누가 온다는 게요, 만다는 게요?"

"아 예…. 그런데 제가 전에 뵈었다는 얘기부터 하면 안 돼요?"

"어서 봤던지 그게 중요하지는 않지만…. 그러던지."

"만민공동회에 저도 두 번이나 가봤습니다. 대감마님 연설도 들었고요."

"아 그래요? 그래서 각의라는 건 뭡니까?"

"사실 그대로 말씀드려도 되지요? 언니 알면 뭐라 할 건데…."

"사실이라는 게 뭡니까?"

"오늘은 대접해 올리라 했습니다. 내각 대감마님들은 늦게 오시거나 할 테니 잘 모시라 하셨습니다. 저더러 모시라고 했습니다."

"누군데 나를 모시라는 거지요?"

"여기는 일본 게이샤가 많고 조선여자는 몇 안 됩니다. 저는 이런데 처음 와서 아무도 모셔본 일이 없습니다. 그러나 모실 분이다 싶으면 모시겠다고 했습니다. 월남 대감님이 오시니 모시겠느냐 하여 그런다고 하였습니다. 많이 잘못됐지요? 꾸짖으셔도 되십니다."

순간 월남은 초심이가 불쌍한 생각이 울컥 솟았다.

"여기 와서 배 터지느니 밥 끊고 굶어 죽는 것이 아름다운 일입니다. 내 말 알아들을 사람인가는 모르겠지만…"

"드셔야 언니도 돈을 받고 저도 돈을 받는데 그럼 돈도 받지 말아야 해요?"

"그래요? 그럼 도미찜이고 소갈비고 술도 더 가져오라고 해요. 내가 다 처리합니다. 이보! 주인장!"

부르자 급히 달려온다.

"나는 곧 갑니다. 이왕에 헛걸음일 줄 짐작은 하고 왔습니다. 그러니 이렇게 하시오. 술, 안주, 비싼 걸로 잔뜩 가져와요. 내가 다 먹겠습니다."

"아니 드시지도 않고…. 드시면 가져옵니다. 걱정 말아요."

"글쎄 어떤 놈은(미쓰이 물산 오카키 지부장) 혼자 도미찜 50인분도 시켰다던데 나라고 10인분 시키면 안 됩니까? 오래 걸려요?"

"아니에요. 10인분은 바로 나옵니다."

"술은? 갈비찜은?"

"뭐든 즉시 대령 가(可)하옵니다."

"들여요. 빨리 들이라고요."

여주인이 나가자 초심이가 불안한 얼굴로 월남을 본다.

"저고리를 찢어요. 치마도 찢어 버려요. 옷고름도 다 떼어 버리라고요. 내가 찢고 뗄까요?"

월남이 저고리를 잡아채고 옷고름도 잡아뗐었다.

초심이가 기겁을 하고 어쩔 바를 모르는데 요리가 들어온다.

초심이는 울고 요리는 상에 올라오고 여주인이 나타났다.

"아니 초심아, 너 왜 그러느냐?"

초심이 울기만 한다. 여주인은 다반사라도 되는 듯이 싱긋 웃고는 그냥 나간다. 근사하게 차려진 요리상…. 주인이 나가자 월남이 벌떡 일어나 요리상을 뒤엎어 버렸다.

요리상 부서지는 소리에 다시 들어온 여주인이 놀라 어쩔 바를 모른다.

요리가 뒤범벅이 되었고 그릇도 박살나게 깨져 버렸다.

"이보시오 주인! 내 성질이 지랄입니다. 각한지 조까린지 대감이고 개감들이 올 때까지 이대로 내버려둬요. 월남이 처먹다가 안 온다고 갑자기 술이 취해 발광을 하고 초심이를 만신창이로 만들고 상을 다 뒤집어엎었다고 하시오. 내가 원래 개문둥이올시다. 그리고 그릇 값까지 짤짤하게 다 제대로 받아요. 초심이 화대는 두 배 가지고도 안 된다고 하고 꼭 받아 챙겨주시오. 난 가오."

월남은 문을 박차고 홍엽을 나섰다.

옷이 찢어진 초심이가 나와 큰절로 배웅한다.

얼마가 지나 밤이 이슥한데 이완용 패가 홍엽에 당도하였다.

"뭐야? 상을 뒤집어엎어?"

"예, 성질이 감당이 안 됐습니다. 자기 말로 자기는 개 문둥이라 했습니다."

"그래서 초심이는?"

"초심이는 한복이 다 찢어졌습니다. 술 취하니까 아주 사납더라고요."

주인이 허풍을 떨며 초심이를 부른다.

줄줄이 눈물을 흘리며 초심이 앉는데 옷가지가 모두 헤어졌다.

"에잇, 이제 월남 그 자식은 나의 적이다!! 절대 화해는 없어!!"

이완용이 부르르 떤다.

"다 물어주라고 할 테니깐 걱정 마. 초심이는 옷값 따로 주고 접대비는 두 배…. 아니 세 배 줘라!"

일제의 강압

3년 전, 신 황제 순종이 즉위한 뒤 개각(改閣)을 단행하였으나 모두 저들이 멋대로 한 조각이었다. 총리대신 이완용, 내부대신 송병준, 탁지부대신 고영희, 군부대신 이병무, 궁내부대신 이재선, 외무대신 조중응, 그 밖의 경무사(警務使)와 13도 장관, 360주의 군수까지도 모두 저들의 친족과 인아(姻婭, 사위, 동서, 사돈 등의 사람들) 그리고 사돈의 사돈까지 줄줄이 앉혔다.

이뿐만 아니라 제1차 한일협약(1904)을 강제적으로 체결하여 외교, 재정 등 각 분야에 일본인 고문을 두어 한국의 내정에 간섭하였다. 이어 러일전쟁에서 승리한 후에는 일방적으로 제2차 한일협약(을사강약)을 성립, 이듬해에 발표하여 사실상 대한제국의 외교권을 빼앗아 버리고 수도인 경성에 통감부를 설치하였다.

이 을사늑약이란 것은, 이것은 매국노 이완용을 필두로 한 을사 5적이 체결한 것이지, 대한제국 황제인 고종은 끝까지 조약체결을 하지 않았으므로 진실은 원천무효이다.

이에 고종은 국내외에 이 조약이 무효임을 선언하고 대한매일신보에 친서를 발표하였다.

내용인즉 고종 황제 본인은 을사조약에 서명하지 않았다는 것이며 이는 명백히 조약이 무효임을 알리는 내용이었고, 이어 1907년 제2회 만국평화회의가 열리는 네덜란드 헤이그에 이준, 이상설, 이위종 세 분을 비밀리에 파견하지만, 일제의 훼방으로 실패하고 이준은 분사(憤死)한 바 있다.

아무튼 이로 인해 일제는 고종을 거의 감금하다시피 하였고 조선 초대 통감 이토 히로부미는 밤새워 협박에 응하지 않은 고종에게서 '황태자 섭정조칙'을 받아내었다.

하지만 이것을 친일관료들이(매국노들이) 황제양위라고 발표하여 7월 20일 양위식을 가지고 고종은 퇴위당하게 된 것이다. 강제퇴위를 당하게 된 것이므로 당시를 돌이키면 울분이 멈추지 않는다. 양위조서가 아니라 황태자 섭정조칙, 고종이 발표한 것은 섭정조칙이다. 섭정조칙이란 우선 정사를 배우라고 해서 임시로 일부분 경험을 시키려는 황제 수업을 시킨다는 뜻이지 양위하고는 전혀 다른 뜻이다.

군대 해산과 경찰권 병합

황태자 섭정조칙을 빙자하여 양위 후 불과 10여 일이 지난 8월 1일이 되자(1907년) 군대해산명령이 내려졌다. 훈련원에서 군대해산식을 가져야 하는 통분은 드러내지도 못하는 뼈아픔이었다.

군대를 해산시키기 위해 통감부는 사전에 치밀한 계획을 수립하였는데, 중요 무기와 탄약은 일본군 관할에 두어 한국군의 화력을 정지시키고, 군대 해산 때 생길 한국군의 무력항쟁을 예상하여 한국군에게 금족령(禁足令)을 내린 후 화약과 탄약고부터 접수하였으며, 주한 일본군의 증파 및 총기 6만 정까지 보급받아, 허약하고 정사에 문외한인 데다가 아버지 고종과 협의하지 못하게 한 가운데서 1907년 7월 31일 순종으로 하여금 군대해산조칙(軍隊解散詔勅)을 내리게 하여 8월 1일 서울에서부터 해산식을 결행하였다.

부대의 각 대대장은 해산 내용을 중대장들에게만 알리고 사병에게는 일체 비밀에 붙인 채 훈련원(후일 동대문경기장)에서 도수연습(徒手練習)이 있으니 전 사병은 무장해제를 하고 10시까지 집합하라는 명령을 내렸다.

제1연대 제1대대와 제2연대 제1대대의 장병들은 군대해산을 미리 알아차리고 이를 반대하여 항쟁을 일으켰는데, 무장해제를 거부하고 병영 사수를 외친 서울 시위연대 제1대대의 항거는 대대장 박승환(朴昇煥)의 자결을 계기로 제2연대에까지 파급되어 서울 시가전으로 번졌다.

서울 군대의 해산에 이어 지방의 진위대(鎭衛隊)도 약 1개월의 기간이 소요되는 가운데 해산되었다. 이 중 원주진위대(原州鎭衛隊)와 강화분견대(江華分遣隊)는 서울 시위대의 항쟁에 뒤이어 봉기하였다.

군대를 해산한 일본은 연호를 광무(光武)에서 융희(隆熙)로 고쳐 융회원년이라 선포하였다.

일연의 사태에 항거하는 민중과 군인들의 항거가 불같이 일어나기 시작하여 이렇게 시작한 8월 한 달은 전국이 봉기로 들끓었다.

군대가 없는 나라는 이제 나라가 아니다. 이대로 가면 모두 일본 군인으로 강제 징집될 것은 불문가지다. 원주에서, 강화도에서, 보은에서, 경상도에서 민중과 군사들의 항거로 일본에게 밀고 밀리는 접전이 벌어졌다.

특히 보은 속리산에서는 노병대가 이끄는 의병과 원주의 이린영, 문경의 신돌석 장군이 이끄는 항전이 일어났다.

이러는 사이 일본은 귀인 장씨 소생의 3남 의친왕이며 당시 육군부장으로 있던 강(堈)을 볼모로 데려갔다. 말은 일본유학이라 하지만 정략적으로 끌고 간 것이다. 다시 말해 조선 황제의 아들 목줄을 잡은 격이다. 이에 평생 일제 항거에 맞선 의친왕은 황제의 아들을 군이라 하던 전례를 새롭게 하여 황제가 아버지이므로 왕이라 불린다.

나라는 기울어 가는데 월남은 YMCA 일로 몸과 마음이 바쁘다.

무엇보다 중요한 것은 종로에 마련한 부지에 회관을 건축하는 일이다.

월남이 혼자 하는 일은 아니나 월남은 전에 인천우정국 건축을 했던 경험도 있어 아무래도 뒷짐 지고 있을 수 없다.

1907년 11월 마침내 기공식을 하게 되었다.

순종에게 강탈되듯 황제의 위를 양위한 고종은 YMCA 회관이 착공되는 것에 은으로 만든 두 자루의 삽을 보내주고 거액의 희사금도 보내주었다.

다음해(1908년) 월남은 종교부 총무로 취임하여 새 회관에 입주하여 청년운동 가운데 특히 교육에 열심을 내었다.

그때 순재와의 결혼이야기가 잘되어 막 낙성식(1908년 8월)을 마친 후에 YMCA에서 결혼식을 올릴까 하다가 연못골교회에서 식을 올렸다.

제5부

마수(魔手)가 뻗힌 세월

이토 총살되다

1909년 10월 26일. 월남은 순재와 결혼 후 60세가 되는 첫 생일을 맞았다.

내년(1910년)이 환갑이니까 육순(六旬)이자 새 아내를 맞고 첫 생일이다. 순재는 음식 솜씨를 발휘하여 육순 생일상을 차렸다.

"그래도 괜찮겠어요? 육순이신데…."

"괜찮다니까 그러십니다."

"암만 그래도 그렇지…."

"벌이면 끝이 없습니다. 교회에 알리면 YMCA에도 알려야 하고…. 이게 벌이자면 한이 없습니다."

"하지만 제가 들어와 결혼까지 했는데 우리끼리만 보내서야 되겠습니까?"

"왜 우리끼립니까? 장인 장모님이 오시고 정경부인 처제도 오시는데 우리끼리라니요. 그러면 저는 더 이상 바랄 게 없습니다."

월남 선생 친필 시

"아드님 두 분과 며느리가 온다고 하는 걸 억지로 막다니 제 얼굴만 깎이는가 해서 말입니다."

"그러려면 손자들도 와야 하고 큰 잔치가 돼 버립니다. 누구는 빼고 누구를 부르겠습니까? 내년이 환갑이니 그때나 그러라 하고 올해는 이렇게 넘기자니까요."

순재의 권유를 달래고 육순생일을 지냈다.

그런데 생일(육순) 후 이틀이 지났는데 월남이 헐레벌떡 뛰어들어와 숨을 헐떡이며 순재에게 엉뚱한 말을 한다.

"부인! 오늘이 내 생일입니다. 얼른 닭 한 마리 잡아요."

순재는 지금 꿈을 꾸는가 하고 정신을 차려보았다.

꿈은 아닌데 도대체 이게 무슨 소릴까.

"서방니임!"

"아, 왜 그러고 봐요. 닭 잡아먹자니까요."

"생신이라니 무슨 소리세요? 엊그제 생신 지났잖아요?"

"아, 오늘이 진짜 생일입니다. 지금 좋아서 펄펄 뛰겠습니다. 맞아요, 내 생일 맞아요. 닭고기 푹 삶아서 우리끼리 잔치하자고요."

"서방님! 생신이 아니라 육순입니다. 그저께 지났어요."

"아닙니다. 이등박문이 죽었어요. 그놈이 마침 내 생일날 죽었습니다. 저놈 죽는 날이 내 생일이다, 생일이다 했더니 진짜로 내 생일날 죽었군요, 그저께. 그러나 오늘 알았으니 오늘이 생일 아니요?"

"이토가 죽어요?"

"예, 바로 그저께 죽었습니다. 그것도 우리 조선청년 총에 맞아 즉사했답니다. 이게 얼마나 기쁜 일입니다. 벼르고 기다리던 내 생일날이 왔습니다."

어리둥절하던 순재가 그제야 말귀를 알아들었다.

"아, 난 또 무슨 말씀이신가 했더니…. 정말이에요? 그럼 진짜 생일이 맞다 그거지요?"

"당신 내가 늘 한 말 생각 안 나요?"

"…?"

"인간도 아닌 짐승 같은 놈이 통감? 얼어 죽을 통감이라는 것이 와서 육체나 불태우라는 자리란 말인가? 우리 조선사람 누가 저놈 죽일 날이 올 것이다. 누가 저놈을 쳐 죽일꼬? 저놈 죽는 날이 내 생일날이다. 이 말 생각 안 나요?"

"아, 들었습니다. 그렇게 좋으세요?"

"얼른 닭이나 삶아 뜯어 먹읍시다. 닭 모가지는 내가 비틀 겁니다. 하하하."

월남이 좋아 어쩔 줄을 모른다.

닭을 잡아 삶아 왔다.

"모가지부터 뜯어 먹을랍니다."

월남이 비틀어 죽인 닭 모가지를 뜯는다.

"누가 그렇게 대단한 일을 했답니까?"

"우리 조선청년 안중근입니다."

"잘 아는 청년이에요?"

"알고 모르고는 상관없습니다. 우리 대 황제 폐하의 충신이며 우리 조선의 위대한 애국자입니다. 얼굴 본 일은 없지만 가까이 있었다면 아마 독립협회 열렬회원이었을 것이고, 만민공동회 최고의 연사였을 것입니다. 참 기분 좋습니다. 생각지도 못한 곳에서 나라를 사랑하는 우리 민족 모범청년이 있었다는 것에 내가 힘이 불끈 솟습니다."

"어떻게 어디서 죽였답니까?"

월남은 신바람이 나서 순재에게 말해주었다.

"사람이 죽었는데 춤춘다는 게 바람직하지야 않겠지만 그자는 살 만큼 살아 그냥 죽어도 원이 없을 나이인데(69세, 죽천과 동갑) 얼마나 못되게 살았습니까? 그런 자가 일본 총리대신을 네 차례나 하고 벼슬이란 안 해 본 게 없어요. 조선으로 치면 정말 탐관오리입니다. 그런데 순전히 계집질로 살았어요. 일본은 그자를 위대한 애국자로 봅니다."

"일본 입장에서는 애국자가 맞아요?"

"남의 나라를 침략한 자지만 일본은 그를 일본 동경 중심지에 있는 히비야 공원에서 국장으로 치를 거래요. 애국자라는 얘긴데 국가가 국가관을 바르게 세우지 않아 그렇습니다. 침략을 국시로 삼으면 애국자지만 인간적으로 보면 악인이지요. 이를 확대하면 일본이란 국가 정체성에 문제가 있어 그렇습니다. 감추고 부끄럽게 생각할 인물인데 자랑하고 있으니 일본이 복 받기 어렵습니다. 남을 아프게 하고 마구 죽이고 계집들을 꾸러미로 꿰어 차고 못된 짓만 한 인간을 추앙한다고요?"

"일본이라는 나라는 민족성이 그런 모양입니다."

"하다못해 짐승이라도 무자비하여 옳다 하지 못할 일은 사람을 짐승처럼 취급한 게 수치지요."

"그런데도 안중근이란 청년을 처벌한다고 덤비겠지요? 현장에서 체포된 모양이라니 어쩐다지요?"

"안중근은 천주교인으로 신부님들로부터 하나님의 심성을 교육받아 반듯한 청년입니다. 쳐들어가 사람을 죽이면 악인이지만 쳐들어오는 적을 무찌른 경우는 달라서 진실한 애국자입니다. 남의 나라에 쳐들어가 강제로 조약을 맺으라 침략한 자는 상대국 조선의 입장에서는 맞서야 하고 그런 자를 죽인 것은 죄가 아니라 영웅입니다."

"그러니 조선의 애국자인 척하는 매국노가 고개를 못 들게 본을 보이느라고 죽이지 않았을까요?"

"맞아요, 우리 법정이나 미국법정이라거나 국제법으로 재판하면 안중근은 무죄입니다. 정당방위니까요. 우리 민족을 죽이러 온 적을 죽인 것이 어찌 죄가 되겠습니까? 닭고기가 오늘따라 참 맛있네요, 부인…"

안중근 이야기로 해가 저문다.

그러면 위대한 애국청년 안중근이 남긴 말을 들어 보자.6)

안중근 의사

"형제여, 내가 할 말이 있으니 꼭 내 말을 들어 주시오. 대개 천지간 만물 가운데서 오직 사람이 가장 귀하다고 하는 것은 사람의 혼이 신령하기 때문이오.

혼에는 세 가지가 있는데,

첫째는 생혼(生魂)이니 그것은 초목의 혼으로 능히 생장하는 혼이요,

둘째는 각혼(覺魂)이니 그것은 금수의 혼으로서 능히 지각(知覺)하는 혼이요,

셋째는 영혼(靈魂)이니 그것은 사람의 혼으로서 능히 생장하고, 능히 지각하고, 그리고서 또 능히 시비를 분별하고, 능히 도리를 토론하고, 능히 만물을 맡아 다스릴 수 있기 때문에 오직 사람이 가장 귀하다고 하는 것이오."

이 말은 인간은 천지만물 가운데 영혼을 가진 가장 고귀한 존재라는 것이다. 인간을 존엄하게 만드는 영혼은 천주께서 인간에게 불어넣어 주신 것이라는 뜻이다.

"허다한 동물들이 사람의 절제를 받는 것은 그것들의 혼이 신령하지 못하기 때문이오. 그러므로 영혼의 귀중함은 이것을 미루어서도 알 수 있는 일인데, 이른바 천명(天命)의 본성이란 것은 그것이 바로 지극히 높으신 천주께서 사람의 태중에서부터 불어넣어 주는 것으로서 영원무궁하고 죽지도 멸하지도 않는 것이오."

그러므로 영혼이란 인간이라면 모두에게 부여되므로 영혼을 갖는

6) 안중근 기념사업회 안중근어록 참조.

모든 인간은 하느님의 자녀로서 동등한 인격의 주체가 된다는 것이다.

하늘이 백성을 내어 세상이 모두 형제가 되었으니, 세계 만민은 하느님의 동포, 형제, 자매로 모두가 평등하다는 것이다.

인간평등, 생명존중에 대한 자각이야말로 민권사상의 토대가 된다는 것이다.

안중근은

"국가 앞에서는 종교도 없다."

며, 민족을 종교보다 우선시하였다.

안중근은 국권회복을 종교 신앙보다 우선시하였기 때문에 '사람을 죽이지 말라'는 종교 교리에 구애받지 않고 국적(國敵) 이등박문을 저격할 수 있었다.

그리고 이등 저격은 '비인도적 살인행위'라는 검찰관의 비난에 맞서

"이천만 동포의 염원을 대표한 독립전쟁(義戰)이다."

라고 반박하고

"이등박문은 죽어 마땅하되 우리 조선인의 손에 죽어야 한다"

고 호통을 쳤다.

재판장이 어처구니가 없다는 듯이 물었다.

"그 이유가 무엇이냐? 어디 들어나 보자"

"이등박문의 죄목은 100개가 넘소. 그러나 시간관계상 15가지만 말해 보겠소이다."

"그래 들어나 보자니까."

안중근은 이등박문의 죄과를 줄줄이 꿰어 댔다.

이토 히로부미 처단 이유에 대한 안중근 의사 최후진술 15개항

1. 한국의 민 황후를 시해한 죄요.

2. 한국 황제를 폐위시킨 죄요.

3. 5조약과 7조약을 강제로 맺은 죄요.

4. 무고한 한국인들을 학살한 죄요.

5. 정권을 강제로 빼앗은 죄요.

6. 철도, 광산, 산림, 천택을 강제로 빼앗은 죄요.

7. 제일은행권 지폐를 강제로 사용한 죄요.

8. 군대를 해산시킨 죄요.

9. 교육을 방해한 죄요.

10. 한국인들의 외국 유학을 금지시킨 죄요.

11. 교과서를 압수하여 불태워 버린 죄요.

12. 한국인이 일본인의 보호를 받고자 한다고 세계에 거짓말을 퍼 뜨린 죄요.

13. 현재 한국과 일본 사이에 경쟁이 쉬지 않고 살육이 끊이지 않 는데 태평 무사한 것처럼 위로 일왕을 속인 죄요.

14. 동양 평화를 깨뜨린 죄요.

15. 일본왕의 아버지 태황제를 죽인 죄로다!

덧붙여, 월남 이상재 다큐멘터리에서 위에 실은 안중근의 말과 그 말에 곁들인 안중근기념사업회의 부언(附言)은 월남 이상재와 안중근 의 국가관을 위시하여 기독교와 천주교의 시국관에 대한 미묘한 차 이점을 발견하게 된다.

이에 대해 안중근은 필자와 같은 사상을 펼치고 있다.

특히 종교(각자의 모든 믿음)와 나라를 동일선상에 놓고 볼 때 나라가 윗자리라고 하고 있다.

월남은 이에 대해 침묵하여 일대기에서 픽션화함에 어려움이 없지 않으나 월남이나 안중근은 공히 종교와 국가를 상하로 보지 않고 평형에 놓고 보았다는 것이 필자의 판단이다.

종교보다 나라를 택한다는 안중근의 발언에 감동하여 올린 것이다.

당시 꺼져가는 이 나라의 민족독립정신을 살릴 기폭제 정신으로 말하면 안중근의 거사를 따를 게 없다고 보기 때문이다.

단, 일제 검사와 재판관 및 두 사람의 프랑스 신부의 '살인'이라는 판단에는 동의하지 못한다.

이는 필자가 기독교인인 까닭에 기독교보다 율법존중 신앙이 투철한 천주교의교리에 대해 무지한 탓이라고 접어두어도 좋지만, 십자가 군병이나 의의전쟁이라는 차원은 마귀와 정면 대결하고 싸워 무찔러야 한다는 성경구절이 많기 때문이다.

아무튼 안중근은 애국하고도 억울하게 죽었다고 보는 것이 필자의 판단이다.

만일 세계평화법이나, 지금과 같은 유엔이 존재했다고 할 경우, 또는 유엔 국제사법재판소와 같은 특별재판부에서 판결하였다면 안중근은 무죄 석방을 받았을 것이다.

이를테면 대한제국 법정의 검사와 판사가 안중근을 재판한다면 포상해야 한다고 판결했을 것이다.

한편 이등박문 같은 자는 총살함이 마땅하냐는 문제가 있다.

앞서 월남 이상재는 춤을 추고 있다. 사람이 사람을 판단하고 총살한 것에 춤을 추고 반기는 문제는 간단한 것은 아니라 할 것이다.

원수 갚는 것이 내게 있으니 너는 그를 위해 기도할 것이며 원수를 사랑하라 하신 예수님의 말씀에 비춰 보면 원수 이등박문을 위해 기도해야 하는가의 의문이 생긴다.

그러나 이등박문은 죽을 짓을 했으나 하나님이 죽이게 둘 것이냐? 아니면 내 손으로 죽일 것이냐의 문제는 어려운 질문으로 들릴지 모르겠으나 이에 대한 해답도 간단하고 분명하다.

지금은 애국·호국·민안(愛國·護國·民安)을 주제로 하는 글을 써가는 중이라는 것이다.

이런 관점에서 볼 때 안중근은 위대한 애국자이며 민족의 영웅이다.

이에 춤을 춘 월남 이상재는 정당하다.

백과사전이 말한 안중근

본관은 순흥(順興)이며, 황해도 해주(海州)에서 태어났다. 가슴과 배에 7개의 점이 있어 북두칠성의 기운에 응하여 태어났다는 뜻으로 아명(兒名)을 응칠(應七)이라 지었으며, 자라서는 자(字)로 사용하였다. 어려서 한학(漢學)을 배웠으나 오히려 무술에 더 열중하였다. 1895년 아버지를 따라 가톨릭교에 입교하여 신식 학문을 접하고 가톨릭 신부에게 프랑스어를 배웠으며, 도마[Thomas, 多默]라는 세례명을 얻었다.

1904년 홀로 평양에 나와 석탄상을 경영하고 이듬해 을사조약(乙巳條約)이 체결되는 것을 보자 상점을 팔아 1906년 그 돈으로 삼흥학교[三興學校: 후에 오학교(五學校)로 개칭]를 세우고, 이어 남포(南浦)

의 돈의학교(敦義學校)를 인수하여 인재 양성에 힘썼다. 그러나 국운(國運)이 극도로 기울자 합법적인 방법으로는 나라를 바로세울 수 없다고 판단, 1907년 연해주(沿海州)로 망명하여 의병운동에 참가하였다.

이듬해 전제덕(全齊德)의 휘하에서 대한의군참모중장(大韓義軍參謀中將) 겸 특파독립대장(特派獨立大將) 및 아령지구(俄領地區) 사령관의 자격으로 엄인섭(嚴仁燮)과 함께 100여 명의 부하를 이끌고 두만강을 건너 국내로 침투, 일군(日軍)과 격전을 벌였으나 중과부적으로 패퇴하였다. 이후 노에프스키[烟秋]에서 망명투사들이 발간하는 『대동공보(大同公報)』의 탐방원(探訪員)으로 활약하는 한편, 동료들에게 충군애국(忠君愛國) 사상을 고취하는 데 진력하였다.

1909년 동지 11명과 죽음으로써 구국투쟁을 벌일 것을 손가락을 끊어 맹세하고 동의단지회(同義斷指會)를 결성하였다. 그해 10월 침략의 원흉 이토 히로부미[伊藤博文]가 러시아 재무상(財務相) 코코프체프와 회담하기 위하여 만주 하얼빈에 온다는 소식을 듣고 그를 처단하기로 결심하였다. 동지 우덕순(禹德淳)과 함께 거사하기로 뜻을 같이하고 동지 조도선(曹道先)과 통역 유동하(劉東河)와 함께 이강(李岡)의 후원을 받아 행동에 나섰다.

1909년 10월 26일 일본인으로 가장, 하얼빈 역에 잠입하여 역전에서 러시아군의 군례를 받는 이토를 사살하고 하얼빈 총영사 가와카미 도시히코[川上俊彦], 궁내대신 비서관 모리 타이지로[森泰二郞], 만철 이사(滿鐵理事) 다나카 세이타로[田中淸太郞] 등에게 중상을 입히고 현장에서 러시아 경찰에게 체포되었다. 곧 일본 관헌에게 넘겨져 뤼순[旅順]의 일본 감옥에 수감되었고 이듬해 2월 14일, 재판에서 사형이 선고되었으며, 3월 26일 형이 집행되었다.

옥중에서 『동양평화론(東洋平和論)』을 집필하였으며, 서예에도 뛰어나 옥중에서 휘호한 많은 유묵(遺墨)이 보물로 지정되었다. 1962년 건국훈장 대한민국장이 추서되었고, 1970년 서울특별시 중구 남대문로 5가 471번지에 기념관이 건립되었다.

백과사전이 말한 이토 히로부미(伊藤博文)[7]

본명은 하야시 도시스케[林利助]로 야마구치현[山口縣]에서 출생하였다. 가난한 농민의 집안에서 태어났지만, 그의 아버지가 하기번[萩藩]의 무사 집안인 미즈이[水井, 뒤에 伊藤로 바꿈] 가(家)의 양자가 되면서 하급무사의 신분을 얻었다. 요시다 쇼인[吉田松陰]의 쇼카손주쿠[松下村塾]에서 수학(修學)하며 존왕양이(尊王攘夷) 운동에 참가하였다.

1863년 서양의 해군학을 공부하러 영국으로 건너갔다가, 이듬해 귀국한 뒤 영국·프랑스·미국 등의 열강과 조슈번[長州藩] 사이에 시모노세키전쟁[下關戰爭]이 일어나자, 전후(戰後) 평화교섭 과정에 통역으로 참가하였다. 그리고 1864년 조슈번[長州藩]과 막부(幕府) 사이에 벌어진 막장전쟁(幕長戰爭)에서 보수파들이 막부에 타협적인 자세를 보이자, 다카스키 신사쿠(高杉晋作, 1839~1867) 등과 함께 군사를 일으켜 조슈번[長州藩]의 실권을 장악했다.

메이지유신[明治維新] 이후에는 이토 히로부미[伊藤博文]로 이름을 바꾼 뒤 신정부에 참여하여 외국사무국(外国事務局) 판사(判事), 효고현[兵庫縣] 지사(知事) 등 요직(要職)을 역임하였다. 영어에 능통하여

---

7) 우리의 분노를 삭이기 위하여 다시 한번 서술한다.

1870년에는 화폐와 은행 제도를 조사하기 위하여 미국에 파견되었으며, 1871~1873년에도 해외를 시찰하였다.

1878년 오쿠보 도시미치(大久保利通, 1830~1878)가 암살되자 그를 계승해 내무성(內務省)의 내무경(內務卿)이 되었으며, 1881년(明治 14년)에는 정부 안에서 국가 구상을 둘러싸고 그와 대립하던 오쿠마 시게노부[大隈重信]를 추방하고 메이지 정권의 최고 실력자로 떠올랐다. 그 뒤 1885년 내각(內閣) 제도가 창설되자, 초대 내각총리대신(內閣総理大臣)이 되었고, 1888년에는 추밀원(樞密院) 의장(議長)이 되었다.

1890년 의회가 수립되자 귀족원(貴族院) 의장(議長)이 되었으며 1892~1896년과 1898년, 1900~1901년에도 각각 5대, 7대, 10대 내각 총리대신(內閣総理大臣)으로 활동하였다. 1905년 11월 특명전권대사로 대한제국에 부임한 뒤 고종과 조정대신들을 강압하여 을사조약(乙巳條約)을 체결함으로써 대한제국의 외교권을 박탈하고 내정을 장악하였다.

을사조약에 따라 대한제국에 통감부(統監部)가 설치되자 초대 통감으로 부임하여 조선 병탄(倂呑)의 기초 공작을 수행하였다. 1907년 이완용·이근택·이지용·박제순·권중현 등 을사오적(乙巳五賊)을 중심으로 한 친일 내각을 구성하도록 하였고, 을사조약의 부당함을 세계에 알리고 이를 파기하고자 헤이그특사사건을 빌미로 고종을 강제로 퇴위시켰다.

1909년 통감을 사임하고 추밀원 의장이 되어 러시아 재무상(財務相) 코코프체프와 회담하기 위해 만주(滿洲) 하얼빈[哈爾濱]을 방문하였다가, 10월 26일 하얼빈 역에서 안중근(安重根)에게 저격을 당해 사망하였다. 안중근은 대한제국의 황제를 강제로 퇴위시킨 죄, 정권을 강제로 빼앗은 죄, 식민화를 꾀하며 동양의 평화를 깨트린 죄 등 15가지 조항을 들어 그를 동양의 평화를 해치는 원흉으로 규정하였다.

그의 장례는 그해 11월 4일 히비야 공원[日比谷公園]에서 국장(国葬)으로 치러졌다. 메이지헌법(1889)의 초안 작성과 양원제(兩院制) 의회의 확립(1890)에 기여한 점 등을 들어 일본에서는 근대화를 이끈 인물로 추앙받기도 하지만 한국을 비롯한 아시아에서는 제국주의에 의한 아시아 진출과 조선 식민지화를 주도한 원흉으로 지목된다.

웃전, 왕(순종) 위에 총감, 총독, 천황

일제는 한일합방(강제병합)으로 조선의 통치권을 거머쥐었다. 황제라 불려야 하는 고종은 덕수궁이라 개명된 경운궁 뒤 독방에 갇힌 노인처럼 사지를 다 잘려 힘없는 늙은이와 같이 기력을 잃고 주는 밥이나 얻어먹어야 할 처지로 불쌍한 전직 임금이 되었다.

신 황제라 불려야 할 순종은 일본 천황을 모시는 신하라는 의미로 격하시켜 이왕이라 불렸으나 아무런 힘이 없다.

신하들은 모두 일본 쪽에 섰으므로 엄밀한 의미에서 순종의 신하라 할 수는 없어 일본의 신하라고 봐야 한다.

지금까지 최고통치자는 고종이었으나 한일병합(합병이라 함은 옳지 않음)이라는 경술국치로 이제 고종은 실권을 잃었고 그 자리에는 순종이 앉았으나 역시 기력이라 할 게 없다.

순종의 윗자리에는 일본에서 보낸 정무총감이 꿰어 차고 앉았다.

정무총감 위에는 조선총독부가 생겨 총독이 자리 잡았다.

조선총독부는 과거 조선의 의정부와 통리기무아문이나 군국기무처와 내각의 기능을 통괄하는 국정최고기구가 되었다.

총독 위에는 일본 내각총리대신이 있고 그 위에는 추밀원과 일본 천황이 지배하고 있으므로 종전 최고권력자가 된 조선의 임금은 곁가지로 밀려난 것이다.

더 이상 순종은 황제가 아니다. 격하된 이왕이라 칭함을 받고 있으므로 고종이 선포한 대한제국은 13년 만에 효력이 소멸된 반면, 대한이란 국명(國名)을 못 쓰게 하고 조선(朝鮮)이라는 국호로 되돌려 사용하라 함과 동시에 고종·순종 위에 웃전이라 할 통치 상위 권력자가 총감·총독·일본국 총리대신·일본천황 순으로 4단계가 추가되었으면서도 직접통치권이 멸실되어 국정에는 실권을 행사하지 못하게 연금시켜 버린 것과 다름이 없다.

이로써 조선 백성은 일제치하에 들어갔으며 일본의 식민지로 추락한 것이다.

하여, 일본국민이 상등 국민이라면 조선백성은 하등 국민이다. 상등 국민을 모시고 섬겨야 하기에 수고한 열매는 상등국 웃어른께 바쳐야 하는 차등을 받아야 하는 치욕의 세월이 온 것이다.

이에 대해 월남은

"사람이 운이 나쁘면 다리가 부러지고 허리를 다치기도 하는 것이다. 나라도 운이 나빠 일제 치하로 들어갔으나 부러진 다리가 아무는 것처럼 치욕의 세월도 아물고 완치·쾌유하여 건강을 되찾는 세월이 온다."

하면서 믿고 낙심하지 않았다.

치료기간이 길고 짧은 것은 대봐야 알지만 반드시 회복된다는 것에 의심이 없었다. 일본은 반드시 망하고 우리는 자주독립하는 날이 올 것이라는 데 일점의 의심이 없었다. 높이, 멀리 보는 혜안을 가진 월남은 일본이 날뛰는 것에 끄떡도 하지 않고 그가 영접한 하나님이 세상을 다스리는 세상의 주인이라는 것을 믿으며 죄짓지 말라고 일본에게 경고하며 우리 민족에게는 힘을 기르기 위해 열심히 배우고 절대로 낙심하지 말고 희망을 가지라고 외쳤다.

수많은 월남 연구서적의 골자는 세 가지다.

1. 배우라.

2. 믿으라.

3. 희망을 잃지 마라.

아무튼, 이해(1910년) 이승만은 월남의 권유로 귀국하였다.

미국 조지워싱턴, 하버드를 거쳐 프린스턴 등 3개 대학을 거쳐 철학·정치학으로 박사학위까지 받았으므로 조선인으로서 이만한 재원은 세계에도 흔치 않기 때문이며, 특히 그에게는 옥중에서부터 돈독한 하나님을 믿는 믿음까지 가득 차 있기 때문이다.

그래서 당시 YMCA 종교부 총무로 있는 월남은 이승만을 YMCA 종교부 하령회 간사로 임명하여 옆자리에 앉히고 YMCA를 중심으로 한 애국운동에 동참하는 동지로 맞아들였다.

이승만은 이로부터 월남을 각하(閣下)라고 불렀다.

"각하라니 그게 합당한가?"

월남은 각하라는 말에 거부감이 있었다.

각하란 궐(대궐) 내외(안팎) 각사(궐내각사+궐외각사)의 어른을 가리키는 말로서 이완용을 총리대신이자 각하라고 부르기 때문이다.

"전하(殿下)라고 부르지 못하니 각하라 하겠습니다."

"각하라고 하면 남들이 웃네. 그저 스승님이라고 하던지…."

"그럼 사랑하고 존경하는 애사(愛師)님이라 할까요?"

"애사? 알아는 듣겠는데 별로 안 쓰는 말 아닌가?"

"그러니 폐하나 전하를 못 쓰니까 각하가 옳습니다요, 애사님!"

월남은 이승만으로부터 각하 또는 애사라 불리며 내심 이승만을 마음에 깊이 담았다.

"우남!(이승만의 호) 젊고 유능한 자네야말로 잃어버린 나라를 찾거든 각하가 되어야 하네. 나는 각하가 되기엔 어느새 나이가 많아지고 있어(1910년 당시, 61세). 다만 대 황제 폐하와 신 황제 폐하 그리고 우리 조선백성을 위한 각하가 되어야 해."

언젠가 나라를 되찾으면 정말 보배로운 동량이 되어야 할 사람이라고 여겨 월남은 우남을 극진한 마음으로 동지(제자)를 삼은 것이다.

민족의 저항

일본정부는 1910년 5월 30일 3대 통감에 데라우치를 임명하고, 6월 3일에는 「병합 후의 한국에 대한 시정방침」을 결정하였다.

주요 내용은 한국을 병합하여, 헌법을 시행하지 않고 대군에 의하여 통치한다. 총독은 천황에 직접 예속하며, 총독은 법률사항에 관한 명령을 발동하는 권한을 갖는다는 것 등이었다.

통감부는 합병에 대한 한국민의 저항을 막기 위한 대책 마련에 부심하였다. 8월 7일에는 주한 일본군에게 경비태세 강화 명령이 내려졌다. 이날부터 모든 옥 내외 집회가 엄금되었으며, 모든 신문·잡지는 엄중한 검열을 받았다.

또 각지 수비대에서 선발된 병력이 비밀리에 용산에 집결하였다. 12일 용산의 조선군사령부에서는 한국인의 저항에 대처할 경비회의가 열렸다. 아울러 일본외무성은 재외공관에 병합의 순조로운 진행을 위한 외교활동을 벌이도록 지시하였다.

7월 14일 주영 일본대사는 영국정부에 '확고한 지지'를 요청하였고, 8월 22일에는 러시아정부에 병합 사실을 통보하였다.

체결 전 8월 16일, 데라우치는 총리대신 이완용과 농상공대신 조중응에게 합병조약안을 제시하였다. 이완용 등 부일(附日) 매국내각은 22일 어전회의에서 한일합병을 의결하였고, 그날 밤(23일) 통감부에서는 이완용과 데라우치 사이에 합병조약이 체결되었다. 이후 일제는 정치·사회단체의 집회금지, 원로대신의 연금 조처 등을 처한 다음, 8월 29일 순종 황제로 하여금 '양국(讓國)'의 조칙을 내리게 하였다. 같은 시각 일본 추밀원회의에서도 왕의 재가가 내려지는 형식이 취해지고, 일본정부의 병합선언이 있었다. '대한제국' 국호를 '조선'으로의 변경과 조선총독부의 설치가 발표되었다.

이날 각지의 일본군 수비대는 무장시위 행진을 벌이며 한국민의 저항의지를 꺾으려 하였고, 서울의 거리에는 헌병과 순사가 촘촘히 배치되었다. 그러나 한국민은 철시·폐점·동맹휴교 등을 통해 일제의 국권강탈에 저항하였다.

이만도·이근주·노병대·문태서·김도현 등의 의병장, 홍범식·정동식·김석진·이중언·정재건·장태수·이면주·이재윤·이범진 등의 관리, 박세화·송주면·황현 등의 학자는 목숨을 던져 민족의 분노를 대변하였다.

3남 승간의 죽음

월남의 셋째 아들 승간이 세상을 떠났다(1911년 9월).

이로써 월남의 아들 4명 가운데 막내 승준이만 남고 위로 3명의 아들들이 모두 죽었다.

슬픔보다 무너진 억장으로 인해 월남은 기가 막혔다.

"허허, 나라가 나를 버리고 떠나더니마는 네놈마저 나를 버리고 떠나가느냐?"

꺼이꺼이…. 숨이 끊기듯 울면서도 웃는 듯한 이 가슴 아픈 월남의 탄식에는 나라 잃은 고통과 함께 앞서 간 승륜이, 승인이가 동시에 떠오르며 승간이는 나이 서른일곱에 벌써 세상을 떠난 까닭이 뭔지 도무지 알 길이 없어 긴 한숨이 눈물에 섞여 나온 것이다.

'하기야 나라까지도 나를 버리고 떠났으니 더 말해 무엇 하겠는가?'

멍울이 든 가슴이 풀리지 않는다.

그런데 장례를 치르고 삼우제를 다녀오느라 집을 비운 사이 집에는 도둑까지 들어 미싱을 훔쳐 갔다.

큰며느리(죽은 승륜이의 처)가 슬픔에 울던 울음이 그치지도 않은 차에 미싱까지 잃어버리고 운다.

"울지 말거라. 너는 나라를 잃고도 안 울지 않았더냐? 미싱이야 누가 훔쳐 갔어도 우리나라 안에 있겠지…. 나라는 일본 놈의 아가리로 들어갔지 않느냐?"

비통한 말로 위로하였다.

손자 선직을 비롯하여 아직 한산에 살고 있지만 이제는 하나, 월남이 38세에 낳아 지금 혼사이야기가 오고가는 막내 승준이(1887년생,

24세)만이라도 경성으로 데려와 얼마라도 같이 살아야 한다는 생각을 한다.

경성에 돌아오자 순재도 전부터 같은 생각을 하고 있어 말한다.

"서방님! 우리가 얼마나 산다고… 장가 들이거든 승준이 막내라도 오라 하여 같이 살아요, 우리."

"나도 그럴 생각이 간절합니다마는, 그래야 하겠는데 우선 좀 두고 봅시다."

어렵사리 마음을 추스르는 중이다.

'마음을 추스르지 않으면 뭘 어쩔 것인가?'

월남은 찢길 대로 찢어진 가슴을 쓸어내리며 그럴수록 하나님의 교회에 나가 기도하는 이외에 달리 어쩔 방법도 없다.

이상재 피택장로

연못골교회는 1904년 국내 최초로 고찬익 장로를 장립(세워)한 바 있었다. 이해는 월남이 감옥에서 출옥하던 해로서 이때 당회를 조직한 것이다.

이어 금년(1911년)이 되자 다시 이원모·함태영을 장로로 세워 당회를 보강한다.

교회는 세례교인 30명당 1명을 장로로 세워 당회를 운영한다.

당회란 교회당(敎會堂), 예배당(禮拜堂)의 당(堂, 집 堂)을 말하고, 당회(堂會)는 교회의 의회기관으로서 국가라고 비유하면 국회(國會)와 똑같은 교회 최고의 의결기구라고 보면 된다.

당회원이라 부르는 장로는, 가령 교인이 400명이라도 세례교인이 300명이면 장로는 10명 이하로 세워야 하나 10명의 장로를 다 세우지 못하는 경우가 많은데 그 이유는 세례교인의 2분의 1 이상이 장로로 추대한다는 찬성표를 얻어야 하기 때문이다.

결국 여러 명의 후보자에게 표가 분산되어 과반수 이상을 얻는 장로는 300명의 세례교인이라 하여도 겨우 3~4명을 장립(세우기)하기도 어려운 게 사실이다.

이때 월남은 교회에 출석한 지 7년째, 이상재를 장로로 추대하는 표가 쏟아졌으나 과반수에는 미치지 않았고 결국 이듬해인 1912년 8월 장로 투표에서 장로로 선출(피택)되었다.

1912년의 장로투표에는 3인을 장립하려 하고자 하여, 이상재·민준호·장봉·이석진·김종상 5인이 떠올랐다.

모두가 과반수를 얻었으나 민준호 씨는 자격조사가 미흡하여 일단 미루기로 하였고, 이석진·장봉·김종상 3인은 당회가 許(허락)하기로 하였는데, 월남 이상재는 경우가 달랐다.

월남은 YMCA 종교부 총무로 기독교연합운동을 겸한 민중교육에 몰두하여 개교회(하나의 교회)에 헌신(몸 바칠)할 시간이 적고, 밖에 나가서 하는 일이 더 크고 많다는 점이 저어(低語, 있는 이유)되어 이상재의 동의를 받아야 된다는 결정이 나온 것이다.

당회는 최종결정을 내리고 월남을 면담하였다.

"이상재 집사(당시)가 이번 장로선거에 합격하였으니 장립하려 하는데 다른 생각이 있습니까?"

이런 식으로 물어본 이유가 있다.

당회장 게일(奇一) 목사는 YMCA에서 월남이 맡은 책무가 교회에서 장로로 일하는 분량보다 막중하고도 많은 것을 알기 때문이었다.

이에 월남은

"교회의 장로는 항존직(죽는 날까지)입니다. 당회원 여러분께서도 아시는 바와 같이 저는 YMCA에서 과분하고 무거운 중직을 맡고 있습니다. 새 회관에 입주한 우리 YMCA는 우리 교회가 할 일 이외에 다른 방향에서 우리 민족을 구원하고 하나님께로 인도하는 동시에, 일정시대를 사는 우리 민족을 위한 교회 밖의 큰 사명이 있습니다. 그러므로 저는 연못골교회의 장로로 봉직함이 마땅한 줄 잘 알지만, 들어가나 나가나 하나님의 종으로서 장립만 받지 않았을 뿐 피택장로라는 점을 명심하여 YMCA에게 맡겨 주신 하나님의 일꾼이 되겠습니다."

이에 당회장 게일 목사는 묵묵히 듣는데 여타 동석한 당회원 장로들이 말했다.

"잘 압니다. 각자의 사명에 따라 역할이 다른데 그 일은 아무나 못하지요."

이에 월남은

"그렇지 않습니다. 우리 교회 장로의 직분이야말로 정말 아무나 못합니다. 어디서 어떤 일을 하거나 높고 낮고 귀하고 덜하고도 없습니다. 다섯 달란트나 한 달란트 받은 자나 최선을 다하는 것이 중요합니다."

"맞아요. 그게 높고 이게 높고 그렇다는 말은 아니고…. YMCA는 그래도 우리가 하지 못할 일이라는 측면이 있다는 뜻이지요."

이에 게일 목사가 말했다.

"그러시다면 거기나 여기나 모두 하나님의 일이니 장립식은 안 하는 것으로 하고 **YMCA**에서 헌신하시겠다는 뜻입니까?"

"예, 그렇습니다. 교회보다 **YMCA**에서 할 일이 더 많다고 보기 때문입니다."

"그럼 그렇게 하는 것으로 어떠십니까?"

하여 당회는 장봉 · 이석진 · 김종상 3인을 장립하기로 하고, 이상재는 교회가 선출하여 뽑은 장로인 사실은 불변인 까닭에 장로장립식을 하지 않는 것으로 결정하여 최종 '피택장로 이상재'로 결의하였다.8)

8) 이상 연동교회사 참조. 이럴 경우 교회는 이상재를 집사나 장로라 부르지 않고, '이상재 피택장로님'이라고 부르게 된다. 피택장로라는 말은 교회가 뽑아 선출한 장로라는 뜻이며 아직 장립식(안수식)만 하지 않은 상태에 있는 장로라는 뜻이다. 그러나 교인들은 피택장로라는 이름이 길어서 그저 '이상재 장로님'이라고 불렀다. **YMCA**에서는 장로라 하지 않고 **Y**의 직분을 불렀다.

제6부

YMCA 총무,
동양척식주식회사

| 제6부 |

YMCA 총무 취임연설

1913년이 되어 어느덧 일본의 국권침탈 3년이 흘렀다.

월남이 내심 **YMCA**는 대한제국 천국공사관이 되어야 하고 구국운동의 중심지라는 기도 가운데 **Y**창립 10주년을 맞으며 일제 탄압의 외곽지대와도 같이 활발하게 성장해 왔다.

물론 일제 감시의 눈은 늘 **YMCA**를 주시하고 **YMCA**에서 떠나지 않는다.

이때(1913년) 105인 사건의 폭풍이 불어 **YMCA** 소속 수많은 기독교인들이 체포되는 일이 터지고 말았다.

도대체 '105인 사건'이란 무엇인가?

1909년 안중근이 이토 히로부미를 총살하자 일본은 초긴장한 상태에서 요인 암살에 촉각을 곤두세우는 가운데 터진 이 사건이 바로 105인 사건으로서, 침탈 1년이 지난 1911년에 일어난 초대총독 데라우치 암살음모사건이다.

이 사건은 안중근의 형 안명근이 프랑스인 천주교 신부 빌렐 신부에게 했던 고해성사(속마음을 고백하는 천주교 신앙방법의 하나)로부터 화근이 되었다.

안명근은 빌렐 신부에게 드린 고해성사에서 데라우치 총독 암살의 뜻을 고백하였고, 빌렐 신부는 이 사실을 뮈텔 주교에게 고했다.

문제는 빌렐 신부와 뮈텔 주교가 신자로부터 받은 고해성사를 유출시켜 자그마치 600명이 검거당하였고, 그중 105인을 주동자로 구속한 사건이 일어난 것이다.

당시의 총독부 경무 총감 아카시(明石元二郎)의 지시로 이들에게 매우 악독한 고문을 자행했는데, 안중근의 이토 히로부미 저격거사를 '살인'이라고 말한 두 사람의 신부에게서 고장이 일어난 사건의 불똥이 이해 1913년에 일어난(결론, 재판, 마감) 것이다.

주교 뮈텔은 빌렐에게 들었고, 빌렐은 안명근의 고해성사로 들은 데라우치 암살계획 고해성사를 뮈텔 주교가 아카시 경무총감(경찰청장)에게 알려준 까닭에 사건이 커진 것이다.

왜 그랬을까? 악인이라도 살인하지 말라는 율법에 따라 살인을 막기 위해서였을 것이나 이 점은 여기서 논할 바 아니다.

사실 그 당시 기독교(YMCA) 신자들은 일체 총독암살 음모를 꾸민 사실이 없으므로 그 사실을 부인하자, 일본 경찰은 거짓 자백을 받기 위해 혹독한 고문을 자행하였다.

결국 이승만을 비롯한 이승훈·윤치호 등이 구속되었으나 이승만은 선교사의 도움으로 출옥하여 또다시 미국으로 망명하였고, 여타 기독교인들은 4년의 징역형을 받고 복역했는데 바로 기독교가 연루되었다고 단정하여 불손하게 핍박한 형태였다.

105인 사건은 YMCA와 월남에게 엄청난 충격으로 다가왔다. 총독부와 YMCA 간의 내면 갈등의 불이 붙은 것이다. 그 결과 미국인 YMCA 총무 질레트에게 추방명령이 내려진다.

질레트 총무가 추방되자 이에 월남 이상재는 YMCA 종교부 총무에서 추방되는 질레트 전 총무에 뒤를 이어 한국인 첫 YMCA 총무(현재는 회장)로 취임하게 된 것이다.

월남은 취임식에서 취임 인사말을 하게 되었다.

(서두 생략)

계절도 아니고 장소도 아닌데 여기에 웬 개나리꽃이 피었답니까?

(회중이 어리둥절하여 영문을 모른다)

말귀를 못 알아듣습니까? 대감도 있고 영감도 있고 나리도 있는 것 몰라요? 나리는 정4품이 이하의 벼슬 아래로부터 정9품 벼슬아치까지도 나리라고 부르는 것 아닙니까?

그런데 여기 경시청에서 웬 나리를 다 보냈느냐고 해서 하는 말입니다.

순사 나리 말이올시다.

그러시오, 순사나리든 개나리든 모두 다 들어 보시오.

(중략)

이번 105인 사건은 일본의 절대적 무지에서 비롯된 것입니다.

우리 YMCA는 정치단체가 아니며 일본 총독이나 그 누구도 살리자는 단체이지 죽이자는 단체가 아닙니다. 이건 기독교를 몰라도 너무 모르는 무지의 소치입니다. 억울하게 감옥에 간 동지들은 암살음모와 무관하여 총독부는 속히 석방해야 합니다.

그들은 무저항 평화주의를 추구하며 화합과 상생의 민족주의자이면서 동시에 일본인이나 조선인 모두를 사랑하는 선한 청지기들입니다.

이 점 일본은 크게 오해하고 흰 눈을 뜨고 감시의 눈총을 보내지만 **YMCA**는 그런 일을 하는 곳이 아닌데 엄청 오해하고 있습니다. 오로지 하나님 나라 확장을 위해 일하는 청년단체입니다.

침략자 아니라 살인자라도 그들을 위하여 기도하며 오직 회개하고 새사람이 되도록 돕는 것을 최고의 가치로 두고 있습니다. 차제에 일본국민이나 총독부에 파견된 모든 일본인들에게 하나님의 사랑이 전파되기를 바라는 마음입니다.

(중략)

저는 어려서부터 임금님을 바르게 모시는 훌륭한 신하가 되겠다는 것을 꿈꾸어 왔습니다. 의정부 참찬이라는 고위관직에도 올랐던 사람입니다. 이제는 임금보다 더 높으신 하나님을 모시는 종이 되었으니 하나님의 신하입니다.

제가 태어날 때 어머니는 황룡이 승천하는 꿈을 꾸셨다고 하는데, 올라가던 황룡은 목이 잘려 몸통은 땅으로 떨어지고 머리만 올라갔다는 꿈이었습니다. 이 꿈은 믿음으로 하나님의 종이 되는 꿈이었다는 것을 이제야 알았습니다.

목(육신)이 잘리고 땅에 육체가 떨어져도 믿음과 충성만은 하나님의 나라에까지 갈 것이라고 믿습니다.

이에 부서지고 잘리어져도 저는 변치 않는 하나님의 종으로 천국에 가는 날까지 오르고 날아오를 것입니다.

전임 질레트 총무님의 유업을 잘 이어받아 착하고 충성된 종으로 하나님을 섬기되 회원 여러분을 모시는 종이 될 것을 다짐합니다.

군림하고 지배하며 다스리는 자가 아니라, 받들어 모시고 여러분을 섬기는 낮은 자리에서, 잘한다는 말보다 틀렸다, 못한다는 말에 귀를 기울여 스스로의 부족함을 채워가며 **YMCA** 설립정신에 따라 한 분 한 분 모두의 지적을 감사히 받으면서 여러분이 하나님의 일을 잘 하시도록 심부름꾼이 될 것입니다.

이제 이 웅장한 회관 건물은 이와 같은 우리의 믿음과 사랑의 **YMCA**정신으로 가득 담아가도록 최선을 다하겠습니다.

물론 제가 하는 것이 아니라 회원님들 여러분이 하셔야 하는 일입니다.

제가 더 잘 할 수도 없겠지만 더 잘하더라도 여러분 모두가 참여하시도록 저는 뒤에 설 것입니다.

모두 앞으로 나와 주십시오.

저는 뒷자리에 서야 함에도 총무가 되었습니다마는 총무는 회원여러분의 머슴 아닙니까?

잘하면 얼마나 잘하고 또 못하면 얼마나 못하겠습니까.

결과는 좀 부족하여도 얼마나 최선을 다하느냐고 하는 중심이 중요합니다. 하나님은 중심을 보신다 하셨으므로 천 명 만 명이 일심으로 합력하는 것이 소중합니다.

하나님은 누구에게나 달란트를 주셨고 특출한 초인의 능력을 주지 않았습니다. 우리는 모두 다 그만그만합니다. 아니, 회원여러분의 능력이 저보다 낮기에 저로 하여금 뒷일을 거들라고 해서 일본말로 저는 데모도·시다바리(した-ばり, 下張り)입니다.

YMCA는 또, 하나님을 믿는 기독교인들이 모여, 믿는 사람이나 믿지 않는 사람이나 연합하여 선한 일에 힘쓰자고 하는 곳입니다. 물론 하나님과 성경을 믿는 기독교정신이 뿌리이며 바탕이지만 너는 믿지 않으니 빠지라는 데가 아닙니다.

우리는 총독부를 위해 기도하며 하나님의 사랑으로 사람을 사랑하고 나누며 선한사업에 정진하며 악을 행하지 말아야 한다고 주장할 뿐입니다. 그러므로 이것은 일본인이나 조선인이나 하나님이 만드신 아름다운 세상, 하나님의 은혜와 사랑이 넘치는 나라를 만들어야 한다는 일념하에 믿음으로 하나가 되어 지상천국을 건설하자는 것입니다.

(중략)

아무튼 부족한 사람이 총무로 취임하였습니다. 정해진 임기 동안 YMCA를 세상에 제대로 알리고 특히 일본총독부의 잘못된 시각을 변화시키는 일에 힘쓰겠습니다. 열 번 백번 강조하고 또 힘주어 말하는 것은 절대적 비폭력이며 상호평화주의 정신 아래 서로 사랑하라는 말씀을 근간으로 하여 Y 본연의 정신 구현과 선파에 앞장설 것입니다.

이를 위해 우리가 먼저 우리 가슴에 예수님의 사랑과 십자가를 품어야 합니다. 원수를 사랑하라는 말씀을 새기며 총독부가 악을 행하지 않고 하나님이 창조한 세상에서 하나님의 영광을 나타내는 일에 손잡고 나가기 바라는 마음입니다.

지금 일본이 우리 조선을 통치하고 있습니다. 인륜과 천륜을 저버리고 우리 민족을 억압하거나 불공정한 통치를 하면 안 됩니다.

YMCA는 사람을 죽이고 난동·폭동으로 맞서지 않아도 의가 아니면 주저함 없이 분연히 일어나 강력하게 맞대응하고 하나님의 법도를 떠난 어떤 세력에게도 굽히지 않는다는 것을 분명히 밝혀둡니다.

하나님의 방법이 아닌 투쟁은 삼가할 것이나 그렇다고 불법 통치나 무단히 눌리고 당하고 짓밟힌다는 것이 아닙니다. 그들을 불쌍히 여기며 끝까지 기도하되 양국이 하나님의 나라로 세상에서 빛과 소금의 역할을 잘하는 날을 향해 나아갈 것입니다.

YMCA 형제여러분께서는 더욱 믿음에 정진하여 이 나라 이 땅 일본을 비롯한 중국과 온 땅에 거하는 백성들이 모두 화목하고 피차 사랑하는 복된 나라를 만들고 복된 날을 살아가야 한다는 푯대를 잃지 마시기 바랍니다.

(중략)

끝으로 우리 YMCA 회원동지 여러분께 한 말씀 올리겠습니다.

YMCA는 세상을 향해 하나님의 뜻에 합당하게 나 자신을 바치는 단체입니다. 여기에는 너·나·간사·총무(현재의 회장을 당시에는 총무라 하였음)·이사장, 어느 누구도 예외가 없습니다.

웅장한 이 회관은 봉사와 헌신을 위하여 세워진 것이며 회관 안에 있는 모든 것은 전부 가난하고 배우지 못하고 낮은 자리에서 헐벗고 굶주리며 병든 자와 고아나 과부와 옥에 갇힌 자를 위하여 예수님을 대신하여 펼쳐야 하는 청지기의 집합소일 뿐입니다.

Y라고 하는 곳은 일하는 곳이지 우러름을 받자는 회관도 아니고 회원도 아니며 직분자도 없습니다.

무엇을 먹든지 마시든지 그 모든 것은 하나님의 것이며 그러므로 하나님의 가난하고 약한 자를 위해 쓰여야 하는 까닭에 우리는 이 일에 종의 신분입니다. 세월이 백년이 흐르고 천년이 가도 YMCA를 통한 하나님의 헌신과 봉사의 정신은 변치 않아야 합니다.

Y 총무가 벼슬입니까?

감투입니까?

정1품 정3품의 관직입니까?

Y를 사랑하는 회원들이 바치는 회비가 우리의 재물입니까?

내가 내 뜻대로 선심 쓰듯이 써도 됩니까?

하나님 무서운 줄 안다면 하나님의 재물은 더욱 무서워해야 마땅합니다. 단 1전도 하나님의 뜻에 어긋나면 안 되는 까닭에 하나님의 복음 전파와 가난하고 병들고 약한 자를 구제하는 일에 쓰여지도록 받들어 마땅한 우리는 종의 신분입니다.

종이 상전보다 맛있는 살코기로 먼저 내 배를 채운다면, 벼슬아치가 임금보다 먼저 재물을 끌어모으는 탐관오리와 다를 게 없는 것이므로 이것이 망국의 지름길인 것과 같아서 YMCA는 절대적 희생과 봉사의 단체라는 사실을 잘 아실 것이오나 다시 한번 강조하는 바입니다.

미력이나 먼저 저 자신부터가 무엇이 옳고 그른가를 잘 분별하여 우리 YMCA 총무라고 하는 성직에 솔선수범 충실할 것을 다짐합니다.

YMCA 총무 취임소감에 대하여

YMCA 총무로 취임하여 행사장에서 연설을 마치고 귀가하였다.

"피곤하지 않으세요?"

순재의 말에 월남이 대답하였다.

"왜 안 피곤하겠습니까? 우리 충청도말로 하면 엄청 대간합니다."

"대간하다는 말이 피곤하단 말이로군요."

"그래요. 속에 있는 대로 말을 못하고 참자니까 공연히 피곤합니다."

"그러신 것 같았어요. 전에 만민공동회하고는 하시는 말씀이 많이 달리 들렸습니다."

"그랬어요? 당신도 그런 것을 느꼈단 말인가요? 어디가 그래요?"

"'우리는 총독부를 위해 기도하며 하나님의 사랑으로 사람을 사랑하고 나누며 선한사업에 정진하며 악을 행하지 말아야 한다고 주장할 뿐입니다' 하시면서, '이것은 그러므로 일본인이나 조선인이나 하나님이 만드신 아름다운 세상, 하나님의 은혜와 사랑이 넘치는 나라를 만들어야 한다는 일념하에 믿음으로 하나가 되어 지상천국을 건설하자는 것입니다'라고 하신 말씀이 전과는 달리 들렸습니다."

"맞아요, 그것은 원래의 내 속내가 아닙니다."

"아니면 어떤 속내이셨는데요?"

"일본은 천하무법자다. 우리는 이를 용서하지 말아야 한다. 그러므로 우리는 YMCA로부터 들고 일어나 일본과 싸울 것을 선포한다…. 뭐 이렇게 말하고 싶은 것이 솔직한 속내였습니다."

"그런데 왜 그렇게 하지 않았습니까?"

"YMCA는 하나님의 법을 순종하는 단체입니다."

"아 그래서 '원수를 사랑하라는 말씀을 새기며 총독부가 악을 행하지 않고 하나님이 창조한 세상에서 하나님의 영광을 나타내는 일에 손잡고 나가기 바라는 마음입니다.

지금 우리 조선은 일본이 통치하고 있습니다. 인륜과 천륜을 저버리고 우리 민족을 억압하거나 불공정한 통치를 하면 안 됩니다.

YMCA는 사람을 죽이고 난동·폭동으로 맞서지 않아도 의가 아니면 주저함 없이 분연히 일어나 강력하게 맞대응하고 하나님의 법도를 떠난 어떤 세력에게도 굽히지 않는다는 것을 분명히 밝혀 둡니다.

하나님의 방법이 아닌 투쟁은 삼가 할 것이나 그렇다고 불법통치나 무단히 눌리고 당하고 짓밟힌다는 것이 아닙니다. 그들을 불쌍히 여기며 끝까지 기도하되 양국이 하나님의 나라로 세상에서 빛과 소금의 역할을 잘하는 날을 향해 나아갈 것입니다.' 이렇게 말씀을 돌린 것입니까?"

"예, 그사이에 믿음의 사람과 하나님의 일꾼에 대해 많이 성숙한 모양입니다. 원수 갚는 것은 하나님의 몫이고 우리는 기도하는 것이 몫이라는 것 말입니다."

"잘하셨습니다. YMCA가 용서치 않는다거나 한번 붙어보자 하면서 이에는 이, 총에는 총으로 맞선다고 하면 하나님의 방법이 아닐 것입니다."

"그렇게 되면 무고한 백성들이 엄청나게 죽어 나갑니다. 또한 내 목숨이 아까운 게 아니라 우리 YMCA의 지도자들도 죽거나 옥에 갑니다. 그게 두렵고 떨리는 것도 아닙니다. 문제는 득실에 있습니다. 그로써 과연 일제를 몰아내는 성과를 거두어 내겠는가의 문제입니다. 무모한 도전을 부추기는 것은 지도자의 길도 아니고 가면 죽게 될 줄 알면서도 부하를 내보내는 장수는 장군이라 하지 못하는 것과 같기 때문입니다."

"그러다 보니 너무 살얼음판을 건네는 소심한 연설이 된 것은 아니었나요?"

"이제 저는 대중보다는 하나님께 말해야 합니다. 판단은 일본인이나 대중들이 하는 것이 아니라 YMCA의 설립이념과 정신 그리고 Y의 주인 되시는 하나님이 하시는 것이기 때문입니다."

"하나님이 잘했다 하셨겠지요?"

"그것은 제가 임의로 판단해서는 안 될 일입니다. 다만…"

"무엇입니까?"

"누구만큼 욕을 못하는 것도 아니고 말을 못하는 것도 아니며 뒤로 빠지는 성격도 아닙니다. 다만 그로써 국가와 민족과 황제 폐하에게 유익이 무엇인가를 생각해야 옳습니다. 막 나가야 될 게 있고 막 나가서는 안 될 경우가 있는데 지금 YMCA 총무로 취임하는 마당에 지고지선은 하나님의 점수를 많이 따야 된다는 것이 핵심이라 생각합니다."

"어찌 보면 서방님의 연설을 듣고 '월남도 과거의 월남이 아니다' 하는 사람은 없을까요? 무서워서 비위나 맞추고 벌벌 떨었다고 들었다면 어쩌지요?"

"그 사람의 자유니 내 탓할 바는 아니겠으나, 그런다면 그는 필시 무모한 사람일 것입니다. 지혜로운 자와 믿음의 사람은 져줍니다. 그러나 져주는 것이 이기는 결과가 되어 결실을 얻게 된다는 것이 하나님의 이치라 하겠습니다. 저는 그렇게 믿습니다. 그러니 보다 믿음이 성숙한 결과라고 생각합니다."

"겸손하시어 말씀이 참 편안했습니다. 가령, '아무튼 부족한 사람이 총무로 취임하였습니다. 정해진 임기 동안 YMCA를 세상에 제대로 알리고 특히 일본총독부의 잘못된 시각을 변화시키는 일에 힘쓰겠습니다. 열 번 백번 강조하고 또 힘주어 말하는 것은 절대적 비폭력이며 상호평화주의 정신 아래 서로 사랑하라는 말씀을 근간으로 하여 Y 본연의 정신 구현과 선파에 앞장설 것입니다. 이를 위해 우리가 먼저 우리 가슴에 예수님의 사랑과 십자가를 품어야 합니다.' 이런 말씀은 제가 듣기에는 참 편안하게도 들렸습니다."

"그것이 저의 진심이기도 합니다. 일본인이라고 해서 전도할 대상에서 제외시켜도 되는 민족이 아니기 때문입니다. 하나님은 만백성의 주님이시며 창조자이시므로 누구든지 죄를 회개하고 나아오면 그 죄가 진홍같이 붉고 다홍같이 검다 해도 흰 눈같이 깨끗이 씻어 주신다고 하셨으니 말입니다.

"특히, '끝으로 우리 YMCA 회원동지 여러분께 한 말씀 올리겠습니다'라고 하신 말씀이 참 인상적이었습니다. 감동이었어요."

"그래요?"

"'YMCA는 세상을 향해 하나님의 뜻에 합당하게 나 자신을 바치는 단체입니다. 여기에는 너·나·간사·회장·총무·이사장, 어느 누구도 예외가 없습니다.

웅장한 이 회관은 봉사와 헌신을 위하여 세워진 것이며 회관 안에 있는 모든 것은 전부 가난하고 배우지 못하고 낮은 자리에서 헐벗고 굶주리며 병든 자와 고아나 과부와 옥에 갇힌 자를 위하여 예수님을 대신하여 펼쳐야 하는 청지기의 집합소일 뿐입니다.

Y라고 하는 곳은 일하는 곳이지 우러름을 받자는 회관도 아니고 회원도 아니며 직분자도 없습니다.' 이런 말씀은 명언이었습니다."

"또 '무엇을 먹든지 마시든지 그 모든 것은 하나님의 것이며 하나님의 것이므로 하나님의 가난하고 약한 자를 위해 쓰여야 하는 까닭에 우리는 이 일에 종의 신분입니다. 세월이 백년이 흐르고 천년이 가도 YMCA를 통한 하나님의 헌신과 봉사의 정신은 변치 않아야 합니다.'라든가…"

"'Y 총무가 벼슬입니까? 감투입니까? 정일품 정3품의 관직입니까? Y를 사랑하는 회원들이 바치는 회비가 우리의 재물입니까? 내가 내 뜻대로 선심 쓰듯이 써도 됩니까? 하나님 무서운 줄 안다면 하나님의 재물은 더욱 무서워해야 마땅합니다. 단 1전도 하나님의 뜻에 어긋나면 안 되는 까닭에 하나님의 복음 전파와 가난하고 병들고 약한 자를 구제하는 일에 쓰여지도록 받들어 마땅한 우리는 종의 신분입니다. 종이 상전보다 맛있는 살코기로 먼저 배를 채운다면, 벼슬아치가 임금보다 먼저 재물을 끌어모으는 탐관오리와 다를 게 없는 것이므로 이것이 망국의 지름길인 것과 같아서 YMCA는 절대적 희생과 봉사의 단체라는 사실을 잘 아실 것이오나 다시 한번 강조하는 바입니다.'라는 부분은 가슴이 찡하게 울렸습니다."

"Y는 작은 창고에서 시작해 장안에서도 가장 큰 건물을 지었습니다. 그러니 Y에 근무한다면 대궐보다는 작지만 아마도 대궐에 드나드는 벼슬아치처럼 우쭐할 우려 또한 없다고 보기 어렵습니다. 세월이 흘러 우리나라가 해방되고 부강해지면 아마도 Y는 거대한 재벌과도 같이 번창할지도 모를 일입니다. 그렇게 되면 Y의 간부들이 혹 변하지 않겠습니까?"

"향후 세월이 50년 100년이 흐르면 회원이 많이 늘어나고 재정도 많이 쌓이게 되겠지요. 그렇게 되면 그때는 아마 Y의 감투를 쓰고 싶어 하는 사람들이 많이 생기겠지요?"

"그러나 변치 말아야 할 정신이 있습니다. 약하고 가난한 자를 위한 봉사와 도움의 손길입니다. 단, 그렇게 나누어 주는 도움이 자기가 주는 도움으로 착각할 수도 있으나 어디까지나 전부 하나님의 소유입니다. 심지어는 부스러기를 주워 먹다가 통째로 집어 먹는 도적떼거리로 변하지 않는다는 보장도 없습니다. 나는 거기까지 걱정되어 그렇게 말한 것입니다.

"과연 인간이란 눈앞에 이득에 초연하기 어려우니 그런 염려로 미리 못 박아 주신 건 잘하셨습니다."

"좋게 생각해 주시니 기분이 좋습니다."

승간의 처는 죽고 승준은 결혼 준비

도대체 이 어인 일인가? YMCA 총무가 된 지 1년이 지난 1914년 셋째 아들 승간이의 처 서림 이씨(西林 李氏), 그러니까 월남의 셋째 며느리가 또 세상을 떠났다.

슬하에 아들(안직安稙, 20세) 하나를 남기고 44세 젊은 나이에 무슨 병으로 죽은 건지도 모를 일이라 월남은 정신이 하나도 없다.

인명은 재천이라는 말이 있다지만 어찌 아비를 두고 아들 셋에 이젠 며느리까지 세상을 뜬단 말인가. 가슴에 쌓이는 아픔이 월남의 가슴을 찢는다. 아직 손자 녀석 안직이는 짝도 지우지 못하고 갔으나 위로 큰아버지라 할 승륜이, 승인이는 물론 남편 승간이까지 세상을 뜨고 없고 막내 시동생 승준이마저도 아직 짝을 짓지 못하였으므로 집안에 남자 어른이란 어언 65세나 된 늙은 월남 자신 하나밖에 없다.

"승준아! 형수도 떠났고 네가 너무 늦었다. 너무 나이가 들어가니 하늘이 내려준다고 믿고 혼사자리가 나오는 대로 순종하고 이제는 장가부터 가거라. 네가 벌써 28세나 되었으니 언제 자식을 볼 것이며, 형들이 전부 세상을 떠나버려 남은 남자가 너 하나밖에 더 있느냐? 집안의 대들보가 있는 대로 다 무너졌으니 어쩌겠느냐?"

"예, 아버지. 이번에는 들어오는 대로 장가를 들겠습니다. 아버지께서 걱정하시는 마음 알고 있었으나 그간 여의치 못하여 늦었습니다."

"그래. 어찌하든지 이젠 가정을 이루고 이루거든 아버지가 하라는 대로 하여라."

"무슨 생각이 있으세요?"

"도저히 안 되겠다. 선직이(25세)네나 홍직이(18세)네는 그런대로 살고 있으니까 선직이는 여기 한산에 살게 두고, 네 조카 홍직이는 아비 승인이 묘에서 가깝다고 거기가 좋다니까 서대문 밖에 그냥 살게 두고, 너는 채비를 해서 아버지 집으로 올라오라 하려고 한다."

"아버지가 힘드시지 않겠어요? 저는 경성에 가도 딱히 할 일이 없으니까요."

"할 일이야 차츰 찾아야지. 선직이네나 홍직이네는 앞 정도는 가릴 것 같다. 그러니 조카들(선직+홍직)하고 상의도 하고, 또 아비도 생각해 볼 것이지마는 우선은 아비 집에 방이 여럿이니 와서 먹고 자는 거야 못하겠느냐?"

"새어머니께서 불편하지 않으시겠어요?"

순재가 정색을 하며 거든다.

"불편이라니요, 천만에 말씀입니다. 한 핏줄 한 가족이 한 지붕 밑에 사는 것인데 편하고 불편할 게 뭐가 있겠습니까? 얼른 장가나 들고 오세요."

월남이 말한다.

"이건 네 새어머니가 언제부터 나한테 한 말이다. 아마 그 점은 네가 공연한 걱정을 하면 했지 이 사람은 좋다 하니 염려하지 않아도 된다."

"알겠습니다. 하지만 우선 장가를 가고 나서 그 다음 얘기 아닌가요?"

"그건 그렇지…. 장가를 가려면 그래도 규수를 여기서(한산) 만나는 것이 나을 거야."

"안 그래도 성동면 두동리에 사는 규수라고 혼사가 오기는 오고 있습니다."

"그래서? 너는 뭐라고 했느냐?"

"아버지께 말씀이나 고하고 결정한다고 한 상태입니다."

"그래? 그러면 아비는 네게 위임할란다. 말이 오는 대로 네 마음이 내 마음이라고 믿고 결정하여도 된다. 올해는 이미 늦었으니 내년 봄이나 가을에라도 결정을 하여라. 나야 네가 정하는 날짜에 맞춰서 만나면 되는 거니까. 네 나이 28세면 적은 게 아니다."

이렇게 상의하고 올라왔다.

결국 두동리 규수와 혼사가 결정되었다.

그러나 집안에 우환과 상이 겹쳐 결혼식은 3년이 지나 1916년이 되어서야 하게 되었다.

동양척식주식회사

오랜만에 초심이가 왔다.

홍엽에서 월남을 만난 후 초심이는 회심하고 홍엽을 나와 사가에 머물다 결혼을 하였다.

월남을 잊지 못해 물어 물어 월남의 집을 찾아왔었고 그 후로 순재와 의자매까지 맺어 가끔 찾아오는 그 초심이가 온 것이다.

"언니 저 왔습니다."

올 때마다 빈손으로 오는 일이 없다.

"곶감하고 땅콩, 호두거든요."

"어마나, 그냥 오지 뭘 이렇게 싸들고 왔어 무거운데…"

순재는 언니라고 따르는 초심이와 절친해졌다.

"형부는 어디 가셨어요?"

"아니 사랑방에 계셔. 왜 형부한테 볼일 있어?"

"아니 안 바쁘시면 그냥…"

"알았어. 안방으로 오시라 할게. 어서 들어가…"

"그런데 이렇게 좋은 곶감이 어디서 났어?"

"신랑이…. 내가 좋아한다고 글쎄 짝으로 사왔지 뭐예요."

"호두하고 잣도 사오고?"

"예, 곶감 먹고 싶다니까 곶감만 사와서 많이 먹었더니만 그게 변비가 돼 고생을 하니까 누구한테 들었다면서 호두하고 같이 먹으면 배부르게 먹어도 변비가 안 생긴다, 그래서 호두도 사왔다는 거예요. 땅콩은 자기가 그냥 사왔대요. 형부도 좀 드시라고… 물론 언니도 같이 드셔 보라고…"

월남이 건너왔다.

홍엽에 발을 끊고 작년에 시집을 가서 잘 살고 있는데 순재와 친해지니 자연히 처제같이 대하는 월남이다.

"곶감 드세요. 꼭 호두하고 같이 드셔야지 형부 똥구멍 메어요. 하하."

"그래? 그런데 소식이 있을 때가 되지 않았나?"

"형부도 참 소식 소리는? 나만 만나면 소식부터 물으시니 오늘은 소식 있다고 알려 드리려고 왔습니다."

"소식 왔어? 거참 잘 됐구먼."

초심이가 곶감을 찢어 호두를 싸서 건넨다.

"알았어, 똥구멍 걱정까지 해주니 고맙구면. 그런데 태교는 잘하고 잘 자라겠지?"

"예, 형부. 움직입니다. 그런데 이제 우리 언니도 소식이 있어야 되는 거 아니에요?"

"소식 없던데…. 여보 소식 없느냐고 묻습니다."

"소식은 하나님 맘이지 그게 제 맘입니까, 어디?"

웃으며 곶감을 먹는데 초심이가 묻는다.

"동양척식주식회사라는 곳이 도대체 나라 땅을 다 빼앗아 간다고 난리가 났습니다. 형부! 동양척식주식회사라는 것이 뭐하자는 데입니까?"

"허허, 곶감 맛 떨어지란 말인가?"

"아니…. 형부가 잘 아실 테니까…"

"동척(동양척식주식회가)의 동양은 알 것이고, 주식회사도 아는가?"

"동양과 주식회사는 알지요."

"주식회사라는 것은 허울일세. 사실은 일본정부가 하는 짓이며 이를 회사라고 위장한 것이야."

"척식은요?"

"척식(拓植)이란 파고 심는다는 뜻이지. 동양을 개발하겠단 소리야. 동양을 갈고 좋은 씨를 심겠다는 뜻인데 이게 기만도 보통 기만이 아니라네."

"그래서 땅을 사들이는 거예요?"

"사들이는 게 아니라 빼앗아 먹는 것이지. 우리야 원래 토지개념이 법으로 정해진 게 아니라 우리끼리니까 네 땅 내 땅 야박하게 금을 짝짝 긋고 살아온 게 아니잖은가? 누가 땅을 둘러메고 갈 일도 아니고, 그런데 일본이나 서양은 맨 먼저 한 일이 토지측량이었어. 바다도 측량하고 산도 측량하고 섬도 마구 측량하는 일부터 시작하여 내 나이 10세 되던 50년 이전부터 이양선을 타고 들어온 사마랑호가 동해안에 와서 울릉도를 측량한 이래 줄곧 강토를 측량해 댄 거라. 이것은 삼국시대 때도 남의 땅 조사가 있었는데 그것은 전쟁을 하려면 어디 가면 바다고 강이고 산이고 얼마나 높고 낮고 토지는 어디고 이런 식으로 침략해 들어갈 전쟁준비 기초 작업이었는데 지금 일본은 그동안 해왔던 토지측량 조각들을 꿰맞춰 오다가 본격적으로 전국 토지조사령을 내려놓고 조선을 줄로 재면서 그 과정에서 여차하면 동척 앞으로 땅주인을 만들어 가는 것이지."

"누가 남에게 땅을 뺏긴대요?"

"문제는 땅에 금을 그어 토지조사를 하고 전부 주인에게 소유권을 준다면 참 좋은 일인데, 땅 주인이라고 인정받는 조건이 까다로운 게 문제지. 그래서 조금만 증거가 빈약하면 동척소유로 만드는 거야."

"허긴 땅 주인이 죽기도 하고, 대대로 농사를 지었지만 어디 문서가 제대로 있는 것도 아닐 거고, 어른신이 죽은 경우에는 증거를 대라면 대기도 어렵겠군요."

"증조 고조할아버지 때부터 우리 산이었다고 하면 그때 사들인 문서가 있는가? 임금님이 내려줬다는 은전문서라도 있는가? 심한 말로 이렇게 따지고 들면 입증을 못하니까 우물거리면 적당한 구실을 붙여 동척이 먹어버리는 거야."

"참 교묘한 수단이네요. 그놈들 머리도 좋다."

"좋은 게 이미 17세기 초 영국·프랑스·네덜란드 등이 동양에 대한 독점무역권을 부여받아 동인도에 설립한 동인도회사가 하던 방식이지. 이들은 동남아시아에 식민지를 만들면서 동남아 각국의 특산품인 후추·커피·사탕·쪽·면직물 등의 무역독점권을 차지해 들어가기 시작한 것인데 1876년에 없어진 것이고 자세하게 알면 복잡하기만 하여 더 이상 알 것도 없는 것이라. 그걸 본떴다고 보면 될 거야."

"그래서 지금 얼마나 빼앗아 간 거예요?"

"동인도주식회사는 우리랑 상관없으니 자세히 알 것 없지만 동척은 알아야 해. 일제는 5년 전인 1908년 의회에서 동양척식회사법을 통과시키고, 이를 한국정부에 강요하여 1,000만 원 자금으로 한국에서 척식사업을 목적으로 회사를 설립하고, 이에 일정 기간 상당액의 보급을 시행하고 한국정부는 사업용지의 일부를 제공하기 위하여 국유지를 출자함으로써 한국이 자원개발 식산진흥을 담당하게 하며, 일본으로부터 선량 근면하고 경험이 풍부한 농민을 이주시키고 진보된 농법을 시범함과 동시에 기업가에 대해서도 이자가 싼 자금을 공급하여 식산사업에 이바지하게 한다는 명목으로 설립한다고 한 것인데, 실제로는 조선을 식민지화할 목적으로 창립되었기 때문에 우리 입장에서는 억지여서 분통이 터지는 거라. 그러나 일단 회사가 설립되자 우리 정부로부터 토지 1만 7714정보를 출자받고, 올해(1913년)까지 토지 4만 7148정보를 헐값으로 매입해 들이기도 하였지. 결국 토지조사사업이 언제 완료될지는 모르겠으나 현재 조사상태에서 얼마나 넘어갔는지 아직은 알 수가 없는 상태야. 결국은 이게 끝나면 절반을 감아먹을지도 모르는데 무슨 자료를 정확하게 알려주겠는가?"9)

---

9) 1920년 말에 회사 소유지는 경작지의 3분의 1에 해당하는 9만 7천여 정보에 달하였다. 이와 더불어 일제는 국유지를 강제로 불하하여 막대한 면적의 산림지를 가로채어, 1942년 말 16만여 정보의 임야를 소유하였다. 이와 같이 강제로 빼앗은 토지를 소작인에게 빌려주어 50%가 넘는 고율의 소작료를 징수하고, 영세 소작농에게 빌려준 곡물에 대해서는 20% 이상의 고리를 추수 때 현물로 거둬들였다. 또한 그 소유지는 일본

"정말 왜 그러지요?"

"왜 그러다니? 일제가 갖고 싶은 것이 무엇이겠는가? 결론은 땅이야. 국토를 넓혀 모든 물산을 거둬가야 침략한 목적이 달성되는 것이지. 여기에 덧붙이면 조선의 반상제도처럼 1등 국민, 2등 국민으로 나누어져 우리는 고생하고 굶주리게 된다는 것이 우려야. 이것은 백발백중이지. 험한 노동은 우리가 하고 결실은 일본 놈들 입으로 들어갈 것이고."

인 이주자에게 싼값으로 양도되어 동양척식주식회사(이하 동척)의 직영지 면적은 점차 감소되었으나, 1937년 동척이 직접 경영한 경작지 면적은 6만여 정보에 달하였다. 동척의 농업이민정책은 경제적인 목적보다 정치적인 목적에서 추진되었다. 일본은 각종 특혜를 주고 1910~1926년에 17회에 걸쳐 일본인 이민 희망자 약 1만 명을 엄선하여 조선침략의 담당자로 활용했다. 이들 이주민은 경기·경상·전라·황해·충청도에 가장 많았는데, 그들은 조선민중을 착취 압박한 일제의 대변자이며 앞잡이가 되었다. 이에 따라 1926년까지 조선인 빈농 약 29만 9천이 토지를 상실하고 북간도로 이주하였다. 한편, 동척은 조선민중에 대한 가혹한 착취로 세력이 확대되자, 1917년 회사법을 개정하여 본점을 도쿄(東京)로 이전하고 조선에만 국한하던 침략 및 착취의 대상과 범위를 몽골·러시아령 아시아·중국·필리핀 및 말레이반도까지 확장시켜 대륙에 대한 침략자금의 공급, 기타 척식사업을 경영하였다. 동척의 사업지역이 중국의 둥베이(東北)·네이멍구(內蒙古)로 확대되었으나, 조선에서의 동척사업이 차지하는 비중은 압도적이었다. 1931년 만주사변과 1937년 중일전쟁을 야기한 이후 일제가 한반도를 그들의 병참기지화하기 위해 중공업에 집중 투자하자, 동척도 광공업 부분에 관심을 기울여 전기·탄광·제철 등 각 분야에 투자하였으나, 여전히 동척의 사업 중심은 조선의 농업에 대한 수탈이었다. 1920~1930년대 농민의 격렬한 소작쟁의는 동척의 조선민중에 대한 수탈과 결코 무관하지 않았다. 또한 1926년 12월 28일 의열단원 나석주 열사가 동척을 기습하여 폭탄을 투척한 사건은 바로 이러한 민족적 증오의 한 표현이었다.

한국 학교의 과거와 월남 이상재(사진 상단 중앙)

종묘공원 월남 선생 동상에서 추모식 장면

제7부

조선도괴,
조선총독부와 총독, 통감

조선 침략의 원흉들, 통감과 총독 및 정무총감

조선을 잠식한 일본은 앞서 말한 것처럼 통감에서 총독으로 격상시켜 조선통치를 시작하였다.

통감이란 1910년 이전 을사늑약(1905년) 이후 잠정적인 침략의 원흉으로 한일병합을 이끌어 내기 전 일본에서 보낸 그들 방식의 최고 통치자를 가리킨다.

통감은 세 명으로 3대에서 마친다.

1906년 초대 통감 이토 히로부미에 이어 이후 곧이어 병합이 실시됨으로 말미암아 3대에서 막을 내리고 있다.

1대 통감

이토 히로부미(伊藤博文이등박문, 1841. 10. 16~1909. 10. 26)

재임기간: 1906년 3월 3일~1909년 6월 14일

안중근의 저격으로 사망.

초대총독
데라우치 마사타케

2대 통감

소네 아라스케(曾泥荒助증니황조, 1849. 2. 20~ 1910. 9. 13)

재임기간: 1909년 6월 14일~1910년 5월 29일

3대 통감

데라우치 마사타케(寺內正毅사내정의, 1852~ 1919)

재임기간: 1910년 5월 30일~1910년 9월 30일

1대 총독

데라우치 마사타케 통감이 총독으로 격상.

재임기간: 1911년 10월 9일~1918년 9월 29일

2대 총독

하세가와 요시미치(長谷川好道장곡천호도, 1850~1924)

재임기간 : 1916년 10월 16일~1919년 8월 11일

3대 총독

사이토 마코토(齋藤實재등실, 1858~1936)

재임기간: 1919년 8월 12일~1927년 4월 14일

이상이 월남 이상재 살아생전의 통감과 조선총독의 이름들이다.

월남이 이들의 이름만 들어도 울분이 치솟았을 것은 불문가지다.

이들은 현대로 치면 조선의 대통령과 같은 권력을 가진 자들이라고 보아야 할 것이고, 이들이 조선침탈과 갖은 악랄한 핍박을 저지른 장본인들이다.

한편 이들의 행동대장이라 할 정무총감이라는 직위가 있었다. 그들의 면면을 살펴보면 아래와 같다.

1대 정무총감
야마가 카이사부로(山縣伊三郞산현이삼랑)
재임기간: 1910년 10월 1일~1919년 8월 12일

2대 정무총감
미즈노 렌타로(水野鍊太郞수야동태랑)
재임기간: 1919년 8월 12일~1922년 6월 12일

3대 정무총감
아리요시 주이치(有吉忠一유길충일)
재임기간: 1922년 6월 12일~1924년 7월 4일

4대 정무총감
시모오카 주지(下岡忠治하강충치)
재임: 1924년 7월 4일~1925년 11월 22일

5대 정무총감
유아사 구라헤이(湯淺倉平탕천창평)

재임: 1925년 11월 22일~1927년 12월 23일

월남은 1927년 3월 29일 세상을 떠났으므로 유아사 구라헤이 정무 총감이 물러나기 8개월여 전에 별세한 것이다.

정무총감이란 지금으로 말하면 국무총리와 비슷하다 할 것이다. 물론 정무총감 아래에는 셀 수도 없이 많은 국이 있었고 과가 있었고 이 조직에 소속된 일본인들이 조선백성을 괴롭히는 행동대원 역할을 하였다.

또 정무총감 위에는 총독이, 총독 위에는 일본총리대신이, 총리대 신 위에는 일본 추밀원이, 추밀원 위에는 일본 천황이 버티고 앉아 있었다.

그렇다면 고종 황제와 순종 황제의 자리는 어디에 있는가?

일본은 그들을 다만 나라의 어른으로 모신다고는 하였으나 이것은 표면상의 허위사실일 뿐이고 실제는 일체의 실권이 없는 열외로 제 쳐 놓은 것이다.

그럴 수밖에 없는 이유는 고종이나 순종에게는 정부조직도 없고 대신이나 신하가 없었기 때문인데, 굳이 있었다고 한다면 호위를 맡 아 격식을 차려 올리는 사람들이지마는 실체는 이들을 꼼짝 못하게 발목을 묶어놓은 감시자의 역할을 수행하도록 한 그 역시도 일본인 들이었다고 보아야 할 친일세력이었다.

월남 이후의 총독·정무총감

얼마나 아픈 역사라 할 수도 없는 일제의 총독정치는 월남이 세상을 떠나고 1945년 일제가 항복하기까지 이어졌다.

마음이야 아프지만(참고로) 냉엄한 역사적 사실에 대해 알 것은 알아야 하기에 이제 월남 이후의 총독과 정무총감의 면면을 살펴보기로 한다.

4대 임시 총독

우가키 가즈시게(宇垣一成우원일성, 1868. 8. 9~1956. 4. 30)

재임기간: 1927년 4월 15일~1927년 12월 9일

4대 총독

야마나시 한조(山梨半造산리한조, 1864~1944)

재임기간: 1927년 12월 10일~1929년 8월 6일

5대 총독

사이토 마코토(齋藤實재등실, 1858~1936)

3대 총독으로 지냈던 사이토 마코토 재임용.

재임기간: 1929년 8월 17일~1931년 6월 16일

6대 총독

우가키 가즈시게(宇垣一成우원일성, 1868. 8. 9~1956. 4. 30)

재임기간: 1931년 6월 17일~1936년 8월 4일

7대 총독

미나리 지로(南次郎남차랑, 1880. 3. 22~1950. 11. 3)

재임기간: 1936년 8월 5일~1942년 5월 26일

8대 총독

고이소 구니아키(小磯國昭소기국소, 1880. 3. 22~1950. 11. 3)

재임기간: 1942년 5월 29일~1944년 7월 23일

9대 총독

아베 노부유키(阿部信行아부신행, 1875~1953)

재임기간: 1944년 7월 24일~1945년 8월 15일

6대 총감

이케가미 시로(池上四郎지상사랑)

재임기간: 1927년 12월 23일~1929년 4월 4일

7대 총감

고다마 히데오(兒玉秀雄아옥수웅)

재임기간: 1929년 4월 4일~1931년 6월 19일

8대 총감

이마이다 기요노리(今井田淸德금정전청덕)

재임기간: 1931년 6월 19일~1936년 8월 5일

9대 총감

오노 로쿠이치로(大野綠一郞대야록일랑)

재임기간: 1936년 8월 5일~1942년 5월 29일

10대 총감

다나카 다케오(田中武雄전중무웅)

재임기간: 1942년 5월 29일~1945년 7월 24일

11대 총감

엔도 류사쿠(遠藤柳作원등류작)

재임기간: 1945년 7월 24일~1945년 10월 24일

별로 보고 싶지 않은 조선총독부 관리들과 황족들

조선총독부 청사

　조선을 침탈한 일본은 남산 북쪽 기슭에 자리 잡았던 왜성대(현 동국대학교 근처)에 있던 통감부 건물을 그대로 총독부 건물로 사용했다.

　1916년 광화문을 헐고 조선총독부[10]를 짓기 전(1926년 입주)까지 왜성대가 곧 총독부 청사로 쓰인 것이다.

　월남이 세상을 떠나기 전 해, 1926년에 완공하고 입주한 광화문 자리에 있던 구 조선총독부 청사는 원래 이 자리에 세울 생각이 아니었다. 조선을 다스릴 총독부 건물로 일제가 제일 눈독을 많이 들인 장소는 경복궁 근정전을 헐고 그 자리에 총독부 건물을 세우려는 것이었다.

　이는 조선사람들이 쉽게 볼 수 없는 깊은 장소로 길거리에서 먼 곳이 경복궁 근정전이며, 아니면 근정전 뒤의 사정전이나 강녕전 터 구중궁궐 깊은 곳에 조선총독부를 짓기로 계획을 세운 것이다. 이런 목적에 따라 경복궁은 이미 토지소유권을 조선총독부 앞으로 옮겼다.

　근정전은 나라에 공식적인 행사가 있을 때 문무백관이 모여 의식을 행하는 공공전각으로서 조선의 상징이며 왕실의 상징과도 같은 곳인데 일본은 이 자리를 부수고 없애야 조선을 완전 점령한 상징적 의미가 완결되는 것이라는 생각한 것이다.

　근정전 뒷문으로 걸어서 10보, 20보 뒷자리에 있는 사정전은 임금이 정사를 보던 편전이다. 이 사정전도 헐고 총독부가 부속건물로 쓰고 싶어 했던 게 일본이다. 사정전 뒤에는 임금과 왕비의 숙소 강녕전이 자리 잡고 있는데 강녕전도 헐고 역시 총독부 부속건물로 쓰고

---

10) 구 중앙청, 구 국립중앙박물관.

싫어 하였다.

일본은 조선과 달리 왕궁을 황궁이라 하지도 않고 황거(皇居)라고 부르는 천황(天皇)의 거소를 가지고 있다. 일본 지요다구(千代田區)에 자리 잡은 황거는 황제가 거처하는 황궁인데 원래는 에도성(江戶城)이었던 것을 황거로 개명하여 천황이 살고 있는 궁전이다. 황거는 사방을 깊이 파고 연못으로 둘러쳐 외부에서 접근이 불가능하게 만들어 놓았다. 황거의 특징은 밖에서 황거가 보이지 않는 것이다.

그래서 조선총독부도 청사나 관저가 외부에 노출되지 않게 하기 위하여 경복궁 안쪽을 택한 것이다. 특히 황거는 산림이 우거졌고 정원조경이 잘되어 있다. 그에 비해 조선의 경복궁은 성냥갑처럼 건물로 빼곡히 들어차 있어서 일본인들의 황궁이나 청사 분위기와는 거리가 멀어 일본 총독부는 기반 조성을 위하여 경복궁을 마구잡이로 헐어대기 시작하여 현재의 공터 대부분은 그때 헐려진 자리다.

어쩌면 일본 황거처럼 둘레에 연못을 조성하고 싶었을지도 모르겠다. 사무라이 칼의 문화에 젖은 일본은 이처럼 황궁에 외침이 힘들게 만들었기 때문이다.

1911년부터 경복궁 외부각사 철거공사를 시작한 일본은 드디어 경복궁 건물 전체의 90% 상당을 점진 철거하였다.

가장 먼저 궐내각사와 궁인들이 거주하는 전각들과 당·헌 들을 헐어 들어가면서 근정전과 강녕전은 민심을 고려하여 나중에 헐어버릴 계획이었다. 그리고 새 총독부건물 설계에 여념이 없었고 총독관저 터를 물색하는 등 조선 점령의 완성 상징은 경복궁을 헐고 거기에 총독부를 짓는 것이라는 생각은 처음부터 했던 생각이었다(그러나 후일 3·1운동이 일어나자 그 계획을 포기한 것이다).

이런 식으로 조선은 그 싹이 잘리고 뿌리가 뽑혀가기 시작하였다. 그러나 경복궁 자리에 총독부를 앉히는 문제는 스스로에게도 양심에 걸렸을 것이고 그러면 안 된다는 다소 의견도 있었다. 그래서 일단 경복궁에서 용도가 폐기되다시피 비어 버린 전각들부터 헐어내기 시작한 것이다. 고종이 경운궁으로 가면서 궁인들도 건물을 비웠고 숫자도 형편없이 줄어 이제는 빈집이 되니 일본 황궁처럼 공원화 계획으로 초점을 맞추기 시작한 것이다.

그래서 지금 가 보면 보이는 좌우편 널찍널찍한 경복궁의 잔디밭은 전부 일제가 이때 헐어낸 빈터들이다. 남은 것은 중심자리에 있는 홍화문과 근정전, 사정전, 강녕전을 비롯한 경회루, 경회루 앞 수정전, 뒤에 건청궁, 우편의 자경전 정도로서 1868년에 완공하였으므로 지은 지가 40여 년밖에 되지도 않은 조선 왕궁을 마구 헐어낸 것이다.

아주 나중의 이야기지만 일본은 그렇게 헐은 경복궁 건물로 남산골에 남산정 같은 기생집을 짓는 재목으로도 썼으니 그들의 조선말살은 대궐 부수기부터 시작된 것이라 할 것이다.

물밑에서는 수탈계획이 작성되고

"그러면 지금 총독부에서는 무슨 생각을 하고 있을까요?"

순재가 월남에게 물었다.

"안 들어가 보아도 그놈들의 속내는 빤히 보입니다."

"경복궁 부속건물을 마구 헐어 버리면서 다음에는 무슨 짓을 할 것 같으세요?"

"조선 땅을 낱낱이 측량하고 이미 토지조사를 마쳤으니 이제는 조선의 동맥에서 뻗어난 혈관을 지배하지 않겠습니까? 벌써 조선에 마구 잣대를 들이대고 갈라 젖혔습니다."

"조선 팔도를 13도로 갈랐다는 그 말씀 말인가요."

"그래요. 지방은 경기, 충청남·북, 전라남·북, 경상남·북, 강원, 황해, 함경남·북, 평안남·북의 13도(道)로 나누고, 도 밑에는 부(府)·군(郡)·면(面)을 두었습니다. 당연히 자기네들 수족으로 통치자를 세웠습니다. 이제는 우리 조선이 공중분해된 것과 같습니다."

"그러니 서방님은 기도하려고 눈을 감으면 조선 강토가 눈물겨워 어찌 기도하십니까?"

"기가 막혀 눈물밖에 안 나옵니다. 그러나 하는 대로 꼬락서니를 두고 보는 수밖에 없으니 답답합니다."

"조선에 대전회통과 같은 정부법전은 무용지물이 된 거로군요."

"육군대장 데라우치 마사타케(寺內正毅)는 정치가가 아니라 전쟁이나 하는 군인입니다. 군인이 나라의 최고책임자가 된 것은 툭하면 쏴죽인다는 것 아닙니까? 총독이라는 자리는 한반도를 통괄한 사령관으로서 일본 육·해군 대장 가운데서 선임되고, 일본 왕에 직속되어 위임받은 범위 안에서 조선 주둔 일본 육·해군을 통솔하여 조선의 방위를 맡으며, 모든 정무를 총괄하여 내각총리대신을 경유해서 일본 왕에게 상주, 재가를 받을 권리를 부여받은 것입니다. 그러니까 특별한 위임에 따라 총독부령을 발하고, 여기에 벌칙을 첨가할 수 있었으며, 법률을 요하는 사항은 총독의 명령(令)으로 규정할 수 있는 등, 극히 폭이 넓고 강력한 권한이 부여되어 있습니다."

"그래서요. 그 밑에는요?"

"총독의 보좌기관으로서 친임관(親任官)의 정무총감(政務總監)이 있다는 것은 알지요? 총독부 사무를 통리(統理)하고 각 부(部)·국(局)을 감독하며, 중앙행정의 조직은 관방(官房) 및 총무·내무·탁지(度支)·농상공(農商工)·사법의 5부로 구성되고, 그 밑에 9국(局)을 설치했지요. 이 밖에 기능별 관서로서 취조국(取調局)·경무총감부·재판소·감옥·철도국·통신국·전매국·임시토지조사국 등, 자기네 맘대로 철권 강압통치기구로 만든 것입니다. 이 얼마나 분한 일입니까?"

　"각 지방 13도로 나눈 도는 어떤 조직이지요?"

　"도의 수장(首長)은 장관이라 하고, 도의 조직은 장관관방(長官官房) 및 내무·재무의 2부로 하고, 도시지방에 둔 부(府)에는 부윤(府尹), 농촌지방에 둔 군에는 군수, 그 밑의 면에는 면장을 두고 있습니다. 모두가 거미줄처럼 촘촘하게 엮어서 조선인의 피를 빨아먹자는 마수들입니다."

　"그들도 국민의 대표기관이라 할 중추원인지 추밀원인가 하는 것을 두고 있지 않나요?"

　"있기야 하지요. 그러나 거수기입니다. 인간성이 멸실된 동물집단처럼 약하면 쳐부수고 가서 뺏고 인륜이고 인간의 도리를 모르는 것들 백이면 뭣하고 천이면 뭣하겠습니까?"

　"그게 뭔데요?"

　"중앙에는 총독의 자문기관으로 중추원(中樞院)을 두고 이를 정무총감이 의장이 되어 관장케 하고, 그 밑에 부의장(親任官 대우) 1명, 고문(勅任官 대우) 15명, 찬의(贊議, 칙임대우) 20명, 부찬의(副贊議) 35명, 겸임의 서기관장 1명, 서기관 2명, 통역관 3명, 속전임(屬專任) 3명으로 이를 구성해 놓기는 하였으나 이 가운데 의장을 제외하고는 한국인도 임명하고 그 임기는 3년으로 정해 놓기는 했습니다. 또 각도에도 참여관(參與官)·참사(參事)를 두어 지방장관의 자문에 응하도록 하였으나 이들은 모두 친일인사를 우대하는 명예직에 불과하여 실질적으로는 모두 형식적인 것에 불과하고 목적은 착취와 늑탈입니다."

"우리 조선백성들이 이런 악마의 수작을 바로 알아 대처해야 하는데 거의 잘 모르지요?"

"모르다뿐입니까? 반대로 지금 친일로 짝짜꿍이 되어 콩고물이라도 챙기려 합세해 들어가고 있는 형국입니다."

"몰라서 그렇잖아요?"

"몰라서도 그렇고 눈앞에 보이는 이득에 눈이 먼 탓입니다. 그들의 생각은 뻔합니다. 이제는 세상이 변하여 일본에게 항거해서 득 될 게 없다고 현실을 인정하고 친일을 해서라도 잘사는 게 현명한 거라고 생각하는 것이지요."

"우매한 백성이니 그렇기도 하겠네요."

"그게 참 딱한 노릇입니다. 지구상에서 악을 행하고 영원한 나라는 없습니다. 선을 따르고 하나님을 순종한 나라치고 잘 되지 않은 나라가 없습니다. 우리 대한제국은 반드시 되살아납니다. 그때의 일본은 쥐구멍도 못 찾을 일입니다. 그걸 알아야 합니다. 악에 달라붙고 짝하면 그들도 죄를 받고 벌받습니다. 죽어도 정의를 지키다가 죽어야 민족의 밀알도 되고 천국에서도 면이 섭니다."

"그러니까 우매한 우리 조선백성을 깨우쳐 줘야 하지 않아요?"

"당연 그래야지요. 그것이 YMCA 청년운동입니다."

"예수만 가르치는 것은 아닌가요?"

"이 점 이해를 잘해야 합니다. 예수님을 가르치는 것은 정의와 진리를 가르치는 것이며 사랑을 전하는 것입니다."

총독과 정무총감

현재의 일본 총독은 데라우치 마사타케(寺內正毅사내정의, 재임:
1911년 10월 9일～1918년 9월 29일까지)이며, 정무총감은 야마가카
이사부로(山縣伊三廊, 산현이삼랑, 재임: 1910년 10월 1일～1919년 8
월 12일)이다.

데라우치와 야마가카는 조선 정복을 위해 매일아침 왜성관에서 만
나 정복 작전을 숙의하였다.

"이보게! 조선지도 다시 펼쳐봐."

데라우치는 조선전도를 눈이 빠져라 들여다보는 습관이 있다.

"13도로 나눈 것은 마음에 들어."

"그럼 무엇이 문제입니까?"

"철도들 더 놓아야 한다는 게지."

"알겠습니다. 명령만 하십시오."

"전국을 거미줄처럼 깔아야 해. 철도가 없으면 곡식이나 광물이나
아무리 많이 캐내도 가져갈 방도가 없지 않은가?"

"그렇습니다. 각하!"

"서해안에는 인천, 군산, 목포 항구를 확장하고, 동해안에는 원산항
을 키우고 남해안은 마산과 부산을 집중 개발하면서 여수항도 확장
하게. 그리고 철도부터 연결을 시켜야 한단 말이야. 농작물이나 금광
에서 캐내는 것이랑 철도가 있어야 실어오지 않겠는가?"

"철도 시설계획 설계도면을 작성하도록 각 처마다 지시를 내려놓았습니다."

"그 뭐 어려운 것 없네. 조센징들 품값 싸니까 끌어다 쓰면 되는 거야. 최대한 인력을 동원하란 말일세. 그래서 선진 농업기술을 보급한다고 하면서 본국의 농부들을 데려와 농사를 짓게 하고 조센징은 품팔이꾼으로 쓰면 간단한 일이야."

친일파의 주장, 총독한테 잘 보여야 산다

나라가 없어진 대신 일본제국주의가 정권을 틀어잡았다.

일제는 이제 조선을 거머쥐고 뒤흔들 강성인물들로 총독과 정무총감을 파견하였다. 총독과 정무총감은 조선인으로 하여금 맥을 못 추도록 강권통치를 휘두르기 위해 전국에 세부조직 책임자를 그들의 입맛에 맞는 악질들로 군수와 면장을 앉히고 경찰들을 배치하였다.

민란이 나라를 망하게 했다는 엄청난 민란의 세월이 부러운 일이다. 이제 감히 어디라고 민란을 일으키고 일정에 대항할 것인가? 조선에는 백성의 원성이 잠들고 사라졌다. 그래도 우리 임금이 나라를 다스리고 우리 민족이 군수일 때는 이래도 되느냐고 대들고 일어서기도 했던 것이 민란이었는데 민란의 '민' 자도 없이 싹이 잘라져 버렸다. 역사를 들춰 보면 그 엄청나게 일어났던 민란은 을사늑약에 이은 한일병합으로 인하여 단 한 건도 발생한 일이 없다. 있었다고 한다면 독립운동을 위해 일어난 잔여 군대의 항거였지만 이것도 해가 바뀔수록 줄어 버렸다.

입이 있어도 말할 수 없고, 화가 나도 분풀이도 못하고, 관아를 습격해 쳐들어가 군수와 관리들을 조자리 틀던 과거는 흘러갔다. 총칼로 단방에 총살하고 목을 베는 일본 앞에 백성들은 쨱소리도 하지 못하며 죽으라면 죽는 시늉을 해야 하고, 내놓으라면 다 내주어야 하고, 오라면 오고, 가라면 가고, 앉으라면 앉고, 서라면 서고, 무릎을 꿇으라면 꿇고 무엇 하나 왜 그러느냐고 따지는 날에는 목숨이 달아날 판이다.

아비어미 없는 어린 생명처럼 나라를 잃고 임금을 잃은 백성은 천애의 고아와 다름없으며 쥐 죽은 듯이 일본에 복종해야 하는 암흑의 세월이 온 것이다.

이럴 때 살아남는 길은 하나밖에 없다. 고분고분하게 말을 잘 듣는 것뿐이다.

여기서 한 걸음 더 나가면 일제에 불만하는 사람을 고발하는 것이다. 아부하고 비위를 맞추며 일본에 적극 협조하는 것밖에 없다.

결국은 전쟁터로 가라면 가야 할 것이다. 일본군대로 가서 동양평화를 위해 죽으라면 죽고, 딸자식이고 마누라고 내놓으라면 찍소리도 말고 다 바쳐야 하는 것이다.

곡식은 굶더라도 내줄 일만 남았다.

이게 바로 종이며 노예이며 식민지 백성의 설움이며 산목숨이 아니라 죽은 목숨이나 다름없는 인권이란 짐승이나 다름없는 무단 폭거정치의 세월이 온 것이다.

그러나 최상의 선택이 하나 있기는 하다.

아첨이다. 일본에게 잘 보이기 위해 일제의 앞잡이가 되는 길이다. 즉, 친일파로 백성의 피와 나라를 말아먹는 데 앞장서는 길이다. 그래서 어떻게 하든지 순사들에게 잘 보이고 군수에게 아부하고 정무총 감에게 잘 보이고 총독과 친하게 지내는 것이다. 지금 우리가 매도하는 친일의 괴수가 되는 것이다. 그러면 거기서 떨어지는 국물을 받아 먹을 방법이 있는 것이다.

월남 이상재와 같은 애국지사로서는 상상도 못하는 반역이며 반민 족적인 친일행위라고 보면 맞다.

총독과 만난 조선사람들

이에 약삭빠른 친일 매국노들은 남산골(현 동국대학교와 장춘단공 원 인근) 총독부가 있는 왜성대로 찾아가 총독을 만나 사바사바하며 민족의 고혈을 빨아먹는 일에 앞장서는 것이다.

백성들은 모진 핍박과 서러움을 받는데 기회주의 친일파들은 왜성 대로 총독을 찾아가 일본에게 정보를 제공하고 그들의 비위 맞추기 에 혈안이 되어 있었다.

그렇다면 애국지사로 추앙받는 월남 이상재는 이때 나라와 민족을 위해 무엇을 했는가?

이 문제는 아래로 미루고 먼저 친일행각으로 일본 총독을 배알하 여 온갖 부귀영화의 줄을 잡으려 한 반민족주의자들의 면면부터 살 펴보기로 하자.

여기서는 1기·2기·3기로 나누어 도대체 총독관저에 누가 몇 번 이나 드나들었는지부터 살펴본다.

제1기: 1919년~1921년 말까지

※ ( )안의 숫자는 총독을 만난 횟수를 말한다.

30회 이상: 선우순(46), 송병준(33)

10~19회: 민원식·김린(19), 어담(13), 방태영(12), 이재극·민흥식·이한복(11), 오태순(10)

5~9회: 유일선·오태환(9), 이완용(8), 이지용·고희준·진학문·구연수·장덕수·이도영(7), 장헌식·선우갑·정민화·신태현·민영찬·홍준표(6), 이인수·신응희·민영기·김기선·김참여관(5)

4회: 이근상·이규완·한창수·김택현·이해수·이윤용·장우·박의병·오종섭·한진연·이기영·김희선·백남훈·서규석·김윤정·한석교·엄주명·심천풍·이범규·박중양

3회: 이동재·이하영·윤치호·윤덕영·이상협·신석린·김희선·김정식·이달용·노창성·엄준원·원응상

제2기: 1922년 초~1922년 말까지

30회 이상: 민흥식(36), 선우순(34), 이강공(31)

20~29회: 이왕(27), 이진호(26), 신석린·한상룡(22)

10~19회: 송병준(18), 구연수(16), 박중양·이범규(15), 박영효(14), 민영기(13), 김윤정·어담(12), 이 왕세자·박기양(11), 홍준표·진학문·이하영(10)

5~9회: 이희두·이한복·방태영·이재극(9), 송진우·김명준·선우

갑(8), 박춘금·유일선·고세형(7), 이기동·채기두·원응상·김성수·
서내석·이원석·정진홍·이승훈·오태순·최영년·고의경(6), 조대호·
김관현·이완용·장덕수·정병원·조희문·민영휘·민영찬(5)

　4회: 이상협·윤갑병·이범래·심천풍·오종섭·박의병·김우영

　3회: 김익승·정안립·김기선·김상설·김상회·김정훈·김태석·
이병학·이우공·홍성숙·유맹·어윤적·권중관·안창남·성기운·
강인우·송대관·민태원

제3기: 1924년~1926년 말까지

　30회 이상: 선우순(39), 이진호(37), 민영기(33), 방태영(30)

　20~29회: 신석린·이강공(28), 이왕·한상룡(27), 김승익(23), 박중
양(20)

　10~19회: 유일선·김윤정(18), 심우섭(17), 박우현(16), 조대호·심
천풍·육종윤(14), 박영효·진학문·오태순·석진형·고세형(13), 민
흥식·박의병(12), 이범승·유래정·어윤적·박영근(11회), 원응상·
조희문·이완용(1926년 死), 심영택(10)

　5~9회: 이 왕세자·김관현·박영철·이용식·강병옥·김용주(9),
윤갑병·이범래·이승훈·이하영·이동우·백대진·민영찬(8), 이한
복·송병준(1924년 死), 송진우·김성수·이원석·이병렬(7), 이기동·
최영년·홍준표·전성욱·이태호·고희준·강필우(6),　김명준·박춘
금·박기양·김태석·김규혁·이완구·이항구(이완용 장자), 이달용·
이교영·권중관·정진홍·윤상필·오태환·장헌식·노창성·서병무·
유혁로·신흥우(5)

4회: 윤치호·어담·김응선·김규진·이규완·이택규·이택현·백남·정병조·한규복·강인우·서정악·유성준·송종헌·민정식

3회: 채기두·이희두·김찬한·김상설·곽창현·윤덕영·민영수·김영진·송대관·김재문·김상용·이흥주·박상준·박철희·유만겸·백인기·권명상·허헌·심재곤·정태영·곽한탁·장인원·장상철·석명선·유진순

총독을 왜 만났을까

세상이 바뀌어 이제는 일본놈들 세상이 되었다. 조선을 되찾겠다는 생각을 갖는다는 것은 고난을 자초하는 길이다.

일제와 짝하면 유리한 게 한두 가지가 아니다. 일본의 마음에 들면 군수자리 정도도 받을 수 있다. 면장은 팁으로 받고도 남는다.

이상에서 본 것은 데라우치 마사타케에 이어 부임한 사이토 마코토 총독재임기간의 자료이며 3명의 통감과 9명의 총독 가운데 다른 총독관저로 찾아간 사람들의 자료는 찾지 못하여 오직 한 명의 총독을 만난 사람들에 관한 기록일 뿐이다.

여기서 눈에 띄는 사람이 3명이 있다.

이왕이라고 하는 순종이며, 이강이라 하는 의친왕과 윤치호다.

윤치호는 신사유람단원이었고 1913년 한국인 최초로 월남 이상재가 총무임기를 마친 후에 1916년 YMCA 제3대 총무가 되었던 애국지사였던 사람이며, 윤치호의 일기는 구한말의 귀중한 애국지사의 족적이라고 해도 되는 인물이기도 한데 사이토 총독을 자주 만난 명단에

들어 있다는 점이다.

더불어 생각나게 하는 것은 그들이 왜 사이토 총독을 만나러 갔는가에 대한 의문이다.

가서 아부를 했는지, 물러가라 호통을 쳤는지, 아니면 상납을 하거나 벼슬을 받았는지에 대한 구체적 내용은 비밀이라 알려지지도 않았고 자료를 구할 수도 없는 일이라 당사자만이 알 것이다.

그러니 총독관저에 들어가 사이토나 데라우치를 만났다고 해서 무조건 친일파라고 매도하는 것도 조심해야 한다.

하지만 거의 전부라고 할 정도로 총독을 만나러 관저에 들어갔다면 곱게 봐주기는 어려운 일이이지만 이 책의 저술목적은 친일파를 가려내 규명하자는 데 있지 않고 애국자 이상재를 말하자는 데 있으므로 그 문제에 대해서는 알 수도 없지만 알아도 침묵하고 싶다.

그러나 밝혀진 바라면 조금은 알아두는 것도 좋겠어서 몇몇에 대해 밝혀진 사실만 간략하게 적시하기로 한다.

- 총독의 관저는 이권청탁과 정치공작으로 온갖 파리 떼들이 들끓게 마련이다. 특히 식민지 조선처럼 견제세력이 전혀 없는 곳에서는 더 말할 나위가 없을 것이다. 식민지사에서 통감(1910년 총독으로 바뀜) 관저는 이토 히로부미가 초대 통감으로 부임한 이후부터 부정부패와 정치공작의 근원이 되었다.
- 총독을 직접 알현한 인물들은 대개가 일제의 정치공작, 즉 민족운동 진영을 분열시키거나 일제의 식민정책을 선전하는 데 동원된 고급 친일파들이라 할 수 있다.
- 이들은 이왕가를 비롯하여 친일관료, 직업적 친일분자, 귀족, 부

호, 언론인 그리고 민족주의자 등으로 다양하다. 이 가운데 친일 관료, 직업적 친일분자, 부호들도 포함되어 있다.

- 총독부 개설과 함께, 즉 1910년 10월 1일자로 도지사 발령을 받은 사람은 박중양과 신응희, 이규완, 이두황, 이진호, 조희문이다. 이 가운데 특히 이진호는 연무공원 졸업 후 평남관찰사를 지냈으며, 일제하에서는 최초로 학무국장(1924. 3∼1929. 2)까지 올라가는 영화를 입었다.

- 일제 36년 동안에 걸쳐 총독부의 국장은 총 120명 정도 되는데, 그 가운데서 엄창섭(1944. 8)과 더불어 이진호만이 학무국장을 했으니 이보다 더 큰 입신이 어디 있겠는가. 그만큼 총독의 신임도 두터웠는데 관료 중에서 가장 많이 사이토와 면담하기도 했다(89회). 특히 그는 이두황과 더불어 1896년 우금치에서 동학농민군을 섬멸하는 데 교도중대 중대장으로 한몫을 한 이력을 가진 친일파이다.

- 이 밖에 신석린, 유혁로, 윤갑병 등이 지사로 중용되었고, 이들보다는 좀 후진으로 총독부 군수·참여관 등을 거쳐 지사로 발탁된 인물로는 김관현·김윤정·원응상·정교원 등이 있다.

- 친일관료들 가운데 상당수가 과거 개화운동에 참여했다는 것이다. 박영효·유혁로·신응희·정난교·이규완은 갑신정변에 참가하였고, 이두황, 이진호, 조희문, 구연수, 이범래, 유성준, 육종윤 등은 일본의 낭인들을 끌고 들어와 민비를 시해하는 데 관계하였다

- 대졸 출신의 엘리트 계층으로 고원훈·박영철·석진형·유만겸·장헌식·한규복 등이 있다. 특히 박영철은 1902년 관비유학생으

로 일본 육사에 입교했으며, 견습사관으로 러일전쟁에 종군했다. 1907년 이토 히로부미가 양성한 밀정 배정자(한국의 마타하리라고도 한다)와 혼인하여 4~5년간 동거했으며, 일본군 헌병대 소좌로 1912년에 예편하였다. 예편과 동시에 익산군수, 함북·전북 참여관, 1924년 강원지사, 동양척식주식회사 감사, 중추원 참의, 경성주재 만주국 명예총영사, 동민회 부회장 등 친일 거물로서 화려한 길을 걸었다.

- 식민지 통치에 들어가는 예산에서 높은 비중을 차지하고 있는 경찰비 가운데서도 직업적 친일분자와 하급밀정에게 쏟아 부은 돈은 엄청나다.

- 1919년에 공식적인 경찰예산이 1천7백만 엔인데, 이 중 기밀비가 4백만 엔에 이른다. 이는 당시 총독부의 교육예산과 맞먹는 수치이다. 물론 3·1운동이라는 특수한 상황 때문에 과다하게 책정된 것은 사실이다. 그러나 기밀비는 매년 공식적인 경찰예산에서 1/8~1/10을 차지하였다

- 우리의 관심을 특히 끄는 것은 이른바 '민족주의 우파'에 속하는 김성수, 송진우, 장덕수 등이다.

- 이광수는 1922년 총독부 주선으로 월 300엔의 월급을 받고 『동아일보』 논설위원으로 들어가고, 최남선은 총독부의 재정원조로 앞서 언급한 진학문과 더불어 월간지 『동명』을 발간하다가 1924년 6월 일간지 『시대일보』를 창간하였다. 이들은 모두 언론을 통해 민족운동을 개량화시키는 여론을 조성하기 시작하였다.

- 특히 이광수는 1922년 『개벽』지에 '민족개조론'을 발표하여 조선인의 민족성이 열등하여 일제의 식민지로 될 수밖에 없었다는 이

른바 '조선인 열등론'을 제시하여 일제의 식민 지배를 합리화시
켰고, 1924년에는 '민족적 경륜'(동아일보 1924. 1. 2~6)을 통해
자치운동을 주창하여 사실상 조선인의 독립의지를 희석시키는
논지를 폈다.

- 이광수가 글을 통해 민족운동의 개량화를 선전했다면 최린은 몸
으로 실천하였다. 천도교를 구파와 신파로 분열시킨 뒤 신파의 주
도권을 장악한 최린은 아베와 긴밀한 협조 속에 1924년부터 김성
수, 송진우와 더불어 연정회(研政會)를 결성하여 자치운동을 추진
하려 했다.

이런 자료는 널려 있다. 그러나 읽으면 기분이 좋지 않아 더 이상 찾
고 쓰고 싶은 생각이 없다.

한 가지만 밝혀둔다면, 총독관저에 저 정도로 드나들었다면 저들
이 총감 정도는 얼마나 자주 만났을까 하는 문제다. 정무총감은 국무
총리와도 같은 높은 자리인데 그보다 웃전이라 할 총독과 만난다면
정무총감쯤이야? 아마 훨씬 수월했을 것이다.

어디 그뿐이라 하겠는가? 저들은 각도의 도지사나 군수나 면장 따
위는 종을 만나듯 했을 것이다. 만나서 그들이 한 일은 안 봐도 아는
데 모두 이권청탁이며 조선인민 핍박을 위한 정보제공이며 반민족행
위였을 것이라는 짐작이 무리가 아닐 것이다. 그렇게 만나고 나오면
전국 각 도지사나 군수나 면장에게는 얼마만큼 뻐기고 어깨에 힘을
주었을까.

생각해 보면 참 똑똑하고 재주도 비상한 인물 같지만 민족의 원수
이며 백성의 피를 빨아먹는 데 적극적으로 도와주어 결국 조선백성

의 피를 말리는 민족반역자라고 단정해야 옳다. 그 후 그들의 종말이 어떠하였으며 그들의 후손이 기를 펴고 사는지의 문제는 별도로 알아볼 필요가 있는 것인지는 잘 모를 일이다.

그러면 이 정도로 정말 참혹하고 가슴 쓰리는 일제의 침략적 마수가 무한대로 뻗혀 왔음에 대해 잠시 줄이기로 하고, 우리 민족의 선각자 대한의 애국지사 월남 이상재는 그런 세월에 어떤 생각을 가지고 무엇을 하고 있었는지를 찾아보기로 한다.

제8부

일제 속에서
대한의 싹을 틔우다

10여 년간 했던 월남의 생각들
최후의 보루는 YMCA
떠오르는 국가사업
교사 양성, 기독교 기도자부터 시작이다
사실은 웃는 것이 아니라 우는 것이다

10여 년간 했던 월남의 생각들

월남이 어려서 꾸어왔던 충신의 꿈이 산산이 부서져 무너지고 있다. 12년 전(1902년) 개혁당이라는 누명으로 옥에 갇혔을 때만 해도 임금을 모시는 충신의 꿈은 살아있었다. 옥에서 예수를 믿을 때만 해도 언젠가는 다시 임금의 곁으로 가서 고종 황제 폐하를 모시는 훌륭한 신하가 될 것이라는 꿈을 접지 않았다.

감옥에서 나와 연못골교회에 등록하고 YMCA에 첫발을 내디딜 때도 역시 임금을 모시는 충신으로 남은 여생을 보내야 한다는 생각뿐이었으며, 참담한 을사늑약이 맺어지고 죽천이 토혈분사할 때까지도 충신다운 삶을 살 꿈이 살아있었다.

그러던 충신의 꿈은 1907년 일제에 의해 고종이 강제로 퇴위당하고 순종이 황제에 올라 두 개의 궁으로 갈라지면서 무너지기 시작하였다.

게다가 순종시대가 오고 법부대신으로 오라는 명령을 받으면서부터 충신은 틀렸다는 생각이 들기 시작하였다.

'간신의 나라가 되고 말았구나.'

'충신은 씨가 말랐구나.'

'혼자 나라를 지킨다고 나설 수도 없는 일이로구나.'

'친일세력 간신배들과 한자리에 앉아 나라를 구한다고 해 봤자 무모한 짓이겠구나.'

'속수무책이 된 마당에 벼슬이 무엇이며 대신이면 무엇 하는가?'

월남의 낙심은 절망의 끝자락에 섰다.

남아있는 생각이란 강제퇴위 이전 이준(李儁)이 헤이그에서 자결하자 고종 임금께 올렸던 말씀 하나뿐이다.

이제는 대한제국 천국공사로 충성을 바치려 하오니 사직상소를 받아 달라고 청원했던 것 말이다.

더욱이 의기소침해 기력을 잃은 것은 드디어 강제퇴위 후에는 4년진 경술국치로 한일병합까지 되고 말았다는 문제다. 양위반대를 외치고 자주독립을 부르짖던 패기가 어디론가 사라져 월남 스스로가 허약해지는 것을 절감케 되었다.

'대 황제 폐하께서는 지금 어떻게 지내시는가?'

도무지 궁금해 자주 몸살이 날 정도지만 이미 일본군대가 둘러싼 터라 마음대로 경운궁에 찾아가 뵐 수도 없다.

손발이 묶인 것과 다름없어 황제의 보위는 순종에게 강제로 내려갔고, 순종은 지금 무엇을 하는지에 대하여 일제가 상세하고 사실대로 고종에게 말해주지도 않을 것이며, 고종도 지난날 아끼던 죽천이나 심지어는 자신 월남도 생각나겠지만 세상은 이제 캄캄한 밤중이나 다름없는 일제 치하로 들어갔다.

조선의 정사는 대궐에서 보는 것이 아니라 남산골 왜성관(총독부)에서 보는 중이다. 왜성관이 곧 대궐의 역할을 한다.

황제는 없고 총독이 왕이다.

정무총감 이하 줄줄이 일본에서 내린 벼슬아치들이 신하고 대신이고 다 차지해 버렸고, 조선 8도는 이미 조선 13도로 나누어 각 도 관찰사는 사라지고 일본이 임명한 도지사가 관찰사가 된 것이다.

명령지휘계통은 모두 소멸되었다.

이빨 빠진 호랑이처럼 왕은 왕인데 신하가 없는 왕이고 주는 밥이나 얻어먹는 처량한 몰골이 되고 말았다.

이런 흑암의 세월이 어느새 4년이 흘러갔고, 월남이 예수를 믿은 지도 12년이고 YMCA에 몸 담은 지도 10년이 다 돼 간다.

10년이 지난 지금 월남은 YMCA 종교부위원에서 종교부 총무가 되었다가 이제는(1914년) YMCA 전체를 총괄하는 Y의 실무책임자라 할 전체 총무(회장의 과거 명칭)가 된 것이다.

총무가 되어서, 아니 총무가 되기 아주 오래전부터 월남은 자주 깊은 생각에 잠겼다.

무엇이 나라까지 잃게 하였단 말인가?

그 이유는 너무 많아 생각해 보기도 싫은 일이다. 다만 그러니 이제 어떻게 할 것인가가 월남의 숙제다. 진즉에 총을 만드는 기술을 배웠어야 했고 대포도 만들고 군함도 만들고 군대를 강하게 길렀어야 일제를 막을 수 있었을 일인데 대신들이 썩고 감투싸움에 시기질투만 해 왔으니 이제와 후회하면 무엇 하는가?

지금 우리가 할 수 있는 것이란 그저 대장간에서 호미나 낫을 만들고 보습이나 지게를 깎아 만드는 기술도 아닌 기술 정도일 뿐이다. 쇠

스랑으로 총을 막지 못하고 낫으로 전쟁을 치를 수는 없는 일이었다.

게다가 일제의 편에 선 대신들과 멱살잡이를 하고 싸워서 될 일도 아니다. 그들은 그것이 구국의 길이고 이런 마당에서는 이게 최선이라고 주장하는 까닭이다.

임금도 친일파를 막지 못했고 일본 군대를 막지 못해 팔다리가 다 잘린 판에 이제 무엇을 어떻게 해야 잃어버린 나라를 찾을 것인지 대책이 막막하다. 게다가 이제 와 총기공장을 만들고 병기창을 만들 수도 없는 지금은 일본정치 시대다. 꼼작 못하고 일제의 식민지가 되어 종으로 사는 길에서 벗어날 방도가 무엇인지 찾을 길이 없다. 한데 대한제국을 다시 살려낸다고 천국공사를 자임했으나 공사관에서 할 수 있는 일이란 한계의 벽이 높다.

그러나 그렇다 해서 낙심하고 절망의 늪에서 한숨만 쉴 수도 없는 노릇이다.

그때 앞시 말한 깃처럼 셋째며느리 승간이의 처가 또 세상을 떠난다. 물금 2~3년에 하나씩 가족들이 죽어나가고 있는 것이다.

최후의 보루는 YMCA

다만 하나는 분명하다. 일제가 못마땅해하지만 그래도 YMCA만이 동지들과 만날 수 있는 유일한 장소다.

Y에 오면 과거 나라를 걱정하던 애국동지들이 모여 든다.

하지만 일제는 Y를 무너뜨리려고 갖은 수단을 다 동원해 핍박하는데 Y는 조선인 단체가 아니라 세계 Y연맹에 가입된 비정치단체이므로 일제는 눈엣가시인 줄 알지만 폐쇄시키지 못하니 여기가 작은 경복궁의 역할을 하고 무너진 대한제국의 한 조각 역할을 하기는 해야 하는 곳이다.

물론 이것은 월남만의 속내일 뿐 입 밖에 낼 말도 아니다.

그렇다고 깨놓고 일제는 물러가라고 정치구호를 외쳐대지는 못한다.

Y 본연의 설립정신에 따라 모든 백성으로 제자를 삼되 대한제국의 신하가 아니라 하나님의 제자로 만들어야 하는 선교연합운동단체일 뿐, 마음속에는 대한제국이 가득 찼으나 겉으로는 종교운동에 전념하여야 하는 어려움이 있다. 특히 하나님께서도 대한제국을 위한 Y가 아니라 하나님의 Y가 되라고 하고 계신다.

이런 Y에 대해 일본은 갖은 방법으로 Y의 기력을 잃게 하려 공작을 계속하였다.

국내 Y는 국내 Y인들의 뜻에 따라 재일본 YMCA를 창립했는데 한국 Y를 일본과 통합하라고 강권하는 중이다. 그러나 그게 안 되니까 소위 '까불지 말라'는 으름장의 효과를 노려 국내 Y지도자들을 회유하기 위해 일본견학을 추진한 게 1911년, 3년 전의 일이었다.

일본에 가서 일본의 발전상을 눈으로 직접 보고 나서 아예 조선독립을 포기하고 일본에게 고분고분 순종하라는 뜻에서 일본시찰단을 만들라 하여 일본시찰 길에 오르게 하여 월남도 일본을 갔다 왔다.

신사유람단과 주미공사로 갔다 돌아오지 못하는 죽천을 수행하(모셔 오)기 위해서, 그리고 이번으로 세 번째 가는 일본행이다.

일본은 Y인사들을 초청하여 막강한 일본의 경제력과 군사력을 둘러보도록 하였다. 보면 기절초풍하고 아예 독립운동에 대한 꿈도 꾸지 않게 기죽이기 효과를 노린 것이다.

견학 중에 보여 주어 월남 일행은 일본의 병기제조창을 둘러도 보았다. 쇠를 깎아 총을 만드는 기술인데 어디서 저런 기계가 어떻게 만들어진 것인지 우리 조선으로서는 상상도 못할 일이다. 가르쳐 주는 선생이 있어야 총을 만들거나 대포를 만들 일인데 우리는 그런 기계도 없고 저런 기술을 가진 자가 없으니 어찌 병기공장을 만들어 낼까?

그런데 그때 기분 나쁘게시리 월남에게 둘러보고 난 소감을 묻는다.

"어떻소? 소감 말입니다."

"소감이요?"

"예, 어떻습니까?"

"예, 소감은 이렇습니다. 성경에 보면 칼을 쓰는 자는 칼로 망한다 했소이다. 일본이 병기창에서 무기를 만들수록 결국 총칼로 망할 것이라는 것이 나의 소감이며 그것이 성경이외다."

안내인은 기가 막혔다.

"총칼 없이 어찌 나라를 지키며, 반대로 총칼을 만들지 않으면 망하지 않습니까?"

"망하는 게 아니라 망할 이유가 없어집니다."

"조선의 현실을 아시면서 웬 딴청이십니까?"

"조선은 하나님의 나라가 될 것이오. 하나님은 총칼로 대적되는 분이 아닙니다. 나중에 내 말이 맞다고 할 날이 올 것이오."

월남은 절실하게 느끼고 있다.

성경에 보면 총칼을 녹여 쟁기를 만들라는 말이 있다. 사람을 죽이는 일에 재화를 쓰고 자원을 쓰면 하나님이 복을 주지 않으며, 모든 자원은 하나님의 영광과 만백성이 먹고 마시고 살아가며 하나님께 영광 돌리라고 창조하였다고 하는 것이 성경이다.

풀 한 포기, 나무 한 그루, 돌멩이 하나라도 하나님의 것이 아닌 것
은 없다. 그 모든 것으로 하나님의 백성이 행복을 누려 마땅한 것이
다. 싸우는 무기를 만들어 쓰지 말아야 진정한 하나님의 나라가 건설
된다는 것을 잘 알고 믿는 믿음에서 나온 말이다.11)

그 후 다시 2년이 흘러 1913년.

월남은 또 일본에 갈 일이 생겼다.

이때는 YMCA 총무로 재직 중인데 일본 YMCA와 조선 YMCA를
통합 운영하라는 총독부의 강한 압박으로 인하여 네 번째로 일본에
가게 된 것이다.

여기서, 일본은 왜 양국 Y를 통합하라 하는가? 일본 Y와 조선 Y가
통합하면 일본 Y는 일본정부가 쉽게 간섭하여 조선 Y가 딴짓을 하는
것을 일본 국내에서 감지하여 미리 막을 수 있기 때문이다. 이는 조
선 Y와 달리 일본의 Y라고 하는 곳은 세계연맹에서 조직 창립한 것
이 아니라 재일본 한국인이 중심이 되어 조선 Y로 인하여 태동하였
기로(지배된 상태에서도 세움) 조선 Y와 다를 바 없는 직속단체라는
것이 일본의 비위를 상하게 한 것이다. 그래서 분리 독립하여 일본인
들 단독 Y를 꾸렸으면 좋겠지만 일본은 이상하게도 기독교에 대한
열정이 약한 나라라 Y에는 별 관심이 없어 둘이 객체가 아니라 일체
다. 조선은 기독교가 흥왕하는데 다신교를 숭상하는 일본은 심지어
안경신이며 구두신이며 모든 사물에 전부 신의 지위를 부여하여 신
의 천국과도 같은 민족성이 기독교로 집약되지 않아 일본인들만으로
는 일본 Y를 운영할 수가 없어 재일 한국인이 Y의 중추적 역할을 할

---

11) 과연 그로부터 30여 년 후 일본은 정말 월남의 말과 같이 총칼로 망하고 말았다.

뿐더러, 본국 조선 Y와 동질성을 가지고 조선 Y의 설립이념과 정신을 그대로 이어받아 행동하는, 일본에게는 정말 아주 마땅찮은 존재다.

그런데도 총독부는 월남을 비롯한 Y 간부들을 또 일본으로 오라고 하고 꼬드기기 작전을 펼 심산인 것은 분명하다. 하도 족치고 달래고 구슬려 월남 일행은 다시 일본에 갔었다.

갔으나 안 갔으나 일본 Y는 조선 Y와 피가 같고 생각이 같고 믿음이 같고, 드러내 말은 하지 않지만 조선자주독립과 일제강점에 대한 반일감정도 일체 다를 바가 없으며 변할 이유도 없는 일이다.

재일본 한국 YMCA는 조국의 수난기 때 기독교 신앙으로 지도자를 양성하려는 목적으로 창립됐다. 당시 독립을 열망하는 유학생의 인격 형성의 장이자 독립운동의 거점이 되는 곳이기도 하다.

결국 월남은 일본의 뜻을 무위로 돌리고 더 견고하게 다져만 주고 돌아왔다.

떠오르는 국가사업

앉으나 서나 먹고 마시나 눈을 감고 뜨거나 월남은 우리 민족이 이제라도 선진화의 길로 가야 한다는 생각뿐이다.

그것은 교육이 선결문제다. 글을 배우고 기술을 배워야 살아가는 데 있어 힘이 생기고 미개함을 빨리 벗어던져야 언젠가는 자주독립의 기회를 맞이하게 되는 길이다.

이를 위해 첫째는 월남이 믿는 믿음으로 새사람을 만들어 내는 신앙인으로 만들어야 문명화가 앞당겨진다는 생각이다.

돌이켜 보면 중국으로 간 애국지사보다 미국으로 가서 기독교를 믿는 애국지사들의 생각이 보다 선진화되어 있다. 중국은 이미 청일전쟁에서 패하고 일본보다 국력이 약해져 있다.

국력이란 국토의 넓이와 정비례하지 않는 두뇌발달의 문제다. 일본은 일찍부터 서양선진 문명을 받아들여 이미 세계화에 밝은 눈을 가지고 있으나 조선은 여전히 세계를 모른다.

물론 조선도 아직은 기독교가 무엇인지에 대하여는 캄캄 밤중이다. 기독교는 개혁주의 보수 신앙을 추구하여 아닌 것은 즉시 바꾸게 하는 개혁주의 능력의 종교다. 지금까지 살아왔던 정신관·문화관·관습관을 전부 바꾸게 하는 것이 기독교의 특징인데 알지 못하니 거듭나 새사람이 되고 새 생명을 얻지 못하는 것이다.

교사 양성, 기독교 기도자부터 시작이다

월남은 종교부 위원이 되면서부터 YMCA에 관심을 가지고 들어오는 사람들에게 기독교를 가르치기 시작하였다.

종교부 총무가 되던 해에는 한 해에 무려 874명의 신입교인을 전도하며 그중에 600여 명에게 결심을 시켜 기독교인을 양성했다.

평양을 비롯한 전국에 자생한 YMCA 각 지부를 돌면서 열렬히 하나님의 복음을 전하고 YMCA 정신을 강조하였다. 갈수록 기독교와 Y에 대한 호응이 높아지면서 YMCA는 일개 개교회가 따라오지 못할 급성장을 이루게 되었다.

YMCA에는 또 뜻이 맞는 동역자들이 줄을 서서 월남과 합세하였다.

그들은 누가 보아도 지식인이며 믿음이 좋은 동지인 동시에 과거 대한제국에서 임금을 모시던 충성된 신하들이 다수였다.

미국에서 신식교육을 받은 동지들도 대거 참여하여 Y는 지식인 집합소가 되고 국민의 선생으로 손색이 없는 인격과 실력을 갖춘 애국지사들 별도의 모임체와 같다.

처음 출발은 창고 하나를 얻어 목공수와 미싱부를 만들고 회의실도 없던 Y였으나 국내외 헌금이 답지하여 이제 서울에서도 가장 큰 규모의 회관을 건축하여 명실상부한 YMCA의 면모를 갖추게 되었다.

'어떤 인물로 무엇을 가르치게 할 것인가?'

그러자니 선생을 만들어 낼 선생의 선생부터가 없다. 월남도 선생을 가르칠 자격을 다 가지지도 못하였다.

'내가 가르칠 것? 그래서 가르침을 받은 사람이 또 다른 국민들을 가르게 하는 일?'

아무리 생각해 보아도 월남이 스승의 스승이 될 과목이 쉽게 떠오르지도 않는다.

일본을 이기고 세계에 나가도 지식층에 속하는 인물을 무한대로 양성해야 하겠는데 어디서부터 누구와 손잡고 국민교육을 시작할 것인지 배우고 가르칠 책도 없다.

있다면 단 하나 성경이다.

그렇다고 이제 와서 천자문이나 소학 대학과 같은 사서오경을 가르치는 것은 필요도 하다지만 세계화 시대에서 발걸음이 너무 늦다. 이런 한문교육은 서원에서도 실시하고 있고 각 고을마다 글방이 있어 훈장들이 가르쳐주고 있는데 월남이 생각하는 것은 한문공부가 아닌 신교육이어야 한다.

정치, 경제, 사회, 문화… 이렇게 시작하면 끝이 없다.

의료, 농업, 수산업, 국방안보, 영어·일본어를 비롯한 각국 외국어, 물산을 위한 무수한 생산기술, YMCA와 같은 현대식 건축물을 짓는 기술, 역사와 대한민국의 지리, 지도제작 보급, 인쇄기술, 신문제작, 타이프기술, 전신 우편, 화폐제작소 설치, 약학, 동서양의 문화와 일본의 문화, 일본의 정치제도, 일제 통치에서 벗어날 민족정신, 출산과 육아…

월남은 수많은 생각을 모으고 모으다 그 끝이 없음에 한숨을 쉬 내리쉰다.

그러니까 우선 교육을 주관하는 부서가 있어야 한다. YMCA에서 교육부를 만들기는 하였으나 교육이라는 것이 교재와 선생이 있고 교육시킬 시설이 있어야 하고 배운다고 모이는 학생이 있어야 하는데, 지금 감리교에서 세운 이화학당 같은 학교도 정부 쪽에서 뒷받침을 해주고 교사를 양성하여 보내주어야 하는데 지금은 전부 외국인이 선생님이다.

또 누가 누군가를 가르치려면 먼저 배워야 하는데 공자맹자만 가르쳐서는 이 나라를 도저히 되찾아 내기 어렵겠다는 생각에 세월이 흘러갈수록 월남의 머리가 복잡해진다.

일본은 갈수록 악의 기틀을 튼튼하게 다져가고 있다. 이미 정부조직뿐만 아니라 지방조직까지 일본인들로 채우고 친일파로 채워 일본식 교육에 접어들어 가고 있다.

이러다가는 머지않아 전국 각처에 일본식 소학교가 생길 것이고 일본 교과서를 보급하고 일본 선생들로부터 일본어를 교육받고 일본말로 공부하는 날이 올 것이다.

이미 일본은 처처에 소학교를 세우고 중학교를 세우고 고등학교와 대학교까지 세워 조선의 뿌리를 뽑아내고 일본의 잔가지로 전부 일본사람을 만들어 버릴 게 분명한 사실이다.

그러니까 먼저 정치의 터가 굳어야 한다. 정치는 왕실이며 왕이 하는 것이다. 조정이라 하는 3정승 6판서를 제자리에 앉혀놓고 각 부서마다 역할을 맡겨 내 나라 우리 민족의 나라조직이 있어서 그 조직대로 돌아가야 하는 것인데, 나라가 일본인 손에 넘어갔으니 조직이 아무리 잘 된다 하여도 결국은 일본의 배를 불리고 우리는 배를 곯게 되는 망국으로 갈 뿐, 일본의 세력은 밀물처럼 조선강산을 전부 침범해 들어오고 있다.

사실은 웃는 것이 아니라 우는 것이다

눈이 그치지 않으려나 보다.

오늘은 특별한 행사가 있지는 않지만 그래도 Y에 가기는 가야 하는데 아무리 치워도 계속 내려 쌓이고 있다.

"오늘은 좀 계시다가 눈이나 그치고 좀 녹거든 천천히 나가세요."

순재의 말에 아무런 응답도 없이 눈이 내려 쌓이는 밖을 바라만 본다.

"무슨 생각을 그렇게 깊이 하세요?"

빗자루를 놓고 순재가 들어와 곁에 앉는다.

"문 닫으세요, 그만."

이제야 월남이 입을 연다.

"날씨는 푹하구려."

문을 닫으며 월남이 긴 한숨을 내려쉰다.

"뭘 생각하셨는데요?"

"정부 말입니다. 정부가 일본놈 손에 들어갔으니 우리 정부가 있어야 우리가 살길을 찾아가지요. 그 생각을 하는 중입니다."

"정부가 우리 것이라면 어떻게 해보고 싶으신데요?"

"교육부를 맨 윗자리에 올려놓아야 합니다. 물론 교육부 수장이 될 만한 사람도 마땅찮지만…."

"교육부 수장감이야 우리도 신식교육을 받은 사람 많잖아요? 이승만이나 윤치호, 남궁억이나 김정식, 이원긍 뭐 교육부 수장감이 되는 사람이 여간 많습니까?"

"교육이라는 게 가르칠 교과서가 있고 학교가 있어야 하고 학생들을 모이게 하고 어떻게 해서 돈 안 받고도 가르쳐 낼지 이게 어디 선생만 가지고 되는 일입니까? 돈이 있어야 되는데 조세는 전부 일본이 감아 먹게 되었으니 우리 맘대로 쓸 재원도 없지 않습니까?"

"교육만 가지고 잃은 나라를 찾겠습니까?"

"다 지나간 얘기지만 국방 부서를 만들고 과거같이 병조판서가 아니라 신식군대를 양성해서 외침을 물리치게도 했어야 하는 건데 참 태평스럽게 모두가 재물만 거둬먹었으니 나라가 이렇게 된 것입니다."

"그렇게 큰일을 나라가 있을 때도 제대로 못했는데 이제 나라를 잃은 지금 어떻게 하겠습니까?"

"어디 그뿐이겠습니까? 내무, 행정, 보건, 체육, 무엇보다도 철도와 도로를 관리하는 건설, 거기다 외국과의 관계를 담당하는 외교 분야라든지, 산업을 일으키는 산업과 자원을 관리하는 자원부로부터 신기술을 보급하는 기술부도 있어야 하고…. 특히 대궐을 지키고 황제의 안위를 책임지는 어영청도 현대식 무기로 경비병을 만들어야 합니다.”

“전부 꿈같은 말씀이네요. 그러니 걱정이 많으시지…”

“미국은 이미 그런 정치제도를 두고 거기서 수많은 가지를 뻗쳐 대단합니다. 그러니 우리는 지금, 농토도 현대화시켜야 하고 어업도 고기잡이배를 키워 조선 산업도 일으켜야 합니다. 쇳조각이 귀하니 철광석에서 쇠를 뽑아내는 기술도 개발해야 선진국들처럼 대포나 총칼을 많이 만들 것이고요. 보세요. 벌써 순종 황제의 어차(자가용)가 들어왔습니다. 종로거리가 넓은 것 같지만 어차가 아무 데나 다니지 못할 정도로 길이 좁습니다. 전부 넓혀야 하고 우리도 자동차를 만들어야 일본군대가 쳐들어오면 자동차로 군인들을 싣고 가서 재빠르게 쳐부술 건데, 정말 우리나라를 보면 속이 터집니다. 미국이나 일본은 지금 신문을 만들어서 국민들의 눈과 귀를 환하게 밝혀 온 지 오래입니다. 무전기로 말이 통하고 전화까지 만들어서 안 가도 직접 대화하고 있어요. 활동사진도 만든다는데 우리는 종이사진 한 장을 만들지 못하니 언제 2,000만 명이나 돼 가는 우리 백성들을 재주대로 가르쳐 강한 나라를 만들겠습니까? 이게 걱정입니다. 이미 미국에서는 하늘을 날아다닐 비행기를 만들고 있대요. 우리는 지금도 도끼자루나 깎고 지게작대기나 두드리며 똥장군이나 져 나르는데 언제까지 똥장군으로 퍼 나르겠습니까?”

“미국 같은 데는 어떻다고요?”

“도시 기반이 먹는 물과 버리는 물도 달라요. 우리도 이미 수돗물을 먹고 있고 작년에는 부산에도 수도가 개통됐지만 먹는 물과 버리는 물길을 상수도와 하수도라고 해서 물길 자체를 달리 파고 묻어야 똥지게를 버리고 수세식 변소를 짓습니다. 옷 입고 다니는 것도 보세요. 조정에서만 빨강, 파랑, 노랑 옷을 입게 하고 백성들은 흰옷이나 입고 무색옷만 입으라고 하는데, 이미 손탁 호텔 여주인 손탁이나 일본여성 그리고 심지어는 기생들도 화려한 옷을 입고 다닙니다. 손탁 여사가 입은 서양식 드레스를 보면 조선인은 미개인 같은 옷을 입고 속옷도 없이 고쟁이 바람으로 살고 있습니다. 그들은 인간이고 우리는 짐승하고 다를 게 없습니다."

"그러니 나라를 잃어 누가 이끌고 나가주지를 못하는데 어쩔 재간이 없어 그게 걱정이시라는 거지요?"

"후회가 막심합니다. 그때 일제가 깐작거릴 때에 그때 특단의 대책을 세워 나라를 지켜냈어야 하는 건데 지금은 황제 폐하 곁에 범접도 못하니 말입니다. 물론 가봐야 소용도 없지마는…"

"그래도 서방님이 할 수 있는 일은 하시잖습니까?"

"그렇기는 합니다. 우리 회관에서 1층은 목공기술을 가르치고 2층은 인쇄기술과 철공부를 만들고 3층은 구두공장 기술을 가르치고 있습니다. 그런데 자꾸 한숨이 나옵니다."

"왜요? 양이 차지 않으셔서요?"

"그렇지요. 이렇게 해서 언제 2,000만이 넘는 우리 국민의 기술력과 지식수준을 끌어올릴지… 배우는 사람이 참 많지만 국민 전체로 따지면 아득합니다."

"그래서 Y에 가서도 이렇게 한숨을 내쉬세요?"

"허허, 부인 왜 이러시오?"

"아니…"

"Y에 가면 힘이 펄펄 솟아나서 내가 종일 껄껄 웃기로 소문났습니다."

"왜 그리 웃어대세요?"

"내가 웃지 않으면 나를 보는 사람마다 전부 축 처질 것 아니겠어요? 그러니 내가 안 웃을 일도 웃습니다."

"거짓말로 웃는 거 아니에요?"

"그렇지 않습니다. Y가 아니라면 우리 대한제국의 씨 자체가 다르다는 것을 확연히 압니다. 씨만 잘 기르면 돌아나는 날이 생길 것입니다. 누가 씨를 까먹고 아 배부르다 할 사람 있습니까? 씨 공장입니다. Y에서 씨를 많이 만들면 60배, 100배로 거둔다고 성경에 쓰여 있지요? 나는 50만 배, 600만 배로 거두어 창고에 들이는 날이 눈앞에 환하게 보입니다. 그러니 하루 종일 싱글벙글 웃을 수밖에요."

"그러신 분이 지금은 왜 울적하게 계셨어요?"

"눈이 내려 쌓이는 걸 보니까 어려서 봉서암에 쌓였던 눈 치우던 생각도 나고…. 그리고 겉으로는 웃어도 사실 속으로는 우는 것입니다. 나라를 잃은 놈이 뭐가 좋다고 웃겠습니까? 그저 모두가 작은 씨

고종 황제 가족사진

앗에도 만족하자고 기죽을까봐 대표로 웃는 것입니다. 또 하나님도 항상 기뻐하라고 하셨으니까 명령에도 복종하는 것이고요."

"아하, 우리 서방님 기 하나는 대단하다고 알아 모셔야 된다니깐… 하 하하. 어쨌거나 나도 속없는 사람처럼 자꾸 웃음이 나오니 어쩌지요?"

"암만 그래야지요? 내 속은 얼음장입니다. 그래야 부인이 녹여주 지. 하하."

대한의 작은 정부 YMCA

YMCA로 인하여 웃어야 한다
헐버트에게 태극훈장을 수여하다
민족혼의 불씨를 깊이 묻고
욕심 버리고 작은 일에 기뻐한다

YMCA로 인하여 웃어야 한다

월남은 어쨌거나 만사에 웃기로 결심했다. 비가 오나 눈이 오나 바람이 부나 웃고, 대 황제와 신 황제를 생각하고 친일내각이 정권을 탈취한 것을 생각하면 피가 역류하지만 그래도 웃기로 하였다. 허긴 이미 그래왔던 터였다.

울면 무엇하고 한숨 지으면 무엇하고 성화를 바쳐서 무엇 하겠는가. 세상사나 인생사나 뜻대로 되어 만사여의가 아니라 만사불여의한 경우가 더 많다는 것을 안 지는 오래되었다.

충신이 꼭 대접받지 않는다는 것을 안 지는 더 오래다. 불의가 정의를 이기고 간신배가 충성된 신하를 유배 가게 만들고, 옳은 소리가 틀린 말이라 거부되고, 되지도 않는 것이 옳다고 채택되는 경우가 어디 한두 번이었더란 말인가. 그럴 때 울화통이 치밀고 분노가 누적되어 화병이 생기기도 하여 만병의 근원이 되기도 한다. 허나 그러려니 하고 마음 상하지 말아야지 나만 손해다. 나라가 거꾸로 가고 일제가 지배했다고 해서 항상 찡그릴 일도 아니고 그런다고 해결되는 것도 없다. 그래서 다시금 작심하였다.

"다 그런 거지 뭐…. 흐르는 세월처럼 바로 가지 못하고 이렇게 거꾸로 갈지언정 웃고 말아야지 뭐…."

월남은 성경에서 감사하고 기뻐하며 살라는 말씀을 깊이 묵상해 보았다.

세상은 내 뜻대로 되지 않는다. 임금도 진심을 이해하지 못하고 부인도 남편의 마음을 몰라 엉뚱한 소리도 하는 법이다. 일일이 건건마다 대적하고 따지고 결국 싸우고 치고받다 보면 칼로 찌르고 대포를 쏘고 필연 방아쇠를 당기고 총을 쏘게 되는 것이다.

YMCA 문제도 다르지 않다.

마음 같아서는 YMCA를 통하여 2,000만 국민을 모두 가르쳐 첫째는 문맹퇴치운동을 벌이고 싶다. 한문은 고사하고 언문(한글)도 모르는 백성들이 태반인데 정부가 없고 교육부가 없으니 누가 국민의 까막눈을 띄워줄 것인가? 이것은 전부 돈이고 조직이고 국가정책으로 정부가 할 일이다. 그래야(배워) 일제의 만행이 얼마나 고통을 줄 것인가를 알 일인데 국민들은 아무것도 모른다. 글을 모르니 뭐가 뭔지 어떤 게 옳고 그른지 판단도 못해 참 딱하고 불쌍하기 그지없다. 그래서 YMCA를 통하여 손바닥으로라도 흙을 퍼서 둑을 쌓으려는 것이다.

세월이 얼마나 걸릴지, 될 일이기나 한 것인지, 무모한 도전은 아닌지, 현재 웅장한 회관을 지었다고 했댔자 전국 각지 골골면면마다 Y가 생겨도 학교도 아니고 건물도 없고 교사도 없다.

그러니 웃어야 한다.

근심하고 축 처져 무기력하여서는 그나마의 희망도 작은 불빛도 없다.

다행히 Y에는 월남보다 더 뜨거운 조국애와 민족애와 교육열에 불타는 동지들이 많다. YMCA 창설자 첫 멤버로 초대 총무 질레트(P. L. Gillet)는 한국 최초의 YMCA를 서울에 창립한 이유를 3가지로 역설하였는데,

1. 극동의 전략적 위치인 한국은 빛나는 미래를 열고 있다는 점
2. 서울이 한국의 수도이며 정치와 지리상의 중심지이기에 나라에 영향을 미칠 수 있는 곳이라는 점
3. 서구문명과의 지속적인 접촉으로 한국민을 오랜 잠에서 깨울 수 있는 근대화의 요충지하는 점이다.

극동의 전략적 위치라고 하는 말의 의미가 크다.

사방을 둘러싼 나라들이 미국·소련·일본·중국이라고 하는 초강대국이라 해도 되는 교묘한 자리에 우리나라가 있다. 북동쪽으로는 러시아, 북서·정서 쪽으로는 중국, 동쪽은 일본, 남쪽 태평양은 미국이 둘러싸고 있는 나라가 조선이다.

주변 4강 열강들의 각축은 조선을 탐내 조선이 어느 쪽으로 기우느냐에 따라 각국의 역학적 이해득실 관계가 달라진다.

YMCA가 터를 잡은 서울은 한국의 수도이자 정치와 지리상의 중심지이기에 국내외 모든 나라에 영향을 미칠 수 있는 곳이라는 점이 서울 YMCA의 중요 거점이 될 요인이 된다.

서울에 Y가 탄탄하게 자리 잡으면 복음 전파는 물론 4강의 각축에서 균형을 잡아 주어 충돌을 막아주게 된다. 만약 조선이 없다면 4강은 완충지역이 사라져 맞부딪치게 될 우려가 있어 세계평화에 절대

적 역효과가 생겨 버린다.

바로 지금(1910~1916년대)이 그런 상황에 처해졌다. 처음 Y 창립 당시(1903년)에는 일본이 조선을 독단지배하지 않은 상태였었다. 지금은 일본이 단독 지배하여 곧 청국까지 들어먹는다고 할 것이고, 재작년(1914년)일어난 제1차 세계대전에 버금가는 제2차 세계대전이 일어날 우려 또한 없지 않은 극동의 불안이 고조되고 있는 중이다.

질레트는 이런 서울에 대해 하나님의 복음을 심고 YMCA정신에 의한 사랑과 평화의 정신을 정착시키려 한 것이다.

15여 년 전 창립 당시(1903년) 10월 28일(수) 저녁 8시.

서울 유니온회관에서 황성기독교청년회(이상+이하 YMCA)가 창립되자 우리나라 역사상 처음으로 '청년(靑年)'이라는 용어가 등장했고, 이 신조어가 반향을 일으키며 사회적으로 확산되자 비기독교인들까지도 '○○기독청년회'라는 간판을 마구 내걸어 YMCA는 정부와 미국공사관에 이를 막아 달라는 진정서를 낸 일도 있었을 정도로 호응이 대단하였다.

그것은 Y의 설립이념과 정신이 사랑과 평화이며 헌신과 희생으로 상부상조하며 무한 변화하는 세계 신사조의 선진문명에 대한 새로운 패러다임으로 앞선 시대를 살아갈 적절한 환경을 가진 조직체였기 때문이다.

창립 당시 이사진 구성을 보면 YMCA가 국제민간운동체이고, 에큐메니컬[12] 운동체임을 확연히 알 수 있다.

이사들의 국적을 보면 한국인 2명, 미국인 5명, 영국인 3명, 캐나다

---

12) 기독교의 교파와 교회를 초월하여 하나로 통합하려는 세계 교회주의 및 그 운동. 이를 실천하기 위한 세계 교회 운동은 여러 가지 형태로 전개되고 있으며 1948년에는 세계 교회 협의회가 결성되었다.

인 2명, 일본인 1명이었고, 교파배경을 보면 장로교 5명, 감리교 3명, 성공회 1명, 무종교 4명이었다.

이리하여 서울 YMCA는 세계 어느 연맹이나 YMCA에 뒤지지 않는 급성장을 거듭하였다.

특히 조선왕실에서 이상재를 선두로 하여 고종 임금을 충성스럽게 모시던 고위급 관리가 주축이 되고, 자주독립을 부르짖던 선진 지식인이 중심이 되었으나, 누구도 귀하고 천하게 대하지 않는 평등·박애·희생 정신이 출중한 인사들이 몸을 사리지 않고 Y의 정신을 따라 몸소 실천을 해온 까닭이다. 당연히 여기에는 월남 이상재의 애국·애족 사상이 크게 작용한 것이다.

더불어 월남 이상재를 각하·애사로 모시는 이승만의 활약이 한층 돋보였다.

헐버트에게 태극훈장을 수여하다

후일 해방이 된 후 1949년.

당시 이승만 대통령의 초청으로 한국에 돌아왔던 헐버트는 고령으로 인한 무리한 여행 때문에 그해 8월 5일 소천했으며 대한민국 국장으로 치러진 영결식에서 대한민국 국권회복을 위해 애쓴 공로로 외국인에게 주어지는 최고의 영예인 '태극훈장'을 내렸다.

헐버트는 1905년 을사조약 때와 1907년 헤이그밀사사건 때 두 번이나 고종 황제의 밀사로 활약했던 사람이다.

서울YMCA 창립총회 의장이었으며 초대부회장(지금의 부이사장)

이기도 했다. 양화진에 있는 그의 비문에는 '웨스트민스터 사원보다 한국에 묻히겠노라'라고 쓰여 있고, 김대중 대통령이 쓴 '헐버트의 묘'라는 휘호(1998. 5)가 새겨져 있다.

또 창립 초기였던 1903년 11월 11일, 서울 인사동에 임시회소를 마련하여 시작했던 서울YMCA운동이 체육실 겸용의 공작실, 도서실, 사무실, 기도실 겸용의 교실, 100명가량을 수용하여 친교나 게임 혹은 전도 집회에 사용할 수 있는 강당을 마련하면서 민족사에 공헌할 수 있는 기틀이 마련된 셈이다.

또한 1908년 회관의 낙성은 YMCA운동사에서 그 역사적 의미를 더하고 있다.

1907년 5월 15일부터 회관의 신축공사가 시작되었으며, 건축설계와 감독은 돈함(B. C. Donham), 시공은 해리창(Harry Chang)이 맡아 했다.

그때 회관건축을 위해 부지를 팔라는 언더우드의 부탁에 대해 땅 주인 현홍택은,

"미국인들이 한국청년들을 위하여 3만 불은 내놓을 터인데, 그 자신 최소한 할 수 있는 일이 그 터를 기부하는 것이 아니겠는가."

하며 당시 회관 부지의 절반에 해당하는 땅문서를 내놓았으며, 이는 당시 미화로 2만 불에 해당한다.

드디어 종로에서 가장 큰 건물이 완공되었다. YMCA회관은 아직 조선에서 볼 수 없었던 양식으로 지은 회관건물이다. 대궐의 궁전을 빼고 일반 국민들이 자유로이 드나들어 신지식과 교제를 나누는 공공회관으로는 처음 보는 건물로서 어쩌면 국가의 상징이며, 어쩌면 YMCA 정신과 사상의 상징이 되었다.

이에 『매천야록』의 저자 황현은 새로 건립된 YMCA회관의 웅장한

모습을 보고,

"그 집의 높기가 산과 같고, 종현의 천주교당과 함께 남과 북에 우뚝 마주 서서 장안의 제일 큰 집이 되었다"

고 했다.

1908년 12월 1일 회관의 낙성에 따른 개관예식은 3일간 계속되었고, 내참자는 4,700명에 이른다.

회관은 960평의 부지와 약 6백 평의 건물로서 강당·운동실·교실·도서실·공업실습실·식당·목욕장·사진부·사무소·소년부 등의 방대한 시설을 갖추고 있었다.

월남은 웃음을 가득 담고 각 실, 부, 사무소를 둘러보며 연신 웃었다.

웃어야 한다는 결심에 따른 것이지만 이렇게 시작은 미약하였어도 여기까지 왔으므로, 이제 여기서 대한의 민족혼이 살아날 것이고 싹틀 것에 의심이 없기 때문이다.

그러나 그래도 회관 면적이 더 필요해졌다.

소년부와 체육부 및 실업부의 활동이 왕성해지면서 다시 회관 증축이 불가피하여 1910년대부터 증축을 위한 재원모금 계획이 진행되었으며, 공사는 YMCA 출신 기능공들을 다수 채용하여 진행함으로써 1914년 봄에 실업부 건물이 완공되고, 가을에는 체육관을 증축했다.

이후 체육관은 계속 증축되어 1916년 우리나라 최초의 실내체육관으로 확장 개관하였고, 동시에 미국으로부터 반하르트(B. P. Barnhart)를 체육 간사 및 소년부간사로 초빙(1916. 3. 4)하였다.

YMCA가 우뚝 솟은 종로 거리….

조선시대에는 한양의 동서를 잇는 간선도로로서 가장 넓은 도로였다. 그러나 일제 때 이 도로는 이전보다 좁은 28m로 개수하였다.

일제가 종로 거리를 이와 같이 좁힌 것은 한국인들의 상가 등이 밀집되어 있는 종로 등의 개발에는 별 관심이 없었기 때문이다.

따라서 종로는 '민족의 거리'라고도 불려 졌는데 이것도 그들에게는 달갑지 않은 탓인가도 모를 일이다.

아무튼, 그 중심에 민족단체인 YMCA가 우뚝 솟아 있었다.

민족혼의 불씨를 깊이 묻고

서울YMCA는 그 태동에 민족운동단체조직에 대한 염원을 담고 있었기에 초창기 을사조약 반대, 고종 양위반대 등의 운동을 벌였고, 친일조직인 일진회와 대결해 가는 가운데 항일운동을 벌여 나갔다.

그러니까 꺼져 버린 대한제국의 불씨를 아무도 모르게 깊이 파묻어 놓고 언젠가는 그 붐씨로 인하여 독립의 불길을 타 올릴 시한포탄처럼 잠재돼 가는 것이다. 이것이 드러내놓고 말하지 못하는 월남의 깊은 마음속이다.

그러니까 서울YMCA는 초기 상류층 지식인 자제들이 모여 결성했으나 이후 상민층이 가담하면서 더욱 역동적이 되었고, 특히 이상재·김정식·윤치호·김규식 등 민족지도자를 비롯한 기독교 지식인이 대거 가입하면서 민족운동체로서의 조직을 공고히 하게 된 것이다.

이에 점점 더 많은 지도자들이 모여들었다. 이상재를 필두로 하여 홍재기·김정식·전덕기·이원긍·유성준·안국선 등으로서 1902년 한성감옥 월남의 동지들이 대거 참여하여 민족의 넋과 혼을 살리는 묻힌 불씨를 담은 것이다.

을사조약에 항거하며 1905년 11월 30일 자결한 민영환도 황성기독청년회 창설의 공로자이자 강력한 후원자였다.

그때는 민족의 국운이 암울했던 시기. 특히 1907년은 이완용이 친일내각의 총리대신이 되고, 이준은 헤이그에서 순국하고, 헐버트는 추방되고, 고종 황제가 왕위에서 물러나고, 군대가 해산되고, 왕세자가 일본의 인질로 끌려가는 암담한 시절이었다.

특히 회우위원회(YMCA회원위원회) 및 회우부 활동의 가장 큰 활동은 회원모집과 다양한 회원조직이었다.

후일 3·1독립운동의 주역이었던 박희도는 회우부 간사 출신이었는데 그는 1918년 9월부터 회우부 간사를 맡게 되어 청년학생들과 교류하면서 큰 영향력을 미쳤다.

여기서 또 하나 꼭 짚고 가야 할 것은 '바보클럽'이라고 하는 YMCA 내의 회원단체다.

바보클럽은 1910년 한일합방 이후 YMCA 회원들로 구성된 일종의 비밀클럽이다.

이승만, 김규석, 신흥우, 현순, 백상규, 홍석후 등을 중심으로 15～16명의 회원이 모였는데 일제의 식민통치로 말도 마음대로 할 수 없고, 일도 마음대로 할 수 없다는 의미에서 '바보들'이라 자처하며 북받치는 울분을 달래곤 했다.

후일 대통령이 된 윤보선, 언론인 이완구, 안국동교회 목사 김우현 등은 이 바보클럽의 후예들이다. 특히 윤보선 전 대통령은 1948년 본회(바보클럽) 이사를 역임한 바 있다.

이승만은 학생YMCA의 활성화에 큰 공헌을 했다. 질레트 총무가 1910년 5월 23일 이승만에게 취업초청장을 보냈으며, 이에 그레그는 세계YMCA 연맹총무 모트의 편지를 가지고 이승만을 직접 찾아가 교섭했다.

이승만은 프린스턴 대학에서 국제정치학 박사학위를 수여받은 다음 날인 7월 19일 취업을 승낙하고, 10월 말 황성기독교청년회 학생부 간사로 오게 되었다.

이는 위에서 이미 쓴 바대로 월남이 종교부 총무로 봉직할 때였으며, 월남은 이승만을 자신의 옆에 책상을 놓고 앉혀 애국과 구국의 불타는 정열을 전수시켜 각하·애사라 불린 것이다.

역시 앞서 기술한바, 이승만은 지난 1898년 11월 4일 이상재가 16명의 동지들과 함께 만민공동회에 의한 국정개혁 헌의6조를 제출한 원인으로 수구파의 모략을 받아 월남이 감옥에 갇혔을 때 그 석방을 위하여 거리에서 군중시위를 지휘했던 청년이다.

그로 인해 이상재의 옥중 동지인 김정식·홍재기·안국선·이원긍 등은 석방 후 연못골교회(지금의 연동교회)에서 집단 세례를 받았으며, YMCA 창립 후 YMCA운동에 헌신하게 된다.[13]

초대 YMCA 질레트 총무는 1904년 가을에 이르러 한국인 간사를 임명했는데, 김정식을 수석간사로 임명하고, 최재학을 서무간사 겸 통역, 그리고 김규식·육정수·이교승을 교육부 간사로, 김종상을 운동부 간사로 임명하여 활발한 첫 거동을 시작하였다.

미국인 브로크만(F. S. Brockman)은 F. M. Brockman의 친형인 동시에 벤더필트 대학시절 윤치호와는 동창생이었다. 이런 인연으로 그는 1903년에 내한하여 한국YMCA 창립을 도와주었으며, 동생은 한국

---

13) 이상재는 옥중세례를 받았다는 기록이 있고, 연못골교회에서 세례를 받았다는 기록도 있으나, 이 책에서는 옥중에서 벙커 선교사에게 세례를 받은 것으로 본다.

YMCA 초창기 협동총무로 오랫동안 시무했다.

그레그는 1914년 넘치는 감격으로,

"YMCA운동의 사역에 정규로 채용되었거나 자원해서 일하는 한국 기독자들의 수적 증가, 그들 능력의 최선을 그리스도 위해 바치리라 서약한 무리들, 우리는 이 모든 발전의 모습에 경탄과 감동을 억누르 기가 힘듭니다."

라고 하는 일대 서사시를 남겼다.14)

욕심 버리고 작은 일에 기뻐한다

그러나 월남에게는 도무지 성이 차지 않는다.

첫째는 아직 기술력이 부족하고 지식의 한계가 많다. 교재도 만만 치 않고 선생도 쉽지가 않다. 먼저 시작하고 배운 이들로 선생을 하 게 하려니 일본이나 미국의 교육제도에 비교가 안 된다.

그렇다고 해서 무한대로 미국인을 불러들일 수도 없는 일이고 미 국인의 한국어에는 한계가 있어 한국선교사로 의술을 가르치거나 영 어나 수학을 가르치고 산업을 일으키기 위한 기술전수라고 하는 것 은 아직도 멀다.

무엇보다 돈이 넉넉지 못하다. 회원들이 내는 회비는 강제성을 띨 수도 없는 일이고 간부들이 내는 후원금에도 한계가 있다.

탱크도 만들고 군함도 만들고 비행기·자동차·총을 만들 수도 없

---

14) G. A. Gregg, Annual Report, 1914. 9. 30.

지만 그런 걸 만들게 두고 볼 일본도 아니어서 교육이고 회원모임에 규제가 있을 터이니 국민건강증진을 위한 체육시설이나 친교를 위한 자율학습의 한계를 벗어나지 못하고 있다.

그러니까 월남이 껄껄 웃는 것이다.

"한술 밥에 배부르던가?"

"천 리 길도 한 걸음부터라는 것 몰라?"

"하나를 모르고 열을 알겠는가?"

"이것도 제대로 못하면서 더 큰 숙제를 주면 하겠는가?"

회원들을 독려하며 부족하다 싶어도 칭찬을 아끼지 않고 너털웃음을 지으며 오나가나 껄껄 웃어 젖힌다.

월남의 쾌활한 웃음에 YMCA는 공기가 달라졌다. 무슨 일이나 웃어넘기고 잘못돼도 탓하지 않고,

"누군들 배 속에서부터 배워 가지고 나온다던가?"

"누가 애를 낳아봐서 낳은 것 아니지?"

"시집장가가면 자연히 임신하고 낳게 돼 있어."

"만지고 설명을 듣다 보면 안 되는 게 없다네."

월남은 호탕하게 웃으며 각실·부를 돌아치며 이것이 우리가 살길이고 이로써 선생이 되어 2,000만 백성을 가르칠 교사가 되는 길이라고 역설하였다.

속은 타들어가고 답답하지만,

"최선을 다하는 자가 결국은 승리한다."

고 강하게 역설하며 YMCA에 깊이 묻힌 민족혼의 불씨를 지켜가는 것이다.

지난 1910년 6월 22일~27일.

6개 교단(장로교·감리교·성결교 등), 제1회 학생하령회는 서울근교 진관사에서 4개국의 16인 강사, 46명의 학생이 참가한 가운데 열렸다.

주요 강사는 질레트, 김규식, 양전백, 이상재 등이며, 브로크만과 같이 전국을 순회하며 학생YMCA운동을 지도하던 이승만도 참석하였다.

이때 일제는 압록강 철교 가설공사를 마치고 낙성식에 참석하는 초대 총독 데라우치를 한국기독교인들이 암살하려 했다는 소위 105인 사건을 조작하여 회장이었던 윤치호를 주모자로 몰아 체포했고, 학생부 간사였던 이승만은 앞서 기술한 바와 같이 선교사의 도움으로 출옥하여 다시 미국으로 망명의 길을 떠났다.

일제는 한일강제합병 직후 한국교회의 기골을 해체시키고 합병의 영속화를 다지는 방법으로 한국인 목사 및 교계중진 24명을 강제 모집하여 일본을 시찰(1911. 8. 2~13)하게 한 일이 있었는데 역시 앞서 서술한 바와 같다.

한편, 소도 가이치는 YMCA 초대 검도사범이며 친한파 일인으로서 현 영락보육원의 창설자이고 월남 이상재를 무척 존경했던 사람이다.

그 후 이승만은 1912년 3월 26일 미국 미니애폴리스에서 열리는 '세계감리교연합총회'에 평신도 대표로 참석하기 위하여 서울을 출발한 후 경유지인 일본 동경 유학생 모임에서 강연한 후 동경 한국 YMCA 회관건립기금 모금운동에 협조하고 동년 5월 1일 본회의에 참석하였다.

그런데 한일강제합방에 맞추어 한국과 일본의 YMCA(1906년 창립)도 합병해야 한다는 일제의 전제 아래 1913년 4월 12일 일본 동경에서 한일양국 YMCA대표자 회의가 열렸다. 한국 측 대표자는 주도면밀하게 기지를 발휘하여 전술한 바대로 "한국YMCA는 일본YMCA 동맹과 만국YMCA 연맹과 만국학생청년회(WSCF)로부터 연락케 한다"

는 선으로 어느 정도 일본YMCA와의 합병을 막고 회의를 끝냈다. 이때 일본에 갔던 YMCA 한국 측 대표는 이상재·남궁억·신흥우·언더우드·에비슨이었으며, 일본 측 대표는 이브까·모도다·사사오·니도베·니와 등이었다.

마침내 월남 이상재가 YMCA 총무로 취임하게 되는 해가 왔다.

때는 1913년 6월이었다.

YMCA운동의 상징적 성채로 우뚝 솟아 황성기독교청년회 총무가 된 이상재는 2년 후 1915년 2월 13일 지난 번 105인 사건으로 6년형의 징역언도를 받아 복역 중이던 윤치호가 특사로 석방되자 윤치호에게 총무직을 물려주려 했으며, 이에 윤치호는 이상재의 뒤를 이어 3년 후 1916년 서울YMCA의 총무가 된다.

물론 서울YMCA에는 창립 때부터 친한파이며 하나님을 믿는 믿음을 가진 일본인 이사도 있었다.

그 후 일본인 직원과 교사도 있었으나 한일병합 이후 한일YMCA와 합병논의가 되는가 싶더니 1916년부터 일본인들도 이사가 되기 시작했다.

월남이 윤치호에게 총무직을 이임하던 1916년 6월. 다시금 대대적인 회원 확대운동을 벌이기 시작했다.

회원들은 평화반·인내반·발전반 등으로 나누고 각 반에는 대장이 있어 선두지휘를 하였으며, 목표보다 325명을 더 모집하여 회원은 924명으로 증가되었다.

서울YMCA 초기 활동에서 두드러졌던 공헌 중의 하나는 공상(工商)교육과 체육활동의 시작과 보급이다.

당시 사농공상(士農工商)의 엄격한 신분체계와 유체를 천시하던 시대사조에서 벗어나 농·공·상 교육 및 체육활동을 장려·보급함으로써 시대적 패러다임을 변화시킨 근대화의 시위를 당긴 것이다.

그러니까 서울 YMCA운동과 더불어 우리나라의 근대화가 시작되었다고 하여도 과언이 아니며, 이 모든 노력은 개화자강(開化自彊)과 인재양성을 통해 자주에 기반하는 민족의 번영을 꾀하고자 하는 일념이라 할 수 있다.

누가 뭐래도 서울 YMCA는 우리나라 최초의 근대적 평생교육기관이라는 의미에서 평생교육사적 의의가 있다

서울YMCA 창립당시 총회 의장이었던 헐버트(Hulbert)는 선교사이자 교육전문가였으며, 창립초기 교육위원장이었던 이상재를 주축으로 하여 윤치호·이승만·김규식·신흥우 등 YMCA 지도자들은 일제의 억압에도 불구하고 신앙운동에 정점을 두면서 교양·계몽·학술강좌·뜨개질·도자기·비누 만들기·염색 등 실업교육을 비롯한 직업교육, 일본어, 영어 등 외국어 교육을 펼쳐갔다.

또 국사와 지리 등을 가르쳐 애국정신을 함양하는 데 크나큰 힘이 되었다. 이러한 교육은 1907년 학관을 개관하면서 더욱 체계화되었다.

학관형식으로 교육을 시작한 것은 1904년 가을의 일이다. 임시건물에 교실을 마련하고 한 주일에 3일 교육이 시작되었을 때 150여 명가량의 학생들이 수강하고 있으며, 처음에는 야학제도였다.

그런데 인원이 점차 늘어나 청년회 학관의 정식 발족은 늦추어질 수밖에 없었으며, 1906년에 캐나다의 그레그를 학감으로 청빙하여 확장

개관하였다(청년학관은 해방 후 1949년 공립영창학교로 개편된다).

회관의 증축으로 1914년 3층의 부속건물이 완공된 것이다.

그레그의 지도 아래 1910년 청년학관에 우리나라 최초의 사진과를 개설하였고, 민충식이 교육하면서 회관 안에 갤러리(스튜디오)를 마련하는 등 명실상부한 발전을 이룩할 수 있었다.

사진과는 공업부에 속하여 촬영(실내 및 실외), 복사, 약품제조, 현상(건판 및 필름), 확대, 수정 등 사진촬영과 관련된 전반적인 전문기술을 가르쳤다.

창립초기 **YMCA** 학관교육은 민족지도력 양성의 본산이었다. 특히 학관출신의 유능 다재한 인사들이 **YMCA**의 경영과 교육의 중책을 맡으면서 더욱 발전하였다.

1915년 학관 출신으로는 박헌양, 남도원, 이태순, 박원교, 이동욱, 김규호, 송계백, 이원철, 이영한, 이은춘, 문병린, 최승만, 임기봉, 변영로 등이 있었다.

청년학관은 1915년 육정수 관장 아래 26명의 한국인 교사가 전임 혹은 자원으로 교수하고 있었으며, 서병조·이용근·이인영·백남철·이명원·윤육 등은 그 대표적인 교사들이다.

청년학관은 국어·영어·일어·음악·상업·역사·지리·산수 등 일반 문과교육뿐만이 아니라 목공·철공·사진·제화·염색 등 기술교육을 시켰다.

이상재는 1907년 종교위원장으로 취임하여 성경반을 집중적으로 육성하였다. 한 해에만 754명이 입신을 선서하였고 875명이 사경반에 등록하는 성황이었으며, 만국기도일에는 1,200명이 넘는 청년들이 YMCA강당에 회집하여 구원의 말씀을 들었다.

이 성경반의 지도에는 후일 이승만도 깊이 관여하고 있었으며, 대원군의 외손자 조남복도 월남의 감화로 기독교 신자가 되어 사경반을 지도하면서 의사부의 위원이 되기도 했다.

노동야학은 창립초기인 1904년에 교육입국을 부르짖으며 시작한 교육 사업이며, 1910년 이상재에 의해 체계화되었다.

이는 집안 살림이 구차하여 주간 학교교육을 받지 못하고 노동을 하는 청소년, 담배공장의 직공, 회사나 상점의 사환, 직조공장이나 구두공장의 직공들에게 야간에 교육을 하는 학교였다.

1914년 노동야학의 지원자가 너무 많아 입학시험을 치를 수밖에 없었으며 498명의 지원자 중 322명만을 합격시켰다.

음악활동은 1906년 그레그의 내한으로부터 시작되었으며, 박서양이 물리화학을 학관에서 강의하면서 동시에 지도하였다.

1907년 김인식이 정식으로 음악을 강의하였으며 이것이 발전하여 1912년 음악과가 신설되고 1914년 제1회 졸업생 김영환이 배출되었다.

이 때 YMCA를 중심으로 연주활동을 하던 사람들은 김형준·김활란·임배세·박인덕·윤심성·윤성덕·윤기성·독고선·모릿·홍난파·한기주·이화합창단 등이다. 1918년 그레그는 선교사들을 중심으로 음악문제, 찬송가문제 등을 심도 있게 연구하기 위한 음악클럽을 만들기도 하였다.

최남선은

"대저 음악의 반도 유입은 교회를 통하여 점진한 것이로되 일반적인 보급은 지지한 감이 있더니, 기독교청년회로 말미암아서 성악·기악·관현악의 독주·2중주·3중주·4중주 등이 누누이 실연함을 따라서 양악 취미 및 양악 지식이 점점 일반화한 기운을 만났다"

고 평했다.

우리나라 야구는 1905년, 서울YMCA의 초대총무인 질레트에 의해 처음 도입·보급되었다.

1901년에 내한하여 '길례태(吉禮泰)'라는 조선식 이름을 써가며 조선인들과의 밀착을 꾀하던 그는 자신이 학창시절에 즐기던 야구를 조선인들에게 가르치게 되었다. 그리고 정식으로 창단식 행사를 가진 것은 아니었지만 1905년 봄부터 태화관(1908년 YMCA 회관이 생기기 전까지 임시회관) 앞마당을 무대 삼아 야구장비들을 다루기 시작하면서 팀으로서의 골격을 갖추어 나갔다.

농구 또한 1907년 봄, 역시 서울(황성)YMCA의 초대 총무였던 질레트에 의하여 처음으로 소개되었다. 그러나 그가 그 이듬해 미국으로 귀국하여 실질적인 보급이 되지 못하다가, 1916년 역시 미국인인 반하르트(B. P. Barnhart)가 YMCA 간사로 취임하면서 본격적인 지도보급이 이루어졌다.

우리나라에 영국식 축구가 도입된 것은 1882년 영국군함 플라잉스호가 정박했다가 축구공을 주고 떠난 때부터라고 전해온다.

축구의 체계적인 보급은 1904년 4월 관립 외국어학교가 체육의 한 종목으로 채택하면서부터였으며, 대한민국 최초의 축구경기는 1906년 3월에 대한 체육구락부와 황성기독교청년회가 삼선평에서 가진 경기이다.

서울YMCA 초대 운동부장 김종상은 일찍이 1987년 관립 영어학교에 입학하여 영국인 선생으로부터 축구를 배워 선수로 뽑혀 다녔다.

YMCA 운동부장이 된 뒤부터는 YMCA 축구팀을 조직하여 매주 수요일과 토요일 오후 훈련원(동대문운동장 자리)에서 영국 공사관

팀과 축구경기를 가졌다.

체육 분야의 선구자 역을 한 곳도 바로 **YMCA**다.

한국체육회는 이로써 **YMCA**가 초기 한국체육 진흥을 위해 힘쓴 공로를 인정하고 이를 기려야 마땅하다 할 것인데 거의 잊고 있는 게 아닌지 궁금한 일이다.

창립초기 서울**YMCA**의 체육활동이 독립과 구국을 위한 인재 양성의 역할을 했다는 사실은 주지의 사실이다.

1909년 서울 **YMCA** 내에 '유술부(柔道部)'를 창설할 때에 이상재는 "장사 백 명만 양성하면 나라에 대하여 걱정할 일이 없다"

고 한 말은 이 사실을 잘 나타내 주는데 당시는 을사조약 직후 군대가 해산된 상황이어서 우리 민족에게는 참으로 의미심장한 말이었다.

먼 훗날 초대 한국인 총무였던 월남 이상재가 1927년 소천했을 때 그 장례행렬의 인파가 20만여 명에 달했다는 사실은 서울**YMCA**가 얼마나 민족의 정신적 지주 역할을 하고, 영향을 미쳐왔는가를 대변해준다.

제10부

대한제국과 우리 민족
말살의 숙적 일본 알기

일본이라는 나라

조선을 침탈한 일본이라는 나라. 1945년 연합군에게 항복하고 해방 후 67년(2012년 기준)이 지난 지금은 전략적 동반자로 대등한 국제관계를 유지하고 있는 이웃나라이며 선린관계를 유지하고 있으나 역사상 일본은 우리나라를 수없이 쳐들어온 침략자들이었다.

이에 대해 일본은 아직도 진심으로 사죄하는 일에 무성의한 채, 침략 당시의 불법 지배근성을 벗지 않아 독도가 일본 영토라고 하면서 한일관계에서 옛 강제지배근성을 고집하고 있다.

월남 이상재가 1927년 세상을 떠나고 난 후, 1940년대에 이르러서는 그 수를 다 파악하지도 못할 정도로 많은 청년들을 우리와 상관도 없는 그들의 불의한 전쟁터로 끌고 갔고, 우리네 소녀들을 위안부로 끌고 가 일본군의 성적 노리개로 일생을 망가뜨린 씻지 못할 죄를 짓고도 여전히 그 천인공노할 죄를 회개하지 않는 패역한 민족성을 가진 자들이 있다.

일제의 미곡수탈 군산항. 일제강점기 군산은 일제의 쌀 수탈 중심지였다.
(조선자료사진-조선교육회 편)

일본에도 친한파가 있기는 하다.

일본에도 하나님을 경외하며 인간다운 삶을 살아야 한다는 인사들이 있기도 하다.

그러나 집권세력 고위공직자 가운데 이토 히로부미와 다름없는 악마의 이빨을 드러내는 말을 자주 듣게 되매 다시금 피가 역류하게 하고 있다.

월남 이상재는 이러한 일본의 강제침략기를 고스란히 맞바람 맞듯한 일생을 산 사람이다.

입신영달과 재물 탐으로 인해 도저히 그래서는 안 될 임금의 신하들이 일본의 앞잡이가 되어 침략마수에 동조하는 데 가장 강력한 저항사상을 가지고 민중이 살길을 찾아 평생을 바친 사람 가운데 몇 안 되는 주요 인물이다.

잘 알지만 이제 월남 이상재를 통하여 보다 더 잘 일본을 알자.

알되 쳐 죽이고 때려 부수기 위해 알자는 것이 아니라 죄 많은 일본의 과거를 회개시키기 위하여 알자는 것이 월남 이상재의 사상세계였으니 우리도 일본을 향해 지난 과거를 씻고 새사람 새나라, 즉 월남이 강조한 대로 하나님과 인간을 존중하는 나라가 되도록 그들을 위해 기도자는 교훈을 받자는 것이다.

더 이상의 한일 간 분쟁이 되는 독도문제를 제자리로 돌려야 한다.

연로하여 세상을 떠나는 몇 명 남지도 않은 종군위안부 할머니들의 멍든 가슴을 진심으로 치료해 드리고 그들의 인권과 명예를 회복시켜 주어야 한다.

자라나는 청년 학생들에게 왜곡된 역사교육을 중지하고 역사교과서를 정설대로 잘한 것은 잘하고 못한 것은 잘못됐다고 바르게 써야 한다.

한국에 대해 과거 저지른 비인간적인 행위에 대하여 후대가 사죄하고 일체의 노략문화재를 반환하며 물질로 배상해야 한다.

오히라 - 김종필 회담처럼 눈 가리고 아웅 하며 다시금 신사참배 못해 눈치 보고 안달이나 하며 교과서에 마귀의 이빨을 드러내려 한다면 일본은 한국의 원한이 하늘에 닿고 그로 인해 지금이나 이전보다, 패전일(8. 15)보다 백배 만 배의 죄과를 받을 것이다.

이 말은 저주가 아니라 하나님의 법도가 그러하다는 것을 말하는 것으로서 인간이 동물과 다른 것은 지각이며 지각이 있다면 가면을 벗고 진정으로 용서를 빌어야 마땅하다.

이렇게 말한 이유가 있다.

월남 이상재 살아생전, 사후의 일본을 세상에 둘도 없는 악마의 괴수로 만든 장본인들, 즉 태양신을 자청하는 천황이라는 자들과 역대 총리대신들의 면면을 살펴보기 위함이다.

우리는 그네들을 잊지 않고 가슴에 담고 있다.

이제 세상을 떠난 자들을 능지처참 부관참시하자고 기억하는 것이 아니라 그들을 봄으로써 하나님의 법과 인간다운 생각과 행동의 가치를 교훈으로 받기 위함이다.

천하에 쳐 죽일 악종들이라고 욕하지만 말고 그들의 후손들을 위해 기도하는 마음으로 이제 일본의 역대 총리대신이 누구인가부터 살펴보기로 하자.

메이지(明治) 시대(월남 이상재 생존시대)

1. 이토 히로부미(伊藤 博文) (제1차)

   1885년 12월 22일~1888년 4월 30일

   무소속 조슈 번 출신 제1차 내각

   (월남이 신사유람단으로 간 이후, 미국공사관에 갔을 때)

2. 구로다 기요타카(黑田 清隆)

   1888년 4월 30일~1889년 10월 25일

   무소속 사쓰마 번 출신

   2-1. 산조 사네토미(三條 實美)

      1889년 10월 25일~1889년 12월 24일

      무소속 내무대신, 총리 겸임

3. 야마가타 아리토모(山縣 有朋) (제1차)

1889년 12월 24일~1891년 5월 6일

무소속 조슈 번 출신 제1차 내각

4. 마쓰카타 마사요시(松方 正義) (제1차)

1891년 5월 6일~1892년 8월 8일

무소속 사쓰마 번 출신 제1차 내각

5. 이토 히로부미(伊藤 博文) (제2차)

1892년 8월 8일~1896년 8월 31일

무소속 조슈 번 출신 제2차 내각

(명성황후 시해 당시)

추밀원 의장 구로다 기요타카(黒田 淸隆)가 권한 대행

6. 마쓰카타 마사요시(松方 正義) (제2차)

1896년 9월 18일~1898년 1월 12일

무소속 사쓰마 번 출신 제2차 내각

(대한제국 선포 고종 황제 등극시기)

7. 이토 히로부미(伊藤 博文) (제3차)

1898년 1월 12일~1898년 6월 30일

무소속 조슈 번 출신 제3차 내각

8. 오쿠마 시게노부(大隈 重信) (제1차)

1898년 6월 30일~1898년 11월 8일

헌정당내각 헌정당 총재 제1차 내각

(독립협회와 만민공동회 시기)

9. 야마가타 아리토모(山縣 有朋) (제2차)

1898년 11월 8일~1900년 10월 19일

무소속 조슈 번 출신 제2차 내각

10. 이토 히로부미(伊藤 博文) (제4차)

    1900년 10월 19일~1901년 5월 10일

    입헌정우회 총재 조슈 번 출신 제4차 내각

    추밀원 의장 사이온지 긴모치(西園寺 公望)가 권한 대행

    (16년간 이토 히로부미는 4번에 걸쳐 총리대신이 됨)

11. 가쓰라 다로(桂 太郎) (제1차)

    1901년 6월 2일~1906년 1월 7일

    무소속 육군 군인 조슈 번 출신 제1차 내각

    (월남이 옥고를 치르고 예수를 믿은 후 교회 YMCA에 등록한
    시기, 을사늑약 체결)

12. 사이온지 긴모치(西園寺 公望) (제1차)

    1906년 1월 7일~1908년 7월 14일

    입헌정우회 입헌정우회 총재 제1차 내각

    (고종 강제퇴위, 순종 등극)

13. 가쓰라 다로(桂 太郎) (제2차)

    1908년 7월 14일~1911년 8월 30일

    무소속 육군 군인 조슈 번 출신 제2차 내각

    (1909년 안중근에게 이토 히로부미 총살당함)

14. 사이온지 긴모치(西園寺 公望) (제2차)

    1911년 8월 30일~1912년 12월 21일

    입헌정우회 입헌정우회 총재 제2차 내각

다이쇼(大正) 시대

15. 가쓰라 다로(桂 太郞) (제3차)

    1912년 12월 21일~1913년 2월 20일

    무소속 육군 군인 조슈 번 출신 제3차 내각

    (월남은 YMCA총무가 됨)

16. 야마모토 곤노효에(山本 權兵衛) (제1차)

    1913년 2월 20일~1914년 4월 16일

    입헌정우회 해군 군인 사쓰마 번 출신 제1차 내각

17. 오쿠마 시게노부(大隈 重信) (제2차)

    1914년 4월 16일~1916년 10월 9일 입헌동지회 제2차 내각

18. 데라우치 마사타케(寺內 正毅)

    1916년 10월 9일~1918년 9월 29일

    무소속 육군 군인 조슈 번 출신

    (초대 총독이었던 자)

19. 하라 다카시(原 敬)

    1918년 9월 29일~1921년 11월 4일

    입헌정우회 총재 중의원 의원 재임 중에 암살

    (3·1운동 당시, 상해대한민국임시정부 수립)

    외무대신 우치다 고사이(內田 康哉)가 권한 대행

20. 다카하시 고레키요(高橋 是淸)

    1921년 11월 13일 1922년 6월 12일

    입헌정우회 총재 중의원 의원 재임 후 암살

21. 가토 도모사부로(加藤 友三郞)

1922년 6월 12일~1923년 8월 24일

무소속 해군 군인

(월남은 조선교육협회와 민립대학기성회 조직)

외무대신 우치다 고사이(內田 康哉)가 권한 대행

22. 야마모토 곤노효에(山本 權兵衛) (제2차)

1923년 9월 2일~1924년 1월 7일

무소속 해군 군인 사쓰마 번 출신 제2차 내각

23. 기요우라 게이고(淸浦 奎吾)

1924년 1월 7일~1924년 6월 11일

무소속 귀족원 의원

(월남 조선일보 사장 취임)

24. 가토 다카아키(加藤 高明)

1924년 6월 11일~1926년 1월 28일

헌정회 총재 중의원. 의원 재임 중에 사망

내무대신 와카쓰키 레이지로(若槻 禮次郞)가 권한 대행

25. 와카쓰키 레이지로(若槻 禮次郞) (제1차)

1926년 1월 30일~1927년 4월 20일

헌정회 총재 중의원 의원 제1차 내각

(월남 신간회 회장, 3월 29일 월남 별세)

쇼와(昭和) 시대

26. 다나카 기이치(田中 義一)

    1927년 4월 20일~1929년 7월 2일

    입헌정우회 총재 육군 군인

27. 하마구치 오사치(濱口 雄幸)

    1929년 7월 2일~1931년 4월 14일

    임헌민정당 총재 중의원 의원 재임 중에 저격(퇴임 후에 사망)

28. 와카쓰키 레이지로(若槻 禮次郞) (제2차)

    1931년 4월 14일~1931년 12월 13일

    입헌민정당 총재 중의원 의원 제2차 내각

29. 이누카이 쓰요시(犬養 毅)

    1931년 12월 13일~1932년 5월 16일

    입헌정우회 총재 중의원 의원 재임 중에 암살(5 · 15 사건)

    대장대신 다카하시 고레키요(高橋 是淸)가 권한 대행

30. 사이토 마코토(齋藤 實)

    1932년 5월 26일~1934년 7월 8일

    무소속 해군 군인

31. 오카다 게이스케(岡田 啓介)

    1934년 7월 8일~1936년 3월 9일

    무소속 해군 군인 재임 중에 습격(2 · 26 사건)

32. 히로타 고키(廣田 弘毅)

    1936년 3월 9일~1937년 2월 2일

    무소속 외교관

33. 하야시 센주로(林 銑十郎)

1937년 2월 2일~1937년 6월 4일

무소속 육군 군인

34. 고노에 후미마로(近衞 文麿) (제1차)

1937년 6월 4일~1939년 1월 5일

무소속 귀족원 의원 제1차 내각

35. 히라누마 기이치로(平沼 騏一郎)

1939년 1월 5일~1939년 8월 30일

무소속

36. 아베 노부유키(阿部 信行)

1939년 8월 30일~1940년 1월 16일

무소속 육군 군인

37. 요나이 미쓰마사(米内 光政)

1940년 1월 16일~1940년 7월 22일

무소속 해군 군인

38. 고노에 후미마로(近衞 文麿) (제2차)

1940년 7월 22일~1941년 7월 18일

大政翼賛会 제2차 내각

39. (제3차) 1941년 7월 18일~1941년 10월 18일

大政翼賛会 제3차 내각

40. 도조 히데키(東條 英機)

1941년 10월 18일~1944년 7월 22일

무소속 육군 군인

41. 고이소 구니아키(小磯 國昭)

1944년 7월 22일~1945년 4월 7일

무소속 육군 군인

42. 스즈키 간타로(鈴木 貫太郎)

1945년 4월 7일~1945년 8월 17일

무소속 해군 군인

(8·15해방)

43. 히가시쿠니 나루히코(東久邇宮 稔彦王)

1945년 8월 17일~1945년 10월 9일

무소속 황족 육군 군인

* 연합군 점령하, 사령관 더글러스 맥아더

44. 시데하라 기주로(幣原 喜重郎)

1945년 10월 9일~1946년 5월 22일

무소속 귀족원 의원

* 연합군 점령하

45. 요시다 시게루(吉田 茂) (제1차)

1946년 5월 22일~1947년 5월 24일

일본자유당 총재 제1차 내각

* 연합군 점령하

일본국 헌법하의 내각총리대신, 쇼와 시대

46. 가타야마 데쓰(片山 哲)

1947년 5월 24일~1948년 3월 10일

일본사회당 일본사회당 위원장

* 연합군 점령하

47. 아시다 히토시(芦田 均)

1948년 3월 10일~1948년 10월 15일

민주당 총재

* 연합군 점령하

48. 요시다 시게루(吉田 茂) (제2차)

1948년 10월 15일~1949년 2월 16일

민주자유당 총재(1948년~1950년)

자유당 총재(1950년~1954년) 제2~5차 내각

* 연합군 점령하

1951년 4월 16일부터 매슈 리지웨이 사령부

* 1952년 4월 28일에 주권 회복

49. (제3차) 1949년 2월 16일~1952년 10월 30일

민주자유당

50. (제4차) 1952년 10월 30일~1953년 5월 21일

자유당

51. (제5차) 1953년 5월 21일~1954년 12월 10일

자유당

52. 하토야마 이치로(鳩山 一郎) (제1차)

1954년 12월 10일~1955년 3월 19일

일본 민주당 총재 제1차 내각

53. (제2차) 1955년 3월 19일~1955년 11월 22일

일본민주당 제2차 내각

54. (제3차) 1955년 11월 22일~1956년 12월 23일

    자유민주당 총재·제3차 내각

55. 이시바시 단잔(石橋 湛山)

    1956년 12월 23일~1957년 2월 25일

    자유민주당 총재

56. 기시 노부스케(岸 信介) (제1차)

    1957년 2월 25일~1958년 6월 12일

    자유민주당 총재 제1차 내각

57. (제2차) 1958년 6월 12일~1960년 7월 19일

    자유민주당 제2차 내각

58. 이케다 하야토(池田 勇人) (제1차)

    1960년 7월 19일~1960년 12월 8일

    자유민주당 총재 제1차 내각

59. (제2차) 1960년 12월 8일~1963년 12월 9일

    자유민주당 제2차 내각

60. (제3차) 1963년 12월 9일~1964년 11월 9일

    자유민주당 제3차 내각

61. 사토 에이사쿠(佐藤 榮作) (제1차)

    1964년 11월 9일~1967년 2월 17일

    자유민주당 총재 제1차 내각

62. (제2차) 1967년 2월 17일~1970년 1월 14일

    자유민주당 제2차 내각

63. (제3차) 1970년 1월 14일~1972년 7월 7일

    자유민주당 제3차 내각

64. 다나카 가쿠에이(田中 角榮) (제1차)

1972년 7월 7일~1972년 12월 22일

자유민주당 총재 제1차 내각

65. (제2차) 1972년 12월 22일~1974년 12월 9일

자유민주당 제2차 내각

66. 미키 다케오(三木 武夫)

1974년 12월 9일~1976년 12월 24일

자유민주당 총재

67. 후쿠다 다케오(福田 赳夫)

1976년 12월 24일~1978년 12월 7일

자유민주당 총재

68. 오히라 마사요시(大平 正芳) (제1차)

1978년 12월 7일~1979년 11월 9일

사유민주당 총재 제1차 내각

69. (제2차) 1979년 11월 9일~1980년 6월 12일

자유민주당 제2차 내각재임 중에 사망

내각관방장관 이토 마사요시(伊東 正義)가 권한 대행

70. 스즈키 젠코(鈴木 善幸)

1980년 7월 17일~1982년 11월 27일

자유민주당 총재

71. 나카소네 야스히로(中曾根 康弘) (제1차)

1982년 11월 27일~1983년 12월 27일

자유민주당 총재 제1차 내각

72. (제2차) 1983년 12월 27일~1986년 7월 22일

자유민주당 제2차 내각

73. (제3차) 1986년 7월 22일~1987년 11월 6일
자유민주당 제3차 내각

74. 다케시타 노보루(竹下 登)
1987년 11월 6일~1989년 6월 3일 자유민주당 총재

헤이세이(平成) 시대

75. 우노 소스케(宇野 宗佑)
1989년 6월 3일~1989년 8월 10일
자유민주당 총재

76. 가이후 도시키(海部 俊樹) (제1차)
1989년 8월 10일~1990년 2월 28일
자유민주당 총재 제1차 내각

77. (제2차) 1990년 2월 28일~1991년 11월 5일
자유민주당 제2차 내각

78. 미야자와 기이치(宮澤 喜一)
1991년 11월 5일~1993년 8월 9일
자유민주당 총재

79. 호소카와 모리히로(細川 護熙)
1993년 8월 9일~1994년 4월 28일
일본 신당 대표

80. 하타 쓰토무(羽田 孜)

1994년 4월 28일~1994년 6월 30일

신생당 당수

81. 무라야마 도미이치(村山 富市)

1994년 6월 30일~1996년 1월 11일

일본사회당 위원장

82. 하시모토 류타로(橋本 龍太郞) (제1차)

1996년 1월 11일~1996년 11월 7일

자유민주당 총재 제1차 내각

83. (제2차) 1996년 11월 7일~1998년 7월 30일

자유민주당 제2차 내각

84. 오부치 게이조(小渕 惠三)

1998년 7월 30일~2000년 4월 5일

자유민주당 총재

85. 모리 요시로(森 喜朗) (제1차)

2000년 4월 5일~2000년 7월 4일

자유민주당 총재 제1차 내각

86. (제2차) 2000년 7월 4일~2001년 4월 26일

자유민주당 제2차 내각

87. 고이즈미 준이치로(小泉 純一郞) (제1차)

2001년 4월 26일~2003년 11월 19일

자유민주당 총재 제1차 내각

88. (제2차) 2003년 11월 19일~2005년 9월 21일

자유민주당 제2차 내각

89. (제3차) 2005년 9월 21일~2006년 9월 26일

자유민주당 제3차 내각

90. 아베 신조(安倍 晉三)

2006년 9월 26일~2007년 9월 26일

자유민주당 총재

91. 후쿠다 야스오(福田 康夫)

2007년 9월 26일~2008년 9월 24일

자유민주당 총재

92. 아소 다로(麻生 太郎)

2008년 9월 24일~2009년 9월 16일

자유민주당 총재

93. 하토야마 유키오(鳩山 由紀夫)

2009년 9월 16일~현재 민주당

민주당 대표

-총 93대 총리 중 실제 60명이 중복으로 재임하였음-

관련 통계

재직일 수가 많은 총리

가쓰라 다로: 2,886일(제11, 13, 15대)

사토 에이사쿠: 2,798일(제61, 62, 63대)

이토 히로부미: 2,720일(제1, 5, 7, 10대)

요시다 시게루: 2,616일(제45, 48, 49, 50, 51대)

고이즈미 준이치로: 1,980일(제87, 88, 89대)

연속 재직 일수
사토 에이사쿠: 2,798일(제61, 62, 63대)
요시다 시게루: 2,248일(제48, 49, 50, 51대)
고이즈미 준이치로: 1,980일(제87, 88, 89대)
나카소네 야스히로: 1,806일(제71, 72, 73대)
가쓰라 다로: 1,681일(제11대)

재직일 수가 적은 총리
히가시쿠니 나루히코 친왕: 54일
하타 쓰토무: 64일
이시바시 단잔: 65일
우노 소스케: 69일
하야시 센주로: 123일

취임 연령이 낮은 총리
이토 히로부미: 44세
고노에 후미마로: 45세
구로다 기요타카: 47세
야마가타 아리토모: 51세
아베 신조: 51세(전후 최연소)

취임 연령이 높은 총리

스즈키 간타로: 77세

이누카이 쓰요시: 76세

기요우라 게이고: 73세(9개월)

사이토 마코토: 73세(5개월)

시데하라 기주로: 73세(1개월, 전후 최장년)

일본의 천황들

미와(三輪) 씨

1. 스진(崇神): 미와노 이니에(三輪印惠: 235~318), 301~318

2. 스이닌(垂仁): 미와노 이사치(三輪伊幸: 265~323), 318~323

3. 게이코(景行): 미와노 오시로(三輪忍代: 287~355), 323~338

4. 세이무(成務): 미와노 다리히코(三輪足彦: 309~355), 338~355

5. 주아이(仲哀): 미와노 나카히코(三輪仲彦: 337~362), 355~362

아베(阿倍) 씨

1. 오진(應神): 아베노 호무다(阿倍譽田: 330~394), 362~393

2. 닌토쿠(仁德): 아베노 오사자키(阿倍大雀: 393~427), 393~427

3. 리츄(履中): 아베노 이자호(阿倍去來穗: 401~432), 427~432

4. 한제이(反正): 아베노 미즈하(阿倍瑞齒: 408~437), 432~437

5. 인교(允恭): 아베노 와쿠고(阿倍稚子: 416~454), 437~454

6. 안코(安康): 아베노 아나호(阿倍穴穗: 439~466), 454~466

7. 유랴쿠(雄略): 아베노 와카다케(阿倍稚建: 428~489), 466~489

8. 세이네이(清寧): 아베노 도네코(阿倍根子: 453~493), 489~493

9. 겐조(顯宗): 아베노 오케(阿倍弘計: 464~501), 493~501

10. 부레츠(武烈): 아베노 와카사자키(阿倍若雀: 492~509), 501~509

고세(巨勢) 씨

1. 게이타이(繼體): 고세노 오호도(巨勢男大迹: 492~534), 509~534

2. 안칸(安閑): 고세노 카나히(巨勢金日: 508~535), 534~535

3. 센카(宣化): 고세노 다카다(巨勢高田: 509~535), 535

4. 긴메이(欽明): 고세노 히로니와(巨勢廣庭: 510~571), 535~571

5. 비다츠(敏達): 고세노 타마시키(巨勢玉敷: 538~585), 571~585

고분시대 말기~나라시대 초기

1. 요메이(用命): 소가노 토요히(蘇我豊日: 553~587), 585~587

2. 스슌(崇峻): 소기노 하츠세(蘇我長谷: 557~592), 587~592

3. 스이코(推古): 소가노 누카타(蘇我額田: 554~628), 592~628

4. 죠메이(舒明): 고세노 다무라(巨勢田村: 593~641), 628~641

5. 고교쿠(皇極): 오토모노 다카라(大伴寶: 594~661), 641~645

6. 고토쿠(孝德): 아베노 쿠라하시(阿倍倉梯: 597~654), 645~654

7. 사이메이(齊明): 오토모노 다카라(大伴寶: 594~661), 654~661

8. 텐지(天智): 오토모노 가츠라기(大伴葛城: 602~671), 661~671

9. 고분(弘文): 오토모노 이가(大伴伊賀: 648~672), 671~672

10. 텐무(天武): 모노노베노 오아마(物部大海人: 622~686), 672~686

11. 지토(持統): 우노노 사라라(645~702), 686~702

12. 몬무(文武): 모노노베노 가루(物部輕: 626~707), 702~707

13. 겐메이(元明): 오토모노 아베(大伴阿閇: 661~721), 707~715

14. 겐쇼(元正): 모노노베노 히타카(物部氷高: 680~748), 715~724

15. 쇼무(聖武): 이시카와노 키미코(石川君子: 660~759), 724~749

16. 고켄(孝謙): 이시카와노 아베(石川阿倍: 718~770), 749~758

17. 준닌(淳仁): 모노노베노 오오이(物部大炊: 733~765), 758~765

18. 쇼토쿠(稱德): 이시카와노 아베(石川阿倍: 718~770), 765~770

토모(伴) 씨

1. 고닌(光仁): 토모노 시라카베(伴白壁: 709~781), 770~781

2. 칸무(桓武): 토모노 야마베(伴山部: 737~806), 781~806

3. 헤이제이(平城): 토모노 아데(伴安殿: 774~824), 806~809

후지와라(藤原) 씨

1. 사가(嵯峨): 후지와라노 카미노(藤原神野: 786~842), 809~823)

2. 준나(淳和): 후지와라노 오토모(藤原大伴: 786~840), 823~833

3. 닌묘(仁明): 후지와라노 마사라(藤原正良: 810~850), 833~850

4. 몬토쿠(文德): 후지와라노 미치야스(藤原道康: 827~858), 850~858

5. 세이와(淸和): 후지와라노 코레히토(藤原惟仁: 850~880), 858~876

6. 요제이(陽成): 후지와라노 사다아키라(藤原貞明: 868~949), 876~884

7. 고코(光孝): 후지와라노 도키야스(藤原時康: 830~887), 884~887

8. 우다(宇多): 후지와라노 사다미(藤原定省: 867~931), 887~897

9. 다이고: 후지와라노 아츠기미(藤原敦仁: 885~930), 897~930

10. 스자쿠(朱雀): 후지와라노 유타아키라(藤原寬明: 923~952), 930~946

11. 무라카미(村上): 후지와라노 나리아키라(藤原成明:926~967), 946~

967

12. 레이제이(冷泉): 후지와라노 노리히라(藤原憲平: 950~1011), 967
   ~969

13. 엔유(圓融): 후지와라노 모리히라(藤原守平: 959~991), 969~984

14. 카잔(花山): 후지와라노 모로사다(藤原師貞: 968~1008), 984~986

15. 이치죠(一條): 후지와라노 야스히토(藤原懷仁: 980~1011), 986~1011

16. 산죠(三條): 후지와라노 오키사다(藤原居貞: 976~1017), 1011~1016

17. 고이치죠(後一條): 후지와라노 아츠히라(藤原敦成: 1008~1036),
   1016~1036

18. 고스자쿠(後朱雀): 후지와라노 아츠나가(藤原敦良: 1009~1045),
   1036~1045

19. 고레이제이(後冷泉): 후지와라노 치카히토(藤原親仁: 1025~1068),
   1045~1068

20. 고산죠(後二條): 후지와라노 다카히토(藤原尊仁: 1034~1073),
   1068~1072

21. 시라카와(白河): 후지와라노 사다히토(藤原貞仁: 1053~1129),
   1072~1086

22. 호리카와(堀河): 후지와라노 타루히토(藤原善仁: 1079~1107),
   1086~1107

23. 토바(鳥羽): 후지와라노 무네히토(藤原宗仁: 1103~1156), 1107
   ~1123

24. 스토쿠(崇德): 후지와라노 아키히토(藤原顯仁: 1119~1164), 1123
   ~1141

25. 고노에(近衛): 후지와라노 나리히토(藤原體人: 1139~1155), 1141

~1155

26. 고시라카와(後白河): 후지와라노마사히토(藤原雅仁: 1127~1192), 1155~1158

27. 니죠(二條): 후지와라노 모리히토(藤原守仁: 1143~1165), 1158~1165

28. 로쿠죠(六條): 후지와라노 노부히토(藤原順仁: 1164~1176), 1165~1168

29. 다카쿠라(高倉): 후지와라노 노리히토(藤原憲仁: 1161~1181), 1168~1180

30. 안토쿠(安德): 후지와라노 도키히토(藤原言仁: 1178~1185), 1180~1185

31. 고토바(後鳥羽): 후지와라노 다카히라(藤原尊成: 1180~1239), 1184~1198

32. 츠치미카도(土御門): 후지와라노 다메히토(藤原爲仁: 1195~1231), 1198~1210

33. 쥰토쿠(順德): 후지와라노 모리나리(藤原守成: 1197~1242), 1210~1221

34. 주쿄(仲恭): 후지와라노 카네나리(藤原懷成: 1218~1234), 1221

35. 고호리카와(後堀河): 후지와라노 유타히토(藤原茂仁: 1212~1234), 1221~1232

36. 시죠(四條): 후지와라노 미츠히토(藤原秀仁: 1231~1242), 1232~1242

오사가하라(小笠原) 씨

1. 고사가(後嵯峨): 오가사하라 쿠니히토(小笠原邦仁: 1198∼1272),
   1242∼1246

2. 고후카쿠사(後深草): 오가사하라 히사히토(小笠原久仁: 1243∼
   1304), 1246∼1259

3. 카메야마(龜山): 오가사하라 츠네히토(小笠原恒仁: 1249∼1305),
   1259∼1274

4. 고우다(後宇多): 오가사하라 요히토(小笠原世仁: 1267∼1324), 1274
   ∼1287

5. 후시미(伏見): 오가사하라 히로히토(小笠原熙仁: 1265∼1317), 1288
   ∼1298

6. 고후시미(後伏見): 오가사하라 타네히토(小笠原胤仁: 1288∼1336),
   1298∼1301

7. 고니죠(後二條): 오가사하라 쿠니하루(小笠原邦治: 1285 ·· 1308),
   1301∼1308

8. 하나조노(花園): 오가사하라 토미히토(小笠原富仁: 1297∼1348),
   1308∼1318

9. 고다이고: 오가사하라 다카하루(小笠原尊治: 1288∼1339), 1318∼1339

10. 고무라카미(後村上): 오가사하라 노리나가(小笠原憲良: 1328∼
    1368), 1339∼1368

11. 조케이(長慶): 오가사하라 유타나리(小笠原寬成: 1343∼1394), 1368
    ∼1383

12. 고카메야마(後龜山): 오가사하라 히로나리(小笠原熙成: 1345∼
    1424), 1383∼1392

아시카가(足利) 씨

1. 고곤(光嚴): 아시카가 도키히토(足利重仁: 1313~1364), 1332~1333

2. 고묘(光明): 아시카가 토요히토(足利豊仁: 1321~1380), 1337~1348

3. 스코(崇光): 아시카가 마스히토(足利益仁: 1334~1398), 1349~1351

4. 고코곤(後光嚴): 아시카가 이야히토(足利彌仁: 1336~1374), 1353 ~1371

5. 고엔유(後圓融): 아시카가 오히토(足利緒仁: 1358~1393), 1374~ 1382

6. 고코마츠(後小松): 아시카가 모토히토(足利幹仁: 1377~1433), 1382 ~1412

7. 쇼코(稱光): 아시카가 미히토(足利射仁: 1401~1428), 1414~1428

8. 고하나조노(後花園): 아시카가 히코히토(足利彦仁: 1419~1470), 1428~1464

9. 고츠치미카도(後土御門): 아시카가 후사히토(足利成仁: 1442~1500), 1465~1500

10. 고카시와바라(後栢原): 아시카가 카츠히토(足利勝仁: 1464~1526), 1521~1526

11. 고나라(後奈良): 아시카가 토모히토(足利知仁:1496~1557), 1536 ~1557

12. 오기마치(正親町): 아시카가 미치히토(足利方仁: 1517~1593), 1560~1586

13. 고요제이(後陽成): 아시카가 카즈히토(足利和仁: 1571~1617), 1586~1611

14. 고미즈노(後水尾): 아시카가 타다히토(足利政仁: 1596~1680),

1611~1629

15. 메이쇼(明正): 아시카가 오키코(足利興子: 1623~1696), 1630~
    1643

16. 고코묘(後光明): 아시카가 쓰구히토(足利紹仁: 1633~1654), 1643
    ~1654

17. 고사이(後西): 아시카가 나가히토(足利長仁: 1637~1685), 1654
    ~1663

18. 레이겐(靈原): 아시카가 사토히토(足利識仁: 1654~1732), 1663
    ~1687

19. 히가시야마(東山): 아시카가 아사히토(足利朝仁: 1675~1709), 1687
    ~1709

20. 나카미카도(中御門): 아시카가 야스히토(足利慶仁: 1701~1737),
    1710~1735

21. 사쿠라마치(櫻町): 아시카가 테루히토(足利照仁: 1720~1750), 1735
    ~1747

22. 모모조노(桃園): 아시카가 토오히토(足利遐仁: 1741~1762), 1747
    ~1762

23. 고사쿠라마치(後櫻町): 아시카가 사토코(足利智子: 1740~1813),
    1763~1770

24. 고모모조노(後桃園): 아시카가 히데히토(足利英仁: 1758~1779),
    1768~1779

25. 고카쿠(光格): 아시카가 모로히토(足利師仁: 1771~1840), 1780
    ~1817

26. 닌코(仁孝): 아시카가 아야히토(足利惠仁: 1800~1846), 1817~

1846

27. 고메이(孝明): 아시카가 오사히토(足利統仁: 1831~1866), 1846
~1866

근현대 천황가

1. 메이지(明治): 오무로 토라노스케(大室寅之祐: 1850~1912), 1868
~1912

2. 다이쇼(大正): 오쿠마 요시히토(大畏嘉仁: 1879~1926), 1912~1926

3. 쇼와(昭和): 오무로 히로히토(大室裕仁: 1901~1989), 1926~1989

4. 헤이세이(平成): 시마즈 아키히토(島津明仁: 1933~), 1989~

현재의 YMCA

당대의 미국대통령과
월남의 남은 가족들

월남 당시 미국대통령

12대 재커리 테일러(Zachary Taylor)

　　1849년 3월 4일~1850년 7월 9일

　　부통령 밀러드 필모어(Millard Fillmore)

　　(월남 이상재 출생)

13대 밀러드 필모어(Millard Fillmore)

　　1850년 7월 9일~1853년 3월 4일

　　부통령 부재

14대 프랭클린 피어스(Franklin Pierce), 민주당

　　1853년 3월 4일~1857년 3월 4일

　　부통령 윌리엄 R. 킹(William R. King), 민주당

15대 제임스 뷰캐넌(James Buchanan)

　　1857년 3월 4일~1861년 3월 4일

　　부통령 존 C. 브레킨리지(John C. Breckinridge)

16대 에이브러햄 링컨(Abraham Lincoln), 공화당

1861년 3월 4일~1865년 4월 15일

부통령 한니발 햄린(Hannibal Hamlin)

(봉서암에서 수학, 월남 결혼)

17대 앤드루 존슨(Andrew Johnson), 민주당

1865년 4월 15일~1869년 3월 4일

부통령 부재

18대 율리시스 그랜트(Ulysses Simpson Grant), 공화당

1869년 3월 4일~1877년 3월 4일

부통령 헨리 윌슨(Henry Wilson)

19대 러더퍼드 B. 헤이스(Rutherford Birchard Hayes), 공화당

1877년 3월 4일~1881년 3월 4일

부통령 윌리엄 A. 휠러(William A. Wheeler)

20대 제임스 A. 가필드(James Abram Garfield), 공화당

1881년 3월 4일~1881년 9월 19일

부통령 체스터 A. 아서(Chester Alan Arthur)

21대 체스터 A. 아서(Chester Alan Arthur), 공화당

1881년 9월 19일~1885년 3월 4일

부통령 부재

(신사유람단으로 일본 방문 중)

22대 그로버 클리블랜드(Stephen Grover Cleveland), 민주당

1885년 3월 4일~1889년 3월 4일

부통령 토머스 A. 헨드릭스(Thomas A. Hendricks)

(초대주미공사관 1등서기관으로 체미 중)

23대 벤저민 해리슨(Benjamin Harrison), 공화당

1889년 3월 4일~1893년 3월 4일

부통령 레비 P. 모턴(Levi P. Morton)

24대 그로버 클리블랜드(Stephen Grover Cleveland), 민주당

1893년 3월 4일~1897년 3월 4일

부통령 애들라이 E. 스티븐슨(Adlai E. Stevenson)

(임오군란, 을미사변, 민비 시해)

25대 윌리엄 매킨리(William McKinley), 공화당

1897년 3월 4일~1901년 9월 14일

부통령(2인) 개럿 호바트(Garret Hobart), 시어도어 루스벨트

(Theodore Roosevelt)

(독립협회, 만민공동회)

26대 시어도어 루스벨트(Theodore Roosevelt), 공화당

1901년 9월 14일~1909년 3월 4일

부통령 (초기)부재, (후기)찰스 W. 페어뱅크스(Charles W. Fairbanks)

(옥중에서 예수를 믿고 연못골교회 출석, YMCA 등록)

27대 윌리엄 하워드 태프트(William Howard Taft), 공화당

1909년 3월 4일~1913년 3월 4일

부통령 (초기)제임스 S. 셔먼(James S. Sherman), (후기)부재

(YMCA 총무 취임)

28대 우드로 윌슨(Thomas Woodrow Wilson), 민주당

1913년 3월 4일~1921년 3월 4일

부통령 토머스 R. 마셜(Thomas R. Marshall)

(3·1독립운동)

29대 워런 G. 하딩(Warren Gamaliel Harding), 공화당

1921년 3월 4일~1923년 8월 2일

부통령 캘빈 쿨리지(John Calvin Coolidge Jr)

30대 캘빈 쿨리지(John Calvin Coolidge Jr), 공화당

1923년 8월 2일~1929년 3월 4일

부통령 (초기)부재, (후기)찰스 G. 도스(Charles G. Dawes)

(조선일보 사장, 교육협회, 신간회 회장, 소천)

막내 승준이 장가가다

순재와 같이 한산에 가서 나이 서른여덟에 늦게 보내는 승준이의 혼사를 마치고 올라왔다.

"서방님! 막내 장가보내니 이제 좀 집안 걱정 덜하셔도 되지 않겠습니까?"

"예, 나는 웃으며 산다고 했지요? 날마다 껄껄대고 속없는 사람처럼 매일 웃어 댔는데 자식들 생각만 하면 그 웃음이 줄어들었습니다. 이제 웃기가 훨씬 수월해질 것입니다."

"그러게 말입니다. 하지만 집안일에도 웃으셔야지. 깊이 생각하고 고민한다고 해서 무슨 유익이 있겠습니까?"

"알아요. 그러나 한산에 땅이 있나 집이 널널한가…. 오죽하면 승준이가 처가살이를 간다고 하겠습니까? 그러니 실은 웃음이 잘 안 나옵니다."

"그러실 일 아니십니다. 며느리네가 여간 부자가 아니니까 처가살

이라고 하면 안 될 일입니다."

"그건 그래요. 농토가 성당면(옥구군) 바닥이 전부 사돈네 땅이라니까 그집 사위가 되었으면 당연히 농사를 거들어야 되겠지요."

처가가 부잣집이라 공부도 시켜준다고 했다.

나중에 얘기지만 승준이는 실제로 상해에 가서 2년간 공부하고 돌아오기도 하였다.

"성당면만 아니고 옆 옥포면까지 거의가 다 며느리네 농토라고 하니까 사위가 안 가면 누가 그 많은 일을 하겠습니까?"

"그러니까 승준이를 고르고 골라서 사위로 본 거라고 하잖습니까? 승준이가 머슴으로 가는 것도 아니고 자식이나 마찬가지로 가는 건데 마음 아플 거야 없지만 그래도 어딘가 허무한 생각입니다."

"한 이태(2년)나 지나면 유학도 보낸다지 않아요? 사위라고 생각하는 게 아니라 자식이라고 생각하고 받은 사위입니다. 다 서방님의 인품을 믿고 서방님의 아들이라니까 믿고 사위로 맞은 것 아닙니까?"

"그건 고마운 일이기는 해요. 그러나 저러나 잘 살아야 하는데…"

그렇다. 승준이가 이제 장가를 든 것이다.

1916년이었다.

며느리는 금강하구 신성리를 건너 판포를 더 지나 성당면 두동리로 보낸 것이다.

장남 승륜이가 일찍 죽고 나자 승륜이의 아들 장손자 선직이는 그냥 한산 옛집에서 살고 있다.

둘째 승인도 죽고 나자 둘째의 아들 홍직이는 학교에 다녀야 하니 월남이 학비를 대 주어야 한다.

홍직이는 여간 공부를 잘하는 게 아닌데 홀어머니와 둘이서 사니까 서대문 밖에서 가까운 데로 옮겨 오라 했다. 그래서 먼 데다 두지 못하고 월남의 집에서 가까운 곳에 새로 방을 마련해 주어 살고 있다.

그리고 셋째 아들 승간이마저 죽었기 때문에 승간이가 낳은 아들 안직이도 아직은 한산 옛집에서 선직이네와 같이 산다.

다행히 월남의 집은 방이 많아서 안채와 사랑채까지 방이 4개, 우선 사는 데는 그만하니 됐으나 승준이까지 같이 살라 하기에는 방이 모자라는 것이다.

얼른 서울로 데려오기는 해야 하겠는데 그게 만만한 게 아닌 것이 월남에게는 특별한 벌이가 되는 게 없다.

그래서 순재가 자주 친정신세를 지기도 하며 살아가는 것이고, YMCA 총무를 하니까 푼돈 정도지만 그나마 급여가 나와 그 돈으로 살았는데 이제 명예총무가 되고 나니 그마저도 급여가 나오지 않는다. 다만 공식적으로 써야 될 돈은 Y의 돈을 사용하지만 그게 개인용도로 쓰는 돈은 아니기에 생활이 어렵다.

총독부에서 보낸 사람

승준이가 아들을 낳았단다.

"언제 내려가실 거예요?"

"가야지…. 손자 보러…. 오랜만에 한번 어린 손자를 안아 보게 생겼구려. 하하하."

월남이 호탕하게 웃으며 막둥이가 손자를 낳았다는 소식에 가슴이 뿌듯하다.

그러나 어물쩍하다 보니 불과 한 달도 못 된 어느 날. 천둥이 치고 번개가 번쩍이는데 전보가 날아들었다. 태어난 손자가 죽었다는 청천벽력 같은 소식이다.

"서방님! 내가 이렇게 가슴이 아픈데 얼마나 가슴이 무너지세요?"

순재가 위로하지만 월남의 눈에서는 눈물이 그치지 않는다.

벌써 몇인가? 손가락이 모자라 다 셀 수도 없는 피붙이들의 죽음.

"괘씸하고 고약한 놈들 같으니라고…."

"그러게 진작 내려가 보자니까 그러셨습니다."

"내가 내려갔다고 해서 죽을 애가 살겠습니까?"

"참말로 내가 서방님의 가족들만 생각하면 내 살이 찢기는 것 같아요."

월남은 다시 웃음을 잃었다.

'공연히 손자 봤다고 괜한 자랑을 했구나… 이제 뭐라고 한다지…?'

그러나 상처도 쌓이면 굳어지나 보다.

월남은 억지로 아픈 기억을 지우며 Y일에 열심을 내는데 다시 또 희소식이 날아들었다,

막내 승준이의 처(며느리)가 또 임신 중이라는 것이다.

세월은 눈 깜짝하는 사이에 흘러 다시 또 전보가 날아들었다. 이번에는 딸을 낳았다는 것이다.

"빨리 갑시다."

서둘러 급한 일을 마치고 내려가려는데 불과 열흘도 못 가서 또 비보가 날아들었다. 또 딸아이가 세상을 떴다는 전보다.

"자식 복이라곤 참 지지리도 없는 놈이로군요. 눈물도 말랐습니다."

그런데 바로 그 다음 날이다.

총독부에서 왔다면서 야마가카 이사부로(山縣伊三郎산현이삼랑, 1910

년 10월 1일부터 재임 중) 1대 정무총감의 친서를 전하라고 해서 왔다는 것이다.

모월 모시에 총독부로 들어와 달라는 간단한 내용이다.

"정무총감이 왜 나를 보자고 한답니까?"

"그건 잘 모르겠습니다."

"당신은 나를 알아요?"

서찰을 가지 온 사람에게 물었다.

"예, 스쳐서 뵈온 적은 있습니다."

"나는 야마가 총감을 본 적이 없는데… 총감은 나를 봤답니까?"

"총감 각하께서는 월남 선생을 뵈었다고 하셨습니다."

"그래요? 그런데 왜 보자는 것입니까?"

"그것은 정말 아무것도 모릅니다."

"또 조선기독교청년회 일로 보자는 것 아니랍니까?"

"역시 모릅니다만, 그건 아닌 걸로 압니다."

"그걸 어떻게 알아요?"

"Y 일로 보자는 거냐고 묻거든 그건 아니라고 말씀드리라 했습니다."

"그래요? 그런데… 가서 전하시오. 어제 나는 나의 막내가 낳은 손녀가 죽었다는 전보를 받았다고 하시오. 지금 갈 정황이 못 되니 이다음에 언제 기회가 되거든 그때나 보잔다고 하시오. 뭐 꼭 볼일이 아니거든 없던 걸로 해도 괜찮다고 한다고 전해도 됩니다."

이렇게 말하고 총독부 사람을 돌려보냈다.

다음날.

총독부에서 왔다면서 또 다른 사람이 월남을 찾아왔다.

"무슨 일입니까?"

"하세가와 요시미치(長谷川好道장곡천호도, 1916년 10월 16일부터 재임 중) 총독 각하의 전문을 전해 드리러 왔습니다."

월남은 전문을 펼쳐 보았다.

"월남 선생님 오랜만입니다. 가내 비운이 있다는 말씀 들었습니다. 전에 뵈옵기는 하였으나 진솔한 대화 한번을 하지 못하여 아쉬운 중 가내 슬픔을 당하셨다 하시오니 마음이 내키지 않으실 줄 아오나 본인이 올리고자 하는 위로의 말씀을 거절하지 말고 뉘게 알리지 말고 내일 오전 중에 꼭 한번 총독관저를 방문해 주시기 원합니다. 기다리 겠습니다. =長谷川好道="

제법 정중한 문서를 보내왔다.

하세가와라면 먼저 데라우치가 떠오른다. 데라우치란 자는 전직 총독이며, 전 전직 통감에서 총독으로 승진한 인물이다.

그때 승간이가 세상을 떠나 고향에 내려간 바람에 화를 피하였으나 데라우치 암살조작 사건으로 YMCA를 쑥대밭으로 만들어 사랑하는 동지들을 4년, 6년씩 억울하게 감옥에 가둔 일이 있던 105인 사건의 당사자로서 데라우치의 후임으로 온 자가 2대 총독 바로 이 하세가와 요시미치, 즉 장곡천호도다.

달갑지 않은 인물이다.

하기사 뉘라서 달가울 리 있을까마는 일본은 최상층부 천황이라는 작자부터가 썩어빠진 자들이다.

왜냐하면 자기가 하나님이라 칭하는 것과 다름없는 천황(天皇)이라니 그 밑에서 굴종하는 자들이야 제정신이라 하겠는가?

곰곰 생각해 보았다.

"일단 가서 알았다 한다고 전하시오."

갈지 말지 아직 생각이 정리도 되지 않았는데 총독부 직원이 재촉한다.

"힘겨워 하시겠지만 그러시더라도 꼭 오시겠다는 말씀을 듣고 오라 하셨습니다. 월남 센세이(선생) 부탁올립니다."

도대체 지금 속이 말이 아닌데 이 무슨 아닌 밤중에 홍두깨질이란 말인가?

"간다고 하시오. 꼭 간다고 했다고 전하시오."

참말로 이상한 일일세

그날 밤.

아무리 잊으려 해도 도대체 하세가와가 뭣 때문에 보자고 하는지 아무리 생각해도 알 수가 없다.

"뭐 짐작 가는 것도 없으세요?"

"날보고 도와 달랄 일은 꿈에도 없을 건데 글쎄…"

"뚱딴지같이 내각에 들어와 달라는 게 아닐까요?"

순재도 도무지 감이 잡히지 않는 모양이다.

"벼슬 아니라 총독을 하란다고 하겠습니까? 내가 모실 분은 하나님 한 분뿐이오. 설마하니 하나님을 포기하라 하겠습니까? 나는 골수 예수쟁이라는 것 자기들이 더 잘 아는데…"

"잊어버리세요. 가보시면 알겠지요, 뭐."

"그럽시다. 그런데 잠이 안 오네요, 어째."

"잠 안 오시면 나나 안아 주세요, 네? 하하."

순재가 재롱을 부려 쌌는다.

"안아서 이제 아들을 낳을 일 있소이까?"

"그 말 참 잘하셨습니다. 나 서방님 아이 낳고 싶어요."

"지금 무슨 소릴 하는 겁니까?"

"무슨 소리냐니요?"

"내가 지금 낼 모래면 70이요. 나이 70에 무슨 자식을 낳습니까? 사람 놀리지 말아요."

"나는요? 나는 지금 몇인데요?"

"부인이요? 쉰한 살…. 애 낳겠습니까?"

"마음 같다면야 당장이라도 낳고 싶다니까요."

"아, 경도가 있어야 낳지…. 참 사람이 머리가 복잡하다니까 장난합니까?"

"마음 같아서는 그렇단 소리도 못하는 거예요? 제부는 60이 넘어서도 잘만 낳습디다."

"60하고 70하고 같아요? 그래도 부인은 행복한 줄 알아야 돼요."

"뭐가요?"

"내가 신랑노릇 그만큼 하면 잘하지 않나요?"

"어마나 서방님도 농을 다 하시네요."

"얘기가 나왔으니 하는 말인데…."

"뭔데요?"

"사람이 사람을 낳고 기르는 게 아니라는 말입니다."

"그게 뭔 말이세요?"

"나를 봐요. 내가 집사람과 평생 떨어져 살지 않았습니까? 그런데 참 이상한 것은 애를 낳으려니까 꼭 그때가 되면 이상하게시리 내려

가고 싶고 내려갈 일이 생기고 내려갔다 하면 꼭 임신이 되더라니까요. 그게 지금 생각해 보니까 사람이 하는 일이 아니라 하나님이 생명을 창조하시려 하는, 때가 되면 결실되라 하신 것이더라고요."

"호호…. 거참 말 되네요."

"인간이 태어나고 살고 죽는 것은 사람이 하는 일이 아니라는 것을 이제야 알았습니다. 정이 좋다고 애가 생기기로 말하면 우리가 벌써 10년인데 서넛은 낳았을 것입니다."

"제부도 겨우 10년 남짓 살면서 셋을 낳았으니 그건 그렇군요."

"뿐만 아니라…."

"예."

"원수니 악수니 하고 죽여라 살려라 하면서 사는 부부들을 보면 그렇게 싸우고 원수를 죽이면서도 애는 쑥쑥 낳거든요. 그게 뭔고 하며는…."

"뭔데요?"

"싸우면서 애를 낳은 것입니다. 실컷 두들겨 패고 맞고 그닐 밤에 글쎄 애기가 생기는 겁니다. 싸우면 애가 안 생기는 게 아니라 싸워도 생길 아기는 생겨요. 그래서 투정을 합니다. 저런 인간하고 왜 애는 많이 낳은 건지 내가 미쳤는가 보다고 말입니다."

"싸우는 것하고 애 생기는 것하고, 금실 좋은 것하고 애 생기는 것은 다른 문제 같아요. 전부 하나님이 하실 뿐이라는 것입니다."

"그럼 우린 하나님이 낳지 말라고 하셨나 보지요?"

"내가 싫다 좋다 낳자 말자 그런 생각한 일 없습니다. 생명은 하나님 것이고 하나님만이 만드시는 창조물이거든요."

"거참 평장(平葬) 면하기는 틀린 모양입니다."

한일 화해와 평화를 위하여

왜성대.

뉘 말마따나 이쪽에 대고 오줌도 누기 싫은 곳이다. 지금 월남이 말로만 들은 왜성대에 들어서고 있다. 저들의 말로는 왜성대가 아니라 우리가 인정하기도 싫은 조선총독부다.

이미 1916년부터 광화문을 헐기 시작하여 그 자리에 새 조선총독부 건물을 짓고 있는 일본이 아직은 왜성대를 조선총독부로 쓰고 있는 곳이다.

들어서는 길가 양쪽은 나무가 울창하고 길은 좁은 편이다.

가운데는 3층으로 보이나 안은 2층 건물이다.

여기서 조선을 집어삼키는 갖은 수작을 다 부리는 악의 소굴이다.

여기에 대면 YMCA는 대궐이다.

이 조그만 건물이 조선 8도를 13도로 나누고 여기서 조선 늑탈의 만행이 저질러지는 곳, 월남은 살치가 벌벌 떨리지만 진정하고 들어선다.

집총을 한 일본헌병대가 부동자세로 월남에게 세워총으로 영접한다.

'어랍쇼?'

월남이 온다고 이미 명령이 하달된 모양이고, 어쩌면 지팡이 집고 한복두루마기에 하얀 턱수염에 흰머리가 난 사람이 월남이라고 알려준 모양이다.

"어서 오십시오. 정무총감 각하께서 기다리고 계십니다."

"총감이 기다린다고요?"

"예, 총감집무실에서 영접하고 총독각하께로 모시고 갈 것이라 하셨습니다.”

월남은 2층으로 올라갔다.

“어서 오십시오.”

“예, 왔소이다.”

“일본말 잘하시니 일본말로 모셔도 되겠습니까?”

“맘대로 하시오마는….”

영 못마땅한 마음이지만 기왕에 왔으니 두고 볼 참이다.

“하이! 우레시 마스! 도우죠(반갑습니다. 이쪽으로…).”

“3층 총독실로 가자는 거요?”

“하이! 소우데스(예! 그렇습니다).”

“거참 그런데 영 듣기가 편치 않소이다. 꼭 하이 하이 하지 않으면 안 됩니까?”

“하이! 가시코 마리마시다(예 알았습니다).”

“나는 조선사람이니 조선말로 안내해요. 나는 일본말 먹통이라 든기도 싫습니다.”

“죠셍고가 헤다데스라까라…. 혼도니 스미마셍. 도우죠(조선말이 서툴러서…. 정말 죄송합니다. 가시지요).”

“알았어요. 갑시다.”

옆 총독집무실로 들어섰다.

“아 월나무 센세이 이랏샤이 마세….”

“또 일본말입니까? 허허 이러시면 나 그냥 돌아갈랍니다.”

“아 미안하문니. 와다시와 조선말 좀 그래서요. 우리끼리니까 일본말로 하면 안 되겠스무니까?”

“서툴어도 좋으니 다 알아들을 거니까 신경 쓰지 말아요.”

앉으라고 자리를 권한다.

그러면서도 역시나 '도오죠'라 하다니 이런 자들이 조선총독을 한다는 것이 꼴불견이다마는 생각은 딴 데로 가 있다.

"마즈 오짜워 노미마쇼(차부터 한 잔 하시지요). 하하하."

일본말이 편한 까닭에 스스로도 미안한 모양인지 웃는다.

"무슨 일로 보자 하셨습니까? 동양평화 도와 달라는 것입니까?"

"모찌롱 도요노 헤이와 몬다이모 아룬데승아(물론 동양평화 문제도 있습니다마는…)…."

"그럼 뭐요?"

"고레오 아와셋테 모쿠데키가 이마스(그것을 포함하여 목적이 있습니다)."

이렇게 셋이서 자리에 앉았다.

먼저 정무총감 야마가카 이사부로(山縣伊三郞산현이삼랑)가 말문을 연다.

"본국 가쓰라 다로(桂 太郞) 총리대신께서 조선인의 지도자를 만나 양국 간 우호관계에 유익한 대화를 가지라는 명을 내려주셨습니다."

"그래서요?"

"그래서 하세가와 요시미치 총독각하께서 월남 선생을 모시자고 하셔서 일본과 조선이 상호 선린우호관계를 위한 자리를 만들기 원하시어 모시게 된 것입니다."

야마가카가 상황을 설명한다.

일본이 변해야 한다

하세가와가 말을 받는다.

"편하게 말씀 좀 나누고자 합니다. 천천히 점심식사 하시고 좋은 말씀 좀 해주시라고 모셨습니다."

"그래요. 그 뜻은 좋습니다. 그런데 나하고 무슨 대화가 통하겠습니까? 기독교청년회 얘기는 아닐 테고… 주제가 뭐지요?"

"양국 간 대치관계를 청산하고 상호평화와 번영을 위한 방안이 무엇인지 의견을 나눠 보자는 것입니다."

"상호평화와 번영이라… 하세가와 총독, 내가 각하라고 하지 않아도 이해하시겠지요?"

말이 없다.

"정이나 듣기 싫다면 오늘만 각하라 하겠소이다. 그래, 하세가와 총독각하. 지금 일본이 조선에 총독부를 세우고 정권을 장악하고 외교·국방·치안·경제…. 다 좋습니다마는 이래서야 어디 상호니 평등이니 하는 말이 가당합니까?"

"그러니까 모시고 고견을 듣자는 자리가 아니겠습니까?"

"그래요? 그래 기왕지사 듣고 싶다면 그럼 이제 내 생각대로 기탄없이 말해 보리다."

"예, 무슨 말씀이든지 다 해보세요. 서로 좋은 게 좋지 않겠습니까?"

"첫째로 일본은 우리보다 군사력이 강합니다. 둘째로 우리보다 선진문명을 일찍 받아들여 나름대로는 앞선 교육체계를 가지고 있습니다. 셋째로 일본은 아직 우리에게는 없는 경제정책을 가지고 은행이라는 통화방식을 가지고 있습니다. 뭐 수도 없지만 하나만 덧붙이면 일본은 우리보다 인구가 근 3배나 많아 국력이나 인력에서 많이 앞서 있습니다.”

“예, 말씀하십시오.”

“그렇다면 힘세고 많이 배우고 돈 많고 국력이 크다는 이유로 상대적으로 힘이 약하다고 해서 이웃나라를 통째로 들어먹어서야 되겠습니까?”

“아니, 들어먹다니요. 우리는 어디까지나 동양평화라는 원대한 취지에서 조선의 자주독립과 조선인민의 선진화를 위해 온 것이지, 조선을 잠식하여 이득을 챙기려고 하는 뜻이 아닙니다. 옆집이 잘살면 이웃집 도움도 받는 것 아닙니까?”

“말로만? 참 말은 제대로 둘러댑니다. 그렇다면 도와주러 왔다는 사람들이 지금 우리 황제 폐하도 끌어내리고 새로 올리고 신하도 전부 바꾸고 땅덩어리도 맘대로 줄을 긋고 여차직하면 땅이란 땅은 닥치는 대로 일본인들이 만든 동양척식 앞으로 명의를 변경합니까? 요는 이것은 시작일 뿐이고 나는 일본의 속셈을 꿰뚫어 보고 있습니다.”

“무엇을 꿰뚫어 보십니까?”

“결국 우리 민족혼을 말살하기 위해 전부 일본책으로 아리가토 스미스마셍 하고 조선말도 없앨 것이고, 철도를 깔아 국토를 발전시킨다는 핑계로 조선인 노동력을 착취하여 일본인 노임의 절반이나 주었습니까? 자자자, 하세가와 총독. 당신의 속내가 중요한 게 아니라 가스란지 타로온지(가쓰라 타로오 일본 총리대신) 하는 일본 총리대신의 속셈이 뭔지나 아시오? 하세가와 총독보다 윗자리에 앉은 현재의 일본 천황, 즉 명치유신 이후 2대 천황으로 앉은 다이쇼(大正) 오쿠마 요시히토(大畏嘉仁) 천황의 인품이 더 문젭니다. 총감이나 총독이야 총리대신의 훈령이나 지휘감독을 받을 것이고, 최상석에는 다이쇼가 앉았잖아요?"

이름을 막 불러 젖히니까 안색이 좋지 않다.

그러거나 말거나…

"물론 다이쇼 천황도 총리대신의 상주(제안)에 따르겠지만, 우선 천황이라는 황칭(황제라 칭함)부터가 상호주의 평화주의와 먼 이야기입니다. 천황은 하나님의 성호를 도적질해서 거머쥔 인간에게 신격을 부여한 것입니다. 인간이 신입니까? 귀신만도 못한 인간이 어찌 하나님과 동격입니까? 나는 예수교인입니다!"

"허허, 월남. 아무리 우리끼리지만 말을 가려서 해주시오."

"아니요. 우리끼리니까 깨놓고 하는 말이니 들어보시오. 인간은 동등합니다. 백인이나 흑인이나 부자나 가난한 자나 병든 자나 건강한 자나 모두 같습니다. 그리고 인간은 모두가 다 하나님을 닮은 한 형제자매입니다. 일본서 한국으로 시집오면 부인이고 어머니고 한국서 일본으로 장가가면 사위고 아버지고 남편입니다. 그러나 이런 인간존중이라고 하는 인간성이 잘못된 나라가 일본입니다. 강하고 힘세다고 이웃 나라를 감아먹어요?"

"그런 게 아니라 오늘 모신 목적은 서로가 좋은 길을 찾아 조선인이나 일본인이 부딪치지 말고 함께 나라발전과 동양평화와 번영을 위한 방안이 무엇인지 협의해 보자는 뜻입니다."

"협의를 하려면 먼저 우리 황실을 원위치로 돌리시오. 그리고 나서 얘기합시다. 본국에 보고서를 낼 때 월남이 그러더라고 한다고 하고 고종 황제를 다시 경복궁으로 모시고 황권을 되돌려 조선인으로 조정신료들을 재임명하도록 한 후에…"

"허허, 그래요? 어디 들어나 봅시다."

"그 후에 피차 줄 것 받을 것 배울 것 가르칠 것 있으면 정당한 학비를 주고 배우고 가르치고, 조선 발전을 위해 국토를 개발하겠다면 상호 평등하게 반반 이득을 나누던지 하고, 무엇보다도 우리 청장년 노동자들을 박대하고 돈 몇 푼으로 공사 하나에 떼돈을 거머쥘 생각을 하지 말라는 것입니다."

"하하 참, 조선에 철도를 놓고 한강에 다리를 놓으면 그게 다 조선인들이 탈 것이고 건너다니는 것 아닌가요? 도로를 내도 결국 조선사람들이 다닐 도로입니다. 우리가 철로를 떼어 가겠습니까? 왜 조선에 엄청난 돈을 투자해서 살기 좋은 나라를 만드는 우리의 진심을 몰라주십니까?"

"내가 아까 속셈을 안다고 했지요? 그런 소리 하지 말아요. 조선에 철도 놓고 알맹이 빼갈 길 만든 것 아니요? 채광이나 채벌이나 신 농법이나 전부 우리는 왕겨 껍데기나 주고 알곡은 다 당신네가 가져갈 속셈 아니냐 그 말입니다. 이것이 도적질이 아니고 뭡니까? 밥풀떼기 몇 개 주고 통째로 들어먹을 속셈이라는 것 내가 모르는 줄 아시오? 나는 근시안이 아닙니다. 앉아서 만 리는 못 봐도 천리는 봅니다. 지금 일본의 최대관심이 무엇입니까? 청국이나 동남아까지 지구 반쪽에 해당하는 동양권을 전부 지배하자는 속셈 아닙니까? 웬 욕심이 그렇게 많습니까? 그래서 각국 백성들을 전부 노예로 전락시켜 호의호식하자는 속셈 아니요?"

"영 삐딱하게만 보시니 말이 안 통합니다. 그래서요? 그러니까 월남 대감께서는 앞으로 어떻게 하자는 것입니까?"

"나요? 간단합니다. 일본은 조선에서 떠나라는 것입니다. 조선의 자주독립을 보장하고 인접국으로서 도와 달라면 도와주고, 무기가 필요하다면 정당한 값을 받고 팔고, 돈을 빌려 달라면 이자를 주고 빌려주었다가 받아 가면 될 것이고…. 이웃나라지간에 털도 안 뜯고 삭먹어치우겠다는 야만적 동물근성을 버리라는 것입니다. 천황제를 폐지하고 황제나 왕실로 내리고 말고까지는 말 않겠습니다. 단, 나라와 나라로 대등하게 자국 국민과 인접국민과 서로 나누고 도우며 살아가는 진정한 평화의 길로 가야 한다는 것입니다."

"무기를 팔라? 그러면 그 무기로 누구를 겨냥한다는 거지요?"

"오해하지 마시오. 우리 민족은 천 번의 외침을 받았으나 단 한 번도 적침을 한 일이 없는 착한 민족입니다. 나눌 줄 알고 도울 줄 알고 이웃에 초상이 나면 같이 울고 누가 아프면 서로가 약을 들고 와 낫기를 바라는, 일본과는 다른 민족입니다. 나는 이런 우리 민족의 자부심을 가지고 일본을 대하노라니 참 불쌍하다는 생각뿐입니다."

"그게 그렇지 않습니다. 우리가 아니면 벌써 청국이 집어 삼켰을 것이고 그러면 이런 태평세월이 되었겠습니까?"

"태평세월이요? 도대체 말이 안 통합니다. 죄받는다는 생각은 안 하시오? 나는 기독교인입니다. 성경에 보면 악을 행하는 자는 악으로 망한다고 했고, 고사에서도 순천자는 흥하나 역천자는 망한다 했습니다. 일본이라는 나라… 내가 감히 예언하건데 미래가 걱정입니다. 지진으로 망할 게 아니라 인간성으로 망합니다. 칼을 쓰는 자, 칼로 망한다고 말한 적이 있는데 폭력과 무력으로 이웃나라를 해친 나라는 결국 그 죗값으로 망합니다. 내 말이 맞는지 틀리는지는 누가 나중에 죽을지 그때 보면 압니다. 나보다 늦게 죽을 터이니 나 죽은 다음에라도 똑똑히 보시오. 성경에 보면 슬피 울며 이를 간다는 말이 있습니다. 일본은 회개하고 하나님께로 돌아와야 합니다."

"아니…. 예수를 믿지 않으면 다 망한다는 것입니까?"

"하나님의 법도를 어긴 자는 망한다는 말이 그 말입니다. 하나님의 법이 말하는 악인이라는 것은, 약한 자와 병든 자와 고아와 과부와 나면서부터 병든 장애인과 불쌍한 이웃을 핍박하고 돕지 않는 것을 말하는 것입니다. 이 자리가 지금 서슬이 퍼런 자리지만 하나님의 자리에서는 문간방도 아니고 거적때기 깔고 앉은 자리나 다름없는 죄악의 자리입니다."

"그러니까 굳이 독립을 외치고 끝까지 선동이나 하겠다는 말입니까? 무슨 말이십니까?"

"오해는 하지 말아요! 나는 총칼로 찌르고 죽이고 불태우고 부수지 않습니다. 원수 갚는 것은 하나님께 있으니 오히려 너희는 그를 위해 기도하라 하신 성경대로 할 것입니다. 그리하면 그의 머리 위에 숯불을 얹게 된다고 하였습니다. 나는 벌써 나이가 내년이면 70이오. 힘없는 늙은이가 독립운동이라고 한다 한들 힘으로 하고 주먹으로 합니까? 아무리 젊고 무기가 태산이라도 나는 비폭력 평화주의자입니다."

"그래서 독립운동의 선봉에서 물러나지 않겠다. 그 말입니까?"

"선봉? 선봉이라니? 선봉은 아니요. 허나 선봉이고 후봉이라고 따질 일도 아닙니다. 나는 절대적으로 일본을 망하라고 저주하지도 않습니다. 저주는 저주한 자에게로 되돌아온다는 것이 저의 믿음입니다. 단지 돌이켜 회개하고 하나님의 법도를 따라 살면 일본도 조선도 복을 받는다는 말입니다."

"그게 결국 독립운동한다는 소리 아닙니까? 뜻을 같이하는 동지들을 선동해서 들고 일어나 종로로 광화문으로 육조거리로 나와 일본은 물러가라고 시위를 벌이겠다는 얘기 아닙니까?"

"그렇게 들려요? 들리는 대로 듣는 건 좋으나 이렇게 말귀를 못 알아들으니 좋아요. 거 뭐하게 되고 여건이 되면 하지요. 암만 합니다, 나는. 그러나 나는 그럴 여력이 없습니다. 누굴 선동한다느니 하는데 내 말이 옳다는 사람은 그렇게 믿을 것이고, 내 말이 틀렸다고 친일파로 영화를 누리는 조선인도 왜 많지 않습니까? 사람이 하고 싶다고 다 돼요? 대한독립이라고 하는 것이 내 생각 속에 들었다고 해서 되는 일입니까? 그보다 간단하고 쉬운 것은 일본이 변화되는 것입니다. 제발 우리 청년들 일본군대로 끌고 갈 생각이나 하지 마시오. 난 우리나라도 아닌 타국 만 리에 가서 일본의 야욕을 채우려는 데 우리 청년들이 나가 싸우는 꼴은 못 봅니다. 허기야 보여도 늙은 놈이 뭘 어쩔까마는…"

"그런 건 괜한 걱정이십니다. 그럴 리가 있겠습니까?"

한산에서 양주묘소로 천장(이장) 당시 월남 선생 후손

"없어야지요. 그래야 그나마도 죄가 덜 무겁습니다. 한데 과거 세계역사를 통 털어 본 결과는 전쟁에서 이긴 나라는 진 나라의 장수의 아내를 첩으로 삼고 노획물로 짐승새끼들처럼 줄줄이 여인네를 꿰어 참디다. 일본이라는 나라가 이대로 굴러가면 그 꼴 나지 말란 법이 없습니다. 그러니까 독립을 포기할 수가 없습니다."

순간 조용하다.

"알아들은 말도 많고 이해가 안 되는 말도 많습니다. 참말이지 듣던 것보다 정말 대쪽이십니다. 어찌 보면 순하신데 어찌 보면 창끝이시고…. 어이, 정무총감! 내려가서 점심식사 준비하라 하시게. 시장하시겠어. 점심이 늦었네. 내려가 보시오."

제12부

묻혀 있는 독립의 씨앗들

5만 원입니다. 편하게 사세요

"점심이요? 속에 불이 났는데 밥이 넘어갑니까? 나 그냥 갈랍니다."

"아닙니다. 좋은 말씀도 많이 해 주셨는데 식사대접은 해 올려야지요."

"대접은 내 말을 새겨들었다면 그게 대접입니다. 정말 그냥 갈랍니다. 식사할 맘 일절 없습니다."

"그러지 마세요. 이미 극진하게 모시라고 시켰습니다. 왜요? 일본놈 밥이라고 밥맛 떨어질까 그러십니까? 그래서 조선 불고기로 준비하라고 조선요리사에게 특별 부탁을 했습니다."

"글쎄 싫다니까요? 일본 총독관저에 수십 번씩 드나드는 조선인들이 많은 줄 아는데 그네들이나 잘 대접하시오. 난 목구멍이 더러워서 비위가 약합니다. 죄송하지만 사양입니다."

"하하, 정 그러십니까? 대감 성미로 볼 때 이해는 갑니다. 정이나 그러시다면 그만두라 하겠습니다."

전화기를 돌리더니만

"어이! 대감께서 식사는 사양하신다니 자네들이나 먼저 드시게. 나는 좀 있다 내려가려니."

하세가와의 얼굴이 처음 같지 않게 밝게는 보인다.

"일본은 변화돼야 복을 받는다…. 회개하고 좋은 이웃답게 행동하여라…. 참 일리는 있는 말씀입니다."

"할 말 반도 못했어요. 정말이지 이러면 안 됩니다. 일본인이라고 해서 벼락이 피하고 지진에도 안 무너집니까? 하늘이 진노하는 날이 오면 바위 밑으로 숨는다는 말이 있습니다. 부귀영화가 뭐하자는 것입니까? 전부 허무한 것입니다. 이제 살면 얼마나 산다고 남한테 몹쓸 짓만 하고 삽니까? 또 기분 상할 소리지만 일본 총리대신 최다 4번이나 지낸 이등박문 보세요. 그게 안중근이가 죽인 게 아닙니다. 인명은 재천이라고 하늘이 용서치 않은 것입니다. 악독하게 굴면 하다 못해 버러지도 독을 뿜고 풀 한 포기도 해독을 뿜는 법입니다. 하늘에 부끄럽지 않게 살아야지 우선 먹기에 곶감이 달다고 해서 조선백성을 짓밟을 생각일랑 하지 말고 총독으로 있는 동안 모쪼록 사람을 죽이고 약탈하고 족치면서 감옥에 처넣고 고문하지 말아요. 내가 인생의 선배로서 하는 말입니다."

"예, 무슨 뜻인지는 잘 압니다. 그러나 우리는 악종이 아닙니다. 믿어주세요."

하더니만 책상 아래서 가방을 꺼낸다.

"월남 대감마님! 이거 가지고 가십시오."

"이게 뭡니까?"

"이것은 가쓰라 총리대신께서 특별히 보내 주신 것입니다."

가방을 여니 돈이 가득하다.

월남이 깜짝 놀랐다.

"이 무슨 돈입니까? 참 나를 어찌 보고 이게 무슨 짓입니까?"

월남이 화를 버럭 냈다.

가방을 다시 닫으며 하세가와는 음성을 낮춘다.

"이 돈은 대감께서 이미 고령이시니 고향에 내려가 남은 여생을 편히 쉬시게 하라고 보내주신 돈입니다."

"여생을 편하게 살아라? 일본놈들 돈 받아서 이 밤에 쇠고깃국 끓여 잘 먹고 잘 살다 뒈져라? 말썽 부리지 말고…? 독립운동 그딴 거 집어치우라고 주는 뇌물이라 그거지요?"

"또또 말을 비트시는데 그런 게 아니라…"

"그런 게 아니라 뭐요?"

"우리라고 왜 모르겠습니까? 조선왕실에서 충신을 꼽으라면 첫손가락에 대감을 꼽아야 한다는 것이 일본의 시각입니다."

"충신? 내가 충신이면 이완용이는 왕 충신 아니요? 나는 일본에게 미운 털만 박힌 놈인데 왜 나한테 돈을 줍니까? 먹고 떨어져 자빠져 자라? 그겁니까?"

"아니, 주는 사람이 어련히 알아서 드리는 건데 곡해도 유분수지 대감마님네 집안형편도 잘 압니다. 평생 나랏일 한다고 거두지 못하고 집 한 채도 없이 살아오면서 고린 동전 한 푼 검은 돈도 안 먹은 이런 분이 조선에 한 분밖에 더 있습니까?"

"이보쇼 하세가와! 째고 비렸습니다. 나는 불충의 몸으로 이미 세상을 버렸어야 할 사람입니다. 을사늑약 때 진정한 충신들 다 자결했습니다. 이놈의 목숨이 뭐라고 황제 곁을 지키지도 못하는 바보가 충신이요? 충신이고 망신이고 간에…. 당신네의 다이쇼 천황 폐한지 폐긴

지한테 분명히 말하시오. 그리고 가쓰란지 오쓰란지 하는 총리대신한 테도 분명히 말하시오. 내가 그러더라 하고 틀림없이 전해주시오."

"아, 받기나 하고 말씀하십시오."

"나는 종2품에까지 올랐던 고위관리였고, 10년 전(1907년) 순종 폐하의 영을 받아 정2품 법부대신 자리까지 오라고 했던 황실의 신하 였습니다. 그러나 내가 소심한 건지 멍청한 건지 내 평생 신하생활 전부 5년 하고 70평생을 살아오다 보니 차라리 장사꾼이나 농사꾼보 다도 못한 가난뱅이인 것 맞습니다. 그러나 나는 있으면 먹고 없으면 굶으면서 요즘은 금식기도도 자주합니다. 그래서 깨달은 것이 있습니 다. 굶어 죽든 말라 죽든 국가의 재물을 내 앞에 감추거나 벼슬자리 준다고 매관매직하여 1전 한 푼 받아먹은 것이 없소이다. 그래요. 그 래서 나는 지금 이름만 대감이지 실속은 거지입니다. 내 주머니에는, 아니 우리 집에는 지금 단돈 10원(쌀 2가마니)도 없습니다. 그렇지만 하루를 살다 죽어도 나는 목은 이색의 후손이며, 앞서가신 부친의 유 지와 나를 가르치신 스승님들, 특히 청빈의 상징이신 죽천 박정양 대 감의 가르침을 다 늘그막에 훌렁 뒤집고 배불리 먹고 살다 죽을 생각 은 소털 반 개만큼도 없습니다. 그러니 나를 욕되게 하지 말라 하더 란다고 전해주시오."

"아니아니… 대감… 이 돈이 적은 돈도 아닙니다. 여기 든 돈이 5 만 원입니다. 5만 원이면 쌀이 1만 가마니입니다. 이 돈 가지고 고향 에 가시면 동네 앞뜰 전답을 다 사고서도 남을 거액입니다. 웬 뇌물 도 아니고 이건 퇴위하신 고종 임금의 신하로서 올곧게 산 포상으로 고종 임금 대신 일본정부가 내려준다고 좋게 생각해도 될 일 아닙니 까? 받아 가시지오."

"백, 천, 만 마디를 해도 나는 거부합니다. 내게 정승을 준대도 거부요, 내게 총독 자리를 준대도 나는 싫습니다. 헛심 빼지 말고 그만 권하시오."

"이건 제 뜻이 아니라 총리대신과 다이쇼 천황폐하의 뜻이라고도 말씀드렸는데 이러시면 제 입장이 난처해집니다."

"난처해지십시오. 개자식이더라고 욕하고 돌려주시오. 나는 아무렇게 취급해도 됩니다. 충신은 개코나 무슨 얼어 죽을 충신입니까? 사람 상처난 데를 잡아 뜯어도 유분수지···. 지금 대 황제 폐하를 생각하면 열 번 목을 치시라고 하고 싶은 이 불충한 자를 일본이 뭘 안다고 나를 챙긴다는 거요? 챙기려거든 우리 대 황제 폐하나 챙겨주시오. 난 천만 번 거절입니다."

"하하, 정말 이러시지 말고···."

가방을 내민다.

"하세가와 총독!"

월남이 큰소리를 쳤다.

"내 그런 꼴 보이고 싶지 않은데 자꾸 이러면 발길로 걷어찹니다. 걷어찰까요?"

"에이···."

차마 발길로는 못 차고 밀어 던져버렸다.

가방이 바닥에 떨어지고 돈이 흩어진다.

"미안하외다."

월남이 추슬러 방을 나선다.

"나는 갑니다."

하세가와가 급히 달려와 월남의 도포자락을 잡는다.

"정 그러시면 모른 척하고 YMCA에 쓰셔도 되잖습니까?"

"뭐요? Y Y Y 하지 말아요. Y는 내가 열이라면 거기는 만도 아니고 억도 넘는 곳이요. 길바닥에 거지한테 줄 가치도 없는 돈이니 잡지 마시오."

월남이 방문을 나서자

"어이! 대감 가시네. 댁에까지 모셔다 드리시게."

전화로 명한다.

일본 총독부 차로 집에다 모셔다 드리라니 월남에게 이 말이 통할 말이라 하겠는가?

제1차 세계대전

조선이 일본의 지배하에 들어가고, 월남은 YMCA 총무로 취임한 지 1년이 지나(1914년) 세계는 전쟁에 휩싸여들었다.

제1차 세계대전이라 불리는 이 전쟁은 동양 3국과는 직접적인 관계가 없으나 러시아는 전쟁의 소용돌이에 휩싸여 들었다.

처음, 그러니까 1914년 7월 28일 오스트리아가 세르비아에 대한 선전포고로 시작된 세계대전은 이러다가 언제 조선과 일본에까지 전쟁의 불씨가 붙을지 모를 대규모 전쟁이었다.

그간 세계 각국은 대소간 전쟁이 자주 일어나기는 하였다.

그 전쟁은 주로 인접국 간의 국경분쟁이거나 종교전쟁의 성격을 띠어 국지전 양상이었으나 지금 터진 세계대전은 국지전이 아니라 전 세계적인 전쟁이 되어 지구촌 모든 나라가 전화로 인해 촉각을 곤두세워야 하는 대규모 전쟁이다.

결국 4년여의 전쟁을 거쳐 1918년 11월 11일 독일의 항복으로 끝이 나기는 하였으나 이로 인한 세계정세는 이전까지 상호평화주의에서 긴장 분위기로 변화되었다.

"제길 헐…"

월남은 세계대전에 대해 일본이 폭삭 망하기라도 한다면 좋겠다는 생각이 간절하지만, 그러나 전쟁이란 일단 인명살상의 피해가 나기 때문에 일본이 망하려면 억울한 조선백성이 죽어 나갈 수도 있는 일이라 그렇게 생각할 수만도 없는 일이다.

세계대전으로 인한 참화는 1914년 6월 28일 프란츠 황태자부처가 피살되는 사건부터 불길이 타올랐다. 1915년 5월 23일. 이태리는 오스트리아와 헝가리에 선전을 포고하였고 이듬해 1915년에는 영국군 최초로 강력한 전쟁무기 탱크를 제작해 투입함으로써 걷잡을 수 없이 커지고 말았다.

이듬해에는 독일군이 베르됭 공격을 감행하고 독일군은 포르투갈에 선전포고 후 러시아에도 선전을 포고하고 독일군은 벨기에를 점령하였다. 이에 1917년, 보다 못한 미국이 독일을 향해 선전포고를 내리면서, 영국 그리스를 비롯한 유럽일대가 전화에 휘말려 들었다.

걷잡을 수 없는 전쟁이 점점 커지자 1918년 1월 8일 미국 월슨 대통령은 14개 평화조약 선언으로 전쟁종식을 요구하기에 이르렀다.

결국 독일군은 가스전쟁을 펼치기 시작하여 세계는 내일 모레가 어떻게 달라질지 모를 위기에 처하고 말았다.

이 전쟁은 영국·프랑스·러시아 등의 협상국(연합국)과 독일·오스트리아의 동맹국 양 진영의 중심이 되어 싸운 전쟁으로서, 그 배경은 1900년경의 '제국주의' 개막의 시기부터 고찰되어야 할 것이다.

하지만 조선은 일본이 직접 참여하지 않은 까닭에 제1차 세계대전에 대하여 직접적인 피해를 당하는 것은 없다.

다만, 영국에서 처음 창립한 것이 YMCA라고 하는 점, 미국이 조선 기독교청년회(YMCA)의 절대적 후원자라고 하는 면에서 YMCA가 세계대전의 바람과 무관하기 쉽지 않다는 것이 문제점이라 할 수 있다.

그러나 월남은 그럼에도 불구하고 YMCA의 기본정신에 충실하면서 어느 쪽으로 기울지 않게 자주적으로 운영해 가고 있는 가운데서 윤치호에게 2년 전(1916년) 총무직을 넘기고 지금은(1918년) 세계대전이 가라앉는 즈음에 이르러서는 명예총무로서 전국 각지를 순회하며 YMCA를 통한 부흥운동과 더불어 민족운동을 계몽하고 각처로 다니며 강연에 열중하고 있었다.

월남이 전국을 돌면서 한 일 가운데는 흩어져 각자 운영되는 전국의 YMCA를 하나로 통합한 일이다.

"어찌 같은 하나님을 믿으며 같은 YMCA 정신을 가진 우리가 자그마치 열 군데나 되는 개별 조직으로 움직일 수 있단 말입니까?"

월남의 통합의지는 백호의 포효와도 같이 YMCA 각 연합단체를 감동시켰다.

"물론 이것이 여러분이 고의로 분열을 조장한 것은 아닌 줄 잘 압니다. 우리나라에 들어오신 선교사님들께서 처음 황성기독교청년회 하나로 묶어야 하는 데는 어려움이 있었던 탓인 줄 잘 압니다. 지리적으로 먼 곳에서 황성청년회에 가입하고 동역하는 것이 처음에는 어렵다는 점은 충분히 이해합니다. 하지만 이제는 하나로 뭉쳐 단일화되어야 할 때입니다. Y가 열 개고 스무 개라면, 향후 30개 40개의

Y가 생겨 제각각 우리Y, 너희Y, 서울Y, 강북Y, 평양Y, 부산Y 이러다 보면 Y끼리 헐뜯고 네가 옳으니 내가 옳으니, 여기는 이렇고 저기는 저렇다고 하여서는 하나님도 헷갈려 하실 일 아니겠습니까?

지금 세계는 일컬어 제1차 세계대전이라고 하는 세계 역사상 유례가 없는 전쟁의 소용돌이에 휘감겨 있습니다.

그것은 아주 작은 것이 큰 불씨가 되어 타오른 화마와 다를 게 없습니다. 잔불을 잡지 못하면 대궐이 소실되고 산불이 나도 잡기 어렵습니다.

우리 YMCA의 경우도 다를 바가 없습니다. 똑같은 성경을 배웠고 같은 하나님을 믿는 우리가 무엇 때문에 너 따로 나 따로 따로 가자고 할 수 있겠습니까? 대부분이 하나 되는 통합에 찬성하는데도 아직도 그럴 필요 없다고 하는 단체가 있을 것으로 생각되는데 나 이상재가 무엇을 어떻게 하면 전국 모든 Y가 하나로 뭉쳐 연합활동을 펼쳐나가 하나님의 나라와 우리 민족번영의 길로 갈지 알려주시면 무슨 조건이라도 수용할 생각입니다. 우리는 이제 Y연합 일이라고 하는 하나님의 명을 더 이상 미루고 거역하지 말아야 합니다.

이미 여러분께서도 잘 아시는 바와 같이, 저는 5년 전 일본 YMCA에 다녀왔습니다. 잘 모르는 분의 이해를 돕기 위해 간단히 말씀드린다면, 일본은 우리 조선Y와 일본Y를 통합하라고 하는 허울 좋은 조건을 제시한 바 있습니다. 말은 참 좋은 말이지만, 일본Y는 이미 1906년 우리 조선Y에서 재일 동포와 유학생을 중심으로 조선Y를 일본에 설립한 것입니다. 통합이라는 말이 필요하지 않습니다. 그 저의는 조선Y의 기능을 축소하고 일본Y가 조선Y의 본부가 되라는 요청입니다. 그것은 가까운 일본에서 무력화한 조선의 Y를 조정하고 지배하도록 하여 조선의 Y로 하여금 일본의 Y에 예속시키려고 하는 의도입니다. 통합은 하고 말 게 없는 일입니다. 일본의 Y는 우리 조선의 Y와 같습니다. 조선의 Y에서 예 하면 예 하고 아니오 하면 아니오 하는 것이 일본의 Y입니다. 이걸 반대로 일본의 Y가 예하면 조선의 Y가 예 하라고 하여 조선의 Y를 무력화시키려고 하는 의도로서 하나님의 복음을 모르는 소치입니다. 각각 개체가 아니라 동체인 것을 구태여 통합이라는 명분으로 지배하기 유리하게 하겠다고 하는 하나님 위에 올라타려는 저의라고 볼 수밖에 없는 얘깁니다.

그러나 현실 조선의 Y는 일본의 Y하고 다릅니다. 조선Y가 예 하여도 아니오 한다면 통합이 요구되고 연합이 필요합니다. 몸은 같은 몸인데 수족마비와 같이 개체가 따로 움직여서야 진정한 하나님의 Y라고 할 수가 없는 일입니다. 일본의 Y는 동체이나 우리 조선에 산재한 Y는 이름은 같은데 몸 따로 마음 따로인 상태라고 하는 제 말 이해하십니까? 모두가 일심동체로 하나님의 성삼위일체가 되어야 마땅합니다. 그것이 하나님의 뜻이며 우리 Y인의 책무입니다."

이런 월남의 열정은 마침내 국내 산재된 전 YMCA를 통합하고 공동연합 YMCA로 하나가 되었다.

대한독립의 불씨

일제의 조선지배세력은 해가 갈수록 확대되고 견고해진다.

1918년. 을사늑약으로부터 13년이 흘렀고, 강제퇴위로부터 11년이 흘렀으며, 한일병합 경술국치로부터도 어느새 8년이 지났다.

조선천지는 이제 일제의 치정권 안에 잠식돼 들어가고 있다.

그러나 뭇 백성들이야 뭘 알겠는가. 그저 세상이 변했거니 하는 것이고, 세상이 변하면 변한대로 맞추어 살아야 한다고 여길 뿐이고, 일본인 군수 면장이 왔으면 왔는가 보다 하는 것이며, 경찰서가 생기고 순사들이 부임해 왔다면 왔는가 보다 할 뿐이다.

그들은 각 처처 지방마다 이름깨나 알려진 사람들이라면 우선 포섭대상 1순위로 삼아 만나자 하고, 만나 술상머리에 마주 앉으면 온갖 감언이설로 썩은 조선 조정과 왕실이 물러가 신선하고 새로운 문명의 세계가 열릴 것이며, 일본은 이를 위해 조선에 희생봉사하러 왔다고 너스레를 떨며 교언영색으로 민심을 유도해가기 시작하였다.

반대로 일본인 관리나 순사가 만나보자 하면 벼슬이라도 받는 것처럼 우쭐하니 힘을 주고 다녔다. 같이 한 번 밥 먹었으면 그걸 자랑삼아 떠벌려댔다. 인간이란 환경의 동물이라 환경이 바뀌거나 정권이 바뀌면 다시 그 주변을 맴돌며 한자리 얻거나 덕이라도 보려 하는 심리가 있는 탓이리라.

게다가 당신 얘기를 많이 들었다면서 추켜세워라도 주면 우쭐해지게 마련이다. 잘난 줄 이제야 알아준다고 안하무인으로 어깨에 힘주고 자랑 삼아 떠벌리고 다니는 국민들이 점점 늘어가고 있는 중이다.

월남 이상재처럼, 만나도 분별력이 있어 아닌 건 아니라 하고 밥 사주고 술 사주고 돈 준대도 걷어찰 국민이 얼마나 되겠는가. 세상이 거꾸로 돌아가기 시작한 것이며, 충성 충 자의 의미가 변색되어 가는 것이다.

딴은 그럴 요소가 허다하게 많다.

멀리 갈 것도 없이 안동 김씨가 뒤흔든 조선의 조정이 잘된 게 아니지 않느냐고 하면 그렇다 할 것이다.

대원군의 쇄국정책이 잘한 것이냐고 묻거나 아무리 서양인이고 종교가 다르다고 해서 천주교인들을 수천 명씩 죽인 게 옳은 일이냐고 하면 그 또한 잘한 게 아니라 할 것이다.

명성황후와 대원군 세력이 대립하여 외척세력이 나라를 주물렀던 것은 어떠냐고 물어도 뭇 백성은 역시 민겸호, 민규호, 민태호와 같은 수많은 민씨 일파가 나라를 어렵게 하지 않았느냐고 물어도 맞다고 할 것이다.

대궐의 안주인 중전이 정사를 거머쥐고 시아버지와 권력다툼을 한 것도 또 잘했다 할 리 없다.

조선 8도 각 관찰사나 수령들의 횡포는 또 어떻게 보았겠는가? 나라의 돈을 뭉텅이로 떼어 먹은 벼슬아치들이 얼마나 썩었던지 아느냐고 물으면 맞다 할 것이고 그래서 살기가 힘들었다고 하면 그렇다고 동조하고 일본에 적극 협조한다고 하고도 남을 만큼 동전의 양면처럼 구한말의 정권이 부패한 면이 있다는 것은 알 만한 일이다.

그러나 이제는 그런 세월이 갔다는데 싫다 할 이유가 없다.

천황폐하께서 총독을 보내고 정무총감을 파견하여 조선정치를 일대 개혁하라 하였는바, 첫째는 부정부패의 고리를 끊는다고 하면 참 잘된 일이라 할 것이다.

그러므로 이제는 청국의 속방에서 풀려 자주적으로 살 것이라고 꼬드기면서 국민들을 현혹하고 지역 유지들을 회유해 들어가기 시작한 지 어느새 8년이나 되었으니 뭐가 뭔지도 잘 모르는 우매한 백성들은 모처럼 만나자고 불러 대접하고 말상대해주며 추켜 주니까 일본인들과 만난 것을 자랑삼아 떠벌리고 쪽쪽 친일세력으로 넘어가고 있는 것이다.

그러나 일본은 겉은 희고 속은 검은 백로다. 겉은 검어도 속은 희었던 까마귀보다 악한 정체를 감추고 양의 탈을 썼을 뿐 늑대들이다.

향후 나라의 알갱이를 다 빼먹기 위해 일단 환심을 사고 호기심을 끌어들이는 것이다. 더불어 이에 반대하는 자들은 가혹하게 처단하고 감옥에 가두어 극심한 고문을 한다는 말은 않고 꽃노래만 퍼뜨리며 미끼만 던지는 것이다.

낚시로 고기를 잡으려면 미끼를 달아주는 법이며 그 미끼를 물었다가는 통째로 찌갯거리가 되어 죽는다는 사실에 대해 국민들은 무지할 수밖에 없어서 당시 친일파 중에서는 소신이고 철학도 없이 옆집 장에 가니 따라갔을 뿐인 딱한 백성도 허다하다.

천하에 못된 짓거리만…

병합 이듬해 1911년부터 일제가 꿈꾸어 온 세상은 소위 신민(臣民) 교육제도다. 위아래 가리지 않고 일본 제국주의에 충성할 일본인 체질로 바꾸는 것이 일본의 꿈이어서 8월에는 조선교육령을 발표하고 보통공립소학교를 세워가면서 교사들부터 일본 제국주의 군복을 입혀 학생들을 제압해 들어가기 시작하였다.

나라를 집어 삼킬 제1의 수단이라면 생각을 바꾸고 머리를 돌려버리는 것인데 조선의 글방하고는 판이하게 다른 공립보통학교를 전국에 세운다면서 하루 한 번, 열흘에 한 번, 보름에 한 번씩 소위 영(令)이라는 것을 펴 내리기 시작하였다.

국민교육령·국세징수령·토지조사령·향후 몇십 몇백 개의 영이 쏟아질지 누구도 미리 예단하기 어려운 일이다.

가령 현재 우리대한민국에는 약 25,000개에 이르는 법률과 시행령과 시행규칙이 있는데 현재 국회에 계류 중 통과를 기다리는 법률만도 수천 개라고 하는 만큼, 일제는 한일병합 즉시부터 법이라는 말은 찾아보기 힘들고 무조건 영을 퍼붓기 시작했다.

영(令)이란 무엇인가? 옛날로 치면 어명이고 그때로 치면 꼼짝 말고 따르라고 하는 명령이다. 이것이 조선총독부령이라고 하는 것으로서 여기에 그 많은 영들을 다 쓸 수도 없다.

일단 영을 어기면 처벌대상이 된다. 알랑거릴 때는 살살대지만 돌아서 영을 다룰 때는 일본도와 고문으로 초죽음 만들며 일제에 반항하고 영을 위반하면 용서하지 않았다.

제깟 것들이 뭔데 우리보고 이래라 저래라 되지도 않을 불법을 내리고 강요하는가. 그래야 조선이라는 나라가 일본의 속국이 되고 종의 나라가 되어 향후 동남아나 청국이나 태평양 섬나라들을 집어삼키려 할 때 자기네 대신 싸우고 죽어 줄 것이므로 우선 공립학교에 군복을 입힌 교사를 배치하고 일본식교육을 시키자는 일부터 착수한 것이다.

2년차에 이르는 1912년이 되어서도 연초부터 영이 쏟아져 나왔고 이런 유의 영은 일제가 패망할 때까지 정확한 숫자는 그들만이 알 일이겠으나 해마다 달마다 날마다 무더기로 쏟아져 나왔다.

목적은 전부 조선착취요, 조선백성을 황국신민화시킨다는 명목 아래 천황폐하께 충성하고 굶어 죽어도 다 바치고 목숨도 내어놓고 복종하게 하기 위한 철저한 인권 말살, 비인간적 동물성으로 길들이기 위한 목적일 뿐이다. 미끼 물다가 낚싯바늘에 걸리라는 얘기다.

수산어업조합규칙·과세지견취작성·소유권소재파악·조선민사령·조선형사령·조선부동산등기령·조선태형령·조선감옥령·조선부동산등록령·조선등록세령·조선경찰벌규칙령·조선관세령·사법경찰집무령·조선인영장집행령… 이것이 간략하게 집어본 1912년 3~4월 중에만 내려진 짐승과도 같은 조선총독부가 퍼내려 조선을 제물로 삼기 위한 명령을 법이라는 이름으로 내어놓은 영이다.

그러나 그들은 우매한 백성들에게 말한다.

"다 조선이 잘 되고 나라를 발전시키며 탐관오리를 뿌리 뽑기 위해서…"

라는 식으로 조선을 옥죄어 들어오고 있는데 여기에 항거하여 일제를 몰아낼 힘이 없는 조선은 이제 없고 정부도 없어졌다.

물론 일제의 이런 잔악상을 아는 사람이 아예 없는 것은 아니다. 이상재만 아는 것도 아니고 서양식 교육을 받은 신지식인이나 과거 조정에 참여하였거나 독립협회 만민공동회에 모였던 사람들, YMCA를 중심으로 한 사회단체와 각급 교회의 선교사들과 목사의 가르침으로 인하여 세상이 캄캄하여도 등불을 준비하는 사람들은 많이 있었다. 하지만 등불도 없고 기름도 없고 태울 심지도 없고 등불을 들고 나갈 사람도 없다.

그저 숨을 죽인 채 죽은 듯이 하는 꼴을 보노라니 구역질이 나는 애국지사들이 부지기수이나 일본이 철저하게 막은 것은 사람들이 모이는 문제다.

특히 요주의 인물이라는 명단을 만들고 일제에 항거한 전직관료나 지식인에 대해서는 철저한 감시를 게을리 하지 않았다.

특히 **YMCA**는 주의 감시대상 1호라고 할 정도지만 Y는 종교활동과 사회활동만 하는 세계연맹 가입단체이므로 Y를 부수고는 싶으나 여의치 못하다.

때에 일본은 훈장(작위라 함)을 마구 뿌렸다. 조금이라도 가능한 인물은 낮은 대로 남작이고 작위를 많이 뿌렸는데 한규설·유길준·민영원·조순형·조경호 등은 일본이 준 작위를 반납하였다.

일본한테 작위를 받고 훈장을 받은 우리 민족은 아마 지금 모두 불살라 없애지 않았을까. 그러나 당시에는 그게 큰 벼슬이라고 으스대고 자랑하는 사람이 점점 늘어나고 있는 것이다.

점점 드러나는 붉은 이빨

뭔가 일제의 악행을 제대로 아는 민족주의자는 거의 해외에서 나라를 되찾을 방도를 강구하느라 조선을 떠나 움직이고 있었다.

안창호와 안종익은 샌프란시스코에서 흥사단을 조직하였다. 흥사단이란 조선 선비의 올바른 정치력을 다시 일으켜야 한다는 민족단체의 이름이다. 국내에서는 독립의군부도 조직했으나 체포되어 활동이 정지되었고 울분을 참지 못한 임병찬은 총리대신을 독대하여 국권을 되돌려 달라고 요구하였다가 화를 입었으며 만주 봉천성 의회는 조선인과 일본의 토지매매 금지안을 가결하기도 하였으나 계란으로 바위치기와 다를 바 없는 것이 1913년의 일이다.

그러나 일본은 역둔토 처분령·학교조합령·거류지제도 폐지령 등을 연일 공포하면서 조선인의 재산권과 인권을 마구잡이로 거머쥐고 있었다.

이때 처음으로 경상도 풍기에서 우리가 잘 아는 광복회가 조직되었으니 채기준·유창순·유창령 등 13개 면에서 발동한 것이 1913년 연말이었다.

1914년이 되자 총독부는 다시 조선행정구역 개편을 단행하였다. 이유는 하나다. 일제의 목적을 달성하기에 유리하게 하기 위한 것이다.

전국 13도 317개 군과 3,351개 면을, 12부 218군 2,517개 면으로 나누면서 처음으로 담배에 대한 세금을 거두고자 하여 연초세령을 공포하였다.

9월이 되자 일제가 운영하는 한성신보 등을 확장하면서 재창간되어 얼마 되지도 않은 독립신문과 같은 우리 신문발행금지령을 내려 버려 국민의 눈과 귀까지 막아 버렸다.

일제 침략 4년 만에 나라는 거의 씨가 마르고 부서져 가는데 어디까지 악랄한 만행을 저지를지 까마득하여 결국은 3·1운동으로 거국적 독립운동이 일어나게 될 줄이야 이때만 해도 상상도 못 했을 것이다.

같은 해에 민적법이 공포되었다. 전국의 조선인을 전부 파악하여야 남녀를 구분하고 나이를 구분하여 향후 징용으로 끌고도 가고 정신대로도 잡아가려는 목적이다. 민적법이란 지금으로 말하면 주민등록법인데 애국지사들의 분노는 점점 열기를 더하여 유동관·박은식·신규식·이상설 등은 상해 영국조계지에서 신한혁명당을 조직하나 활동이 원만할 턱이 없다.

또 이광수·신익희·장덕수 등은 일본에서 조선학회를 설립하였으나 어떻게 무엇을 할지 아직 이렇다 할 움직임은 없는데 일제는 다시 조선광업령을 공포하고 모든 공립학교에서 일본국가 기미가요를 의무적으로 부르게 하는 명을 내린다.

영친왕(이은)이 이방자(16세) 여사와 결혼을 한 것은 1916년의 일이다. 이방자 여사는 나시모토노미야 마사코(梨本宮方子)라는 본명을 가진 일본의 황족이지만 이방자 여사는 그후 조선인의 피로 가득 채워지기도 하였다. 물론 조선황실을 꼼짝 말라고 붙잡아 두기 위한 정략결혼이었으며 의친왕(이강)은 일본 사관학교를 마치고 소위로 임관되기도 하였다.

이듬해(1917년) 경상도에서 창립한 광복회는 광복단이라고 이름을 바꾸고 전 경상북도 관찰사 장승원에게 광복단 자금지원을 요청하였으나 이를 거부하자 죽여 버리고(사살하고) 말았다.

그러니까 독립운동이나 대중시위를 할 수 없는 흑암의 세월에서 대한민국의 주권을 찾자면 뜻 맞는 동지를 찾아가 만나 의사를 교환하고 모이고 오고갈 자금이 있어야 하는데 도무지 바늘구멍도 들어가지 않게 철저히 막아 국내에서의 독립운동은 엄두도 못 낼 일인지라 미국·하와이·상해·만주 봉천이나 노령으로 블라디보스톡, 심양으로 떠난 애국지사들이 많지만 일제는 조선인의 해외여행에도 촉각을 곤두세워 쉽지 않아 숨어서 떠나야 했다.

1917년이 되자 동양척식주식회사(이하 동척)는 조선 땅을 거의 3분의 1 가까이 집어 삼키고는(통계는 부정확) 본사를 동경으로 옮겨가 버렸다. 그러니 조선 땅의 상당부분은 동경에 본사가 있는 동척으로 넘어간 상태로서 3·1운동 이전까지도 동척의 토지탈취는 이어진 것이다.

독립운동 태동기

월남과 애국동지들
줄을 잇는 독립운동
고종 승하
월남과 동지들

월남과 애국동지들

일제의 철권무단통치가 더욱 심화됨에 따라 우매한 국민들이 점점 일제의 수작에 넘어가자 월남은 깊은 고심에 잠겨 어느 날 YMCA를 주축으로 한 동지들과 은밀하게 깊은 대화의 자리를 만들었다.

"이대로 가면 국민들이 제대로 판단을 하지 못해 나라가 일제의 마수에 걸려 국민 전체가 친일세력화되어 영원히 대한독립의 기회를 잃게 될 모양입니다. 이대로는 안 되게 생겼어요. 우리가 더 이상 두고 봐서는 안 되게 생겼습니다."

신임 윤치호 총무를 비롯한 김정식, 이원긍, 신흥우를 등 전체 YMCA 소속 민족지도자들의 마음도 같다.

"그러니 대규모 시위를 일으켜 우리 Y가 주도적으로 집회를 열어야 하지 않겠습니까?"

"Y는 정치단체가 아니라 Y 정신에도 맞지 않고 명분도 약합니다. 그러니 어디까지나 달리 평화적인 방법으로 해야 합니다."

서재필   윤치호

　"하지만 좋은 말로 평화적 시위를 한다면 저놈들이 콧방귀도 뀌지 않을 게 아닙니까?

　"중요한 것은 저놈들이 총을 발사합니다. 무작위로 난사를 하면 우리 국민의 희생이 너무 커집니다. 그렇다고 가만히 두고 볼 수도 없고 무력도 없지만 무력을 동원해 폭력시위를 할 수도 없으니 그게 걱정입니다."

　"방법이 중요하지만 방법 때문에 일제에 항거하는 시위나 의사표시를 하지 않을 수는 없는 일입니다."

　"거의 해외에서 조국독립운동을 하는데 이것이 저들에게 잘 먹혀들지를 않으니 걱정입니다."

　몇 차례 이런 대화가 오고갔지만 어떻게 행동화할지에 대해 묘안이 떠오르지 않는다.

　다만 해외에서의 조국광복운동만이 각처에서 일어나고 있을 뿐이다.

　미국에서는 서재필, 정한경, 안창호, 이승만 등이 주축이 되어 '신

한국회'를 만들어 독립운동의 방법을 찾고 있다.

하바롭스크에서는 '한인사회당'이 결성되었다. 블라디보스톡에서는 한인촌에서 '한인청년단'이 만들어졌고(단장 강대일), 여운형, 장덕수 조동우, 김국, 신석우 등은 상해에 '신한청년단'을 조직하였다.

1918년 11월에는 여준, 김동삼, 유동설, 김좌진, 서일, 김규식, 이동녕 등 중광단 위원들 39명이 대한독립선언서를 발표하니 이것이 '무오독립선언서'이다.

1918년 만주 노령(露嶺, 요서지방)에서 무오년에 선포되었다고 하여 '무오독립선언서'라고 하는데, 작성한 사람은 조소앙(趙素昂)으로 알려져 있다.

이 독립선언서는 그때까지 한국에서 발표된 최초의 독립선언서라는 데 큰 의의가 있다.

그 내용은 한국이 완전한 자주독립국이고 민주주의 자립국이라는 것을 선언하고, 한일병합은 일본이 우리나라를 사기와 강박 그리고 무력 등의 수단을 동원하여 강제로 병합한 것이므로 무효라고 주장하였다. 그리하여 '섬은 섬으로 돌아가고, 반도는 반도로 돌아오게 할 것'을 요구하였다. 우리의 영토, 즉 한토(韓土)를 지키기 위하여 무력의 사용도 불사한다는 것을 선언하고, 2천만 동포들에게는 국민 된 본령이 독립인 것을 명심하여 육탄혈전, 즉 맨몸으로라도 결사적으로 항쟁하여 독립을 되찾을 것을 요구하였다.

이 독립선언서에 대표자로 서명한 사람은 김교헌(金敎獻)·신규식(申圭植)·박은식(朴殷植)·안창호(安昌浩)·김동삼(金東三)·이시영(李始榮)·이동녕(李東寧)·신채호(申采浩)·유동열(柳東說)·김좌진(金佐鎭)·김규식(金奎植)·이승만(李承晚) 등 당시 해외에 나가 있던 한국의 저명인사가 거의 망라되어 있으니 한번 보자.

최초의 독립선언 무오 독립선언서 전문

우리 대한 동족 남매와 온 세계 우방 동포여!

우리 대한은 완전한 자주독립과 신성한 평등복리로 우리 자손 여민(黎民: 백성)에 대대로 전하게 하기 위하여, 여기 이민족 전제의 학대와 억압을 해탈하고 대한 민주의 자립을 선포하노라.

우리 대한은 예로부터 우리 대한의 한(韓)이요, 이민족의 한(韓)이 아니라, 반만년사의 내치외교(內治外交)는 한왕한제(韓王韓帝)의 고유 권한이요, 백만방리의 고산(高山) 여수(麗水)는 한남한녀(韓男韓女)의 공유 재산이요, 기골문언(氣骨文言)이 유럽과 아시아에 뛰어난 우리 민족은 능히 자국을 옹호하며 만방을 화합하여 세계에 공진할 천민(天民)이라, 우리나라의 털끝만 한 권한이라도 타 민족에게 양보할 의무가 없고, 우리 강토의 촌토라도 이민족이 점유할 권한이 없으며, 우리나라 한 사람의 한인(韓人)이라도 이민족이 간섭할 조건이 없으니, 우리 한(韓)은 완전한 한인의 한(韓)이라.

슬프도다, 일본의 무력과 재앙이여. 임진 이래로 반도에 쌓아 놓은 악은 만세에 엄폐치 못 할지며, 갑오 이후 대륙에서 지은 죄는 만국에 용납지 못할지라. 그들이 전쟁을 즐기는 악습은 자보(自保)니 자위(自衛)니 구실을 만들더니, 마침내 하늘에 반하고 인도에 거스르는 보호 합병을 강제하고, 그들이 맹세를 어기는 패습은 영토니 문호니 기회니 구실을 거짓 삼다가 필경 불의로운 불법의 밀관협약(密款脅約)을 강제로 맺고, 그들의 요망한 정책은 감히 종교와 문화를 말살하였고, 교육을 제한하여 과학의 유통을 막았고, 인권을 박탈하며 경제를

농락하며 군경(軍警)의 무단과 이민이 암계(暗計)로 한족을 멸하고 일
인을 증식[滅韓殖日]하려는 간흉을 실행한지라.

적극적, 소극적으로 우리의 한(韓)족을 마멸시킴이 얼마인가.

십년 무력과 재앙의 작란(作亂)이 여기서 극에 이르므로 하늘이 그
들의 더러운 덕을 꺼리시어 우리에게 좋은 기회를 주실새, 우리들은
하늘에 순종하고 인도에 응하여 대한독립을 선포하는 동시에 그들의
합병하던 죄악을 선포하고 징계하니,

1. 일본의 합방 동기는 그들의 소위 범 일본주의를 아시아에서 실
   행함이니, 이는 동아시아의 적이요,
2. 일본의 합방 수단은 사기강박과 불법무도와 무력폭행을 구비하
   였으니, 이는 국제법규의 악마이며,
3. 일본의 합병 결과는 군경의 야만적 힘과 경제의 압박으로 종족
   을 마멸하며, 종교를 억압하고 핍박하며, 교육을 제한하여 세계
   문화를 저지하고 장애하였으니 이는 인류의 적이라.

그러므로 하늘의 뜻과 사람의 도리[天意人道]와 정의법리(正義法理)
에 비추어 만국의 입증으로 합방 무효를 선포하며, 그들의 죄악을 응
징하며 우리의 권리를 회복하노라.

슬프도다, 일본의 무력과 재앙이여! 작게 징계하고 크게 타이름이
너희의 복이니 섬은 섬으로 돌아가고, 반도는 반도로 돌아오고, 대륙
은 대륙으로 회복할지어다.

각기 원상(原狀)을 회복함은 아시아의 바람인 동시에 너희도 바람이
러니와, 만일 미련하게도 깨닫지 못하면 화근이 모두 너희에게 있으
니, 복구자신(復舊自新)의 이익을 반복하여 알아듣게 타이를 것이다.

보라! 인민의 마적이었던 전제와 강권은 잔재가 이미 다하였고, 인

류에 부여된 평등과 평화는 명명백백하여, 공의(公義)의 심판과 자유의 보편성은 실로 광겁(曠劫)의 액(厄)을 크게 씻어내고자 하는 천의(天意)의 실현함이요, 약국잔족(弱國殘族)을 구제하는 대지의 복음이라.

장하도다, 시대의 정의여. 이때를 만난 우리는 함께 나아가 무도한 강권속박(强權束縛)을 해탈하고 광명한 평화독립을 회복함은, 하늘의 뜻을 높이 날리며 인심을 순응시키고자 함이며, 지구에 발을 붙인 권리로써 세계를 개조하여 대동건설을 협찬하는 소이로서 우리 여기 2천만 대중의 충성을 대표하여, 감히 황황일신(皇皇一神)께 분명히 알리고[昭告] 세계만방에 고하오니, 우리 독립은 하늘과 사람이 모두 향응[天人合應]하는 순수한 동기로 민족자보(民族自保)의 정당한 권리를 행사함이요, 결코 목전의 이해[眼前利害]에 우연한 충동이 아니며, 은혜와 원한(恩怨)에 관한 감정으로 비문명한 보복수단에 자족한 바가 아니라, 실로 항구일관(恒久一貫)한 국민의 지성이 격발하여 저 이민족으로 하여금 깨닫고 새롭게 함[感悟自新]이며, 우리의 결실은 야비한 정궤(政軌)를 초월하여 진정한 도의를 실현함이라.

아, 우리 대중이여, 공의로 독립한 자는 공의로써 진행할지라, 일체의 방편[一切方便]으로 군국전제를 삭제하여 민족 평등을 세계에 널리 베풂[普施]지니 이는 우리 독립의 제일의 뜻[第逸意]이요, 무력 겸병(武力兼倂)을 근절하여 평등한 천하[平均天下]의 공도(公道)로 진행할지니 이는 우리 독립의 본령이요, 밀약사전(密約私戰)을 엄금하고 대동평화를 선전(宣傳)할지니 이는 우리 복국의 사명이요, 동등한 권리와 부[同權同富]를 모든 동포[一切同胞]에게 베풀며 남녀빈부를 고르게 다스리며, 등현등수(等賢等壽)로 지우노유(知愚老幼)에게 균등[均]하게 하여 사해인류(四海人類)를 포용[度]할 것이니 이것이 우리 건국[立國]의 기치(旗幟)요, 나아가 국제불의(國際不義)를 감독하고 우주의 진선미를 체현(體現)할 것이니 이는 우리 대한민족의 시세에 응하고 부활[應時復活]하는 궁극의 의의[究竟義]니라.

아, 우리 마음이 같고 도덕이 같은[同心同德] 2천만 형제자매여! 우리 단군 대황조께서 상제(上帝)에 좌우하시어 우리의 기운(機運)을 명하시며, 세계와 시대가 우리의 복리를 돕는다.

정의는 무적의 칼이니 이로써 하늘에 거스르는 악마와 나라를 도적질하는 적을 한 손으로 무찌르라. 이로써 5천년 조정의 광휘(光輝)를 현양(顯揚)할 것이며, 이로써 2천만 백성[赤子]의 운명을 개척할 것이니, 궐기[起]하라 독립군! 제[齊]하라 독립군!

천지로 망(網)한 한 번 죽음은 사람의 면할 수 없는 바인즉, 개·돼지와도 같은 일생을 누가 원하는 바이리오. 살신성인하면 2천만 동포와 동체(同體)로 부활할 것이니 일신을 어찌 아낄 것이며, 집안이 기울어도 나라를 회복되면 3천리 옥토가 자가의 소유이니 일가(一家)를 희생하라!

아, 우리 마음이 같고 도덕이 같은 2천만 형제자매여! 국민본령(國民本領)을 자각한 독립임을 기억할 것이며, 동양평화를 보장하고 인류평등을 실시하기 위한 자립인 것을 명심할 것이며, 황천의 명령을 크게 받들어(祇奉) 일절(一切) 사망(邪網)에서 해탈하는 건국인 것을 확신하여, 육탄혈전(肉彈血戰)으로 독립을 완성할지어다.

건국기원 4252년 2월 8일.

김교헌(金敎獻), 김규식(金奎植), 김동삼(金東三), 김약연(金躍淵), 김좌진(金佐鎭), 김학만(金學滿), 여준(呂準), 유동열(柳東說), 이광(李光), 이대위(李大爲), 이동녕(李東寧), 이동휘(李東輝), 이범윤(李範允), 이봉우(李奉雨), 이상룡(李相龍), 이세영(李世永), 이승만(李承晩), 이시영(李始榮), 이종탁(李鍾倬), 이탁(李□), 문창범(文昌範), 박성태(朴性泰), 박용만(朴容萬), 박은식(朴殷植), 박찬익(朴贊翼), 손일민(孫一民), 신정(申檉), 신채호(申采浩), 안정근(安定根), 안창호(安昌浩), 임방(任□), 윤세복(尹世復), 조용은(趙鏞殷), 조욱(曹煜), 정재관(鄭在寬), 최병학(崔炳學), 한흥(韓興), 허혁(許爀), 황상규(黃尙奎)

줄을 잇는 독립운동

그러나 일제는 이에 대해서도 국내문제도 아니기에 별다른 의미를 두지 않고 무시하는 경향으로 일관할 뿐 실제효과를 거둘 수는 없는 일이다.

이에 다시 워싱턴에서는 이승만, 정한경, 민찬호가 주축이 되어 파리 강화회의에 참여하여 일제의 불법침탈을 알리려고 하였으나 일제가 알고 강력하게 방해하여 이 또한 무산되고 말았다.

세계인들이 모이는 강화회의(講和會議)라는 것은 각국이 평화공존으로 상호우호적 관계를 가져야 한다는 강좌가 열리는 것을 말하는데 이런 강화회의가 자주 열리지도 않을뿐더러 당시에는 UN과 같은 국제기구가 생기기 전이라 어디 가서 누구에게 억울한 사정을 호소할 방도도 없어서 헤이그에 간 이준 열사가 자결한 것과 같이 아야 소리도 못하고 일제의 탄압에 고스란히 당하기만 하고 있어 참으로 안타깝기 그지없는 일이다.

물론 국내에서도 적조하나마 일제에 대항하며 일제는 본국으로 돌아가고 한국의 자주권을 반환하라는 요구는 계속되었다. 단, 이런 내용을 잘 모르는 국민 대다수는 일제의 통치권에 그냥 말려들어가는 어리석은 백성의 수가 훨씬 많아 이를 어떻게 하든지 알려주어야 하는데 마땅한 방법이 없이 국민들은 속절없이 일본에 예속화되어 가고 있다.

"나중에는 점점 어려워집니다. 초기에 불길을 잡지 못하면 독립이 점점 어려운 이유는 국민들이 일제에 찬동하는 숫자가 점점 늘어나기 때문입니다."

월남뿐만 아니라 전체 민족주의자와 YMCA에 속한 민중운동자들의 가슴은 계속 초조하게 타들어 가는데 일본은 하루가 멀다고 영을 쏟아 내린다. 영(令)이란 앞서 말한 것처럼 '꼼짝 말고 이대로 하라'는 명령으로서 지금처럼 국회의 논의를 거쳐 합법적으로 만든 법이 아니라 일제가 조선을 장악하고 수탈하기 위해 밟아가는 하나의 강권 발동일 뿐이다.

그러나 이 영을 어기면 무슨 영 제 몇 조 위반이라고 잡아가 무수한 고문과 벌과금을 물리고 거의 반신불수를 만들어 내보내 감히 영을 맞서 싸울 수 있는 분위기가 못 된다. 총칼이 버티고 있어 생명이 왔다 갔다 하기 때문이다.

월남의 고심이 한도 끝도 없다. 차라리 하세가와 총독이나 야마가 총감이라도 만나 한번 제대로 따지고 쫓아버리고 싶지만 국내에는 멋도 모르고, 또는 입신영달을 위해 일제가 잘한다고 찬성하는 친일 세력의 목소리가 더 크고, 실제로 거의 총독의 생각대로 굴러가는 판국이다.

이를 보다 못해 12월 15일 손병희, 오세창, 최린, 정한경, 민찬호 등 천도교인들이 중심이 되어 남대문 밖 상춘원(손병희의 별장)에서 독립운동에 대해 협의를 하게 된다.

동경대학생 5백여 명도 동경에서 웅변대회를 열고 민족자결주의를 외치다 구속되는 일이 터졌다.

북간도 지방에서는 교포 김한영, 강봉우, 서재면 등이 독립운동을 하기 위한 협의를 시작하기도 하였다.

국내외에 일제를 물리칠 연구가 각종 모임으로 생겨나기 시작한 것이다.

문제는 해외에서는 꽤나 움직이는데 국내에서는 별로 움직이지 않는 중이다.

그게 그럴 수밖에 없음은 국내에는 감시가 심하고 일본 끄나풀들이 모세혈관처럼 퍼져 있는 데다가 효과를 얻기보다 잡혀가기 십상이라 국내에서의 독립운동은 여간 어려운 문제가 아니라는 데에 있다.

하여간 1919년 첫 1월을 맞으면서 동경유학생 학우회는 간타구(神田區) 조선기독교청년회(YMCA)에서 조선독립실행방침을 논의하는데 1월 21일… 이게 대체 어인 일인가… 엎친 데 덮치듯 안타깝게도 그만 고종 황제까지 승하하였다.

고종 승하

조선왕조 518년 27대 임금 가운데 가장 비운의 왕이라 할 고종 황제가 세상을 떠났다.

그날(1월 21일) 저녁식사를 잘하고 상궁이 올린 차를 마신 다음 한 시간도 못 되어 뇌출혈 증상으로 의식을 잃어버렸다.

이에 급히 창덕궁의 순종 황제를 오라고 하였으나 이미 고종은 숨을 거두는 중이다. 1952년에 출생하여 1919년에 이렇게 세상을 떠나니 향년 68세로 생을 마감한 것이다.

대한문 앞은 국민들의 통곡으로 인산인해를 이루었다. 일제는 통곡하는 국민들을 총칼로 해산하려 하였으나 민중들의 슬픔은 장례일까지 이어진다.

1900년부터는 일본의 탄압 간섭이 더 심해지고 결국 국권을 뺏겼고, 고종 황제는 덕수궁에 감금된 채 세상을 떠난 것이다.

덕수궁에 갇힌 고종의 괴로움이야 어찌 그 누가 알 것인가?

잃은 나라를 다시 찾아야 하겠다는 마음을 잠시도 버리지 않았다. 그래서 일부 독립운동가, 지식인과 만나기를 원했으나 여의치 못하였고 혹여 기회가 온다면 만주로 망명해 독립운동을 전개하려는 마음도 있었으나 성사되지 못했다.

또 미확인이지만 속설에는 고종 황제가 지금 돈으로 약 20억을 만주로 보냈다고도 하는데 독립운동 자금으로 쓰기를 바란 것이다.

정확한 근거는 없으나 이런 사실은 곧 일본의 귀에도 들어가 버렸다.

결국 일본은 고종 황제의 독살을 준비하고 이미 몸이 쇠약한 고종 황제는 만주로의 망명을 준비하던 중, 이 또한 일본이 사실무근이라

1919년 고종 황제 붕어(장례식) 장면.
행렬을 이끄는 사람이 일본 전통옷을 입고 있다.

고 펄쩍 뛰니 정확하게 알 수는 없으나 분명 일본인이 올린 약재를
먹고 숨졌다는 것이 당시의 중론이었다.

아무튼 이제 월남이 극진히 모신 고종 황제는 세상을 떠났다. 문상
을 가기로 하고 총독부에 연통을 넣었으나 조사할 일이 있으니 다음
에나 연락해 준다는 답변만 받았다.

이에 문상을 청하는 글을 연거푸 올렸으나 총독부는 월남을 비롯
한 **YMCA** 회원들의 문상을 받아들이지 않아 끝내 고종 황제의 승하
에도 불구하고 목 놓아 통곡 한 번도 못하게 된 것이다.

고종 황제 독살설은 점점 더 퍼져나갔다. 일제는 독살이 사실무근
이라고 해명하는 홍보에 열을 올린다. 그러나 고종 황제의 급작스러
운 죽음은 그날 저녁수라를 거뜬하게 잘 드셨다는 것과 특별한 징후

가 없었다는 것이며, 평소 승하할 기미가 없을 정도로 건강이 좋으셨다는 것 때문에 일제가 그야말로 귀신도 모르는 독약으로 살해했다는 심증만 무성한 것이다.

일례를 든다면 이노우에 가오루에 이어 부임했던 미우라 고로 공사는 대원군에게 조선 도자기를 선물하면서 복어알을 발라 그 도자기에 차를 마신 결과 중태에 빠졌던 일도 있었으니만큼 이번에는 어떤 수작으로 독살을 감행했는지 알 길이 없는 것이다.

하여간 이제 승하하신 고종의 장례를 모셔야 한다.

며칠이 지나자 고종의 인산일(장례일)을 3월 3일로 정한다는 발표가 나왔다.

월남과 동지들

고종이 승하하자 YMCA에는 월남을 만나러 오는 애국동지들이 갑자기 늘어났다. 지금까지 월남을 알던 동지들은 물론 월남과 같이 고종을 모시던 관리들도 답답한 마음에 연달아 월남을 찾아온다.

"나라고 문상을 했겠습니까? 우리는 불허합니다."

아마도 이 말을 열 번 백번은 족히 한 모양이다.

승하하신 고종의 영전에 곡을 바치기는커녕 술 한 잔, 향 한 자루를 피우지 못하는 참담함이 곧 나라를 잃은 민족의 슬픔이라 할 것이다.

화두는 우리가 언제까지나 이렇게 일제의 만행에 늑탈을 당하고 백성을 구해내지 못할 것이냐고 하는 쪽으로 주제가 모아졌다.

"월남은 속이 편합니까? 이대로 그냥 먹히고 말 것입니까? 손 놓고 당하기만 할 참입니까?"

쏟아지는 질문 공세는 차라리 공격이라고 해야 한다.

"내가 뭘 어쩌면 좋겠습니까?"

"들고 일어나서야지요. 보고만 계시면 어쩌자는 것입니까?"

"내 나이가 올해 70이요. 내가 무슨 힘이 있습니까? 돈이 있습니까?"

"누가 앞장서라 할 사람은 없습니다. 뒤에서 일을 만들어나 달라는 것입니다."

"지금 애국을 한다는 분들이야 상해, 미국, 간도, 일본, 하와이까지 널려 있습니다. 무오독립선언도 발표되고 경상도에서는 광복단도 조직됐습니다."

"그래서 그것으로 나라를 찾겠습니까?"

"어림없다고 보이니 걱정입니다. 그런다고 국제사회가 나서서 일본보고 돌아가라 할 기구도 없고 우리는 숫자도 적고 돈도 없고 특히 우리의 목소리를 대변해줄 언로도 없습니다. 자기네들의 관보가 전부 왜곡하니 우리는 안방에서 호통 치는 것과 같습니다. 그래서 도무지 방법이 안 나옵니다."

"그래도 외치고 부르짖어야지 가만 있으면 어쩌자는 것입니까?"

"첫째는 무모하고 비효율적이라면 우리만 손해 봅니다. 상대가 강하면 강할수록 그에 대항할 방도를 제대로 찾아 넘어뜨려야 하는데 해보나마나 지는 게임이고 싸우나마나 다치고 부러지는 것이라면 한들 무엇 하겠습니까?"

"그래서 맥 놓고 있자는 것입니까? 이거 비겁한 것 아닙니까? 무능한 것입니다. 할 수 있는 한도에서 그래도 움직여야지, 지렁이도 밟으면 꿈틀한다는데 하물며 인간이 이래서야 되겠습니까?"

"그러니 어쩌면 좋을지 안을 내 보세요. 나는 무가치하거나 무모한 짓은 질색입니다. 승산 없는 싸움을 하라고 동지들을 밀어내자니 나이 든 내가 할 짓이 아닙니다. 가서 죽으라고 내보내면서 나는 뒤에서란 말인가요? 정말 나도 답답합니다."

들고만 있던 윤치호가 말한다.

"대감! 우리 Y에 50만 원 있잖아요? 그걸 쓰면 어떻겠습니까?"

"아, 국채보상기금 말이요?"

"예, 일본에서 빌려온 차관 갚으라고 우리 Y에게 할당된 50만 원 말입니다. 이 운동이 성공하면 안 갚아도 되는 돈 아닙니까?"

월남이 잠자코 듣는다.

잠시 후 월남이 입을 열었다.

"일단 독립운동을 하려면 돈이 있어야 하는데 그 돈을 쓴다고 쳐 봅시다. 문제는 제대로 해야 해요. 일본이 감당을 못하게 우리 규모가 커야 합니다. 도저히 일본 순검들이 어떻게 손을 못 대도록 대대적인 시위를 벌려야 합니다. 지지부진하게 하는 둥 마는 둥 해서는 얕보이기만 합니다. 그러니까 우선 군중을 최대한 모아야 합니다. 그러기 위해서는 고종 황제 인산일을 거사 날로 잡으면 군중모집에는 어려움이 덜할 것입니다. 그리고 이 거사는 YMCA 혼자서 할 게 아닙니다. 당연히 기독교만 할 게 아니라 불교, 천도교, 원불교, 무속인, 상인, 농업인, 상공인까지 전부가 참여하게 해서 일본이 깜짝 놀라게 해야 합니다. 시원찮게 하려면 하지도 말자고요. 규모가 세계 최대로 유례가 없는 규모여야 합니다."

"그럼 승낙이십니까?"

"내 승낙이 중요한 건 아닙니다. 이 일은 내 힘으로 내가 할 일도 아니고 나도 참여하고 돕겠다는 것이지 잘난 사람 따로 없습니다. 단, 제가 협조를 안 하면 동지들이 힘이 안 날까봐 협조한다는 것인데, 그렇다고 해서 뒷짐 지고 서서 지켜만 본다는 것은 아닙니다. 최전선에 앞장을 서지는 못하지마는 최후 말석자리에서라도 적극적으로 밀어 보겠다는 뜻입니다. 대충하는 것, 저는 질색입니다. 효과는 나도 모르겠으나, 지금까지 무오독립선언이나 해외 애국자들이 하는 것하고 비교가 안 되게 대규모 군중이 참여하고 대표자의 숫자도 몇 배로 늘려 감히 어디서부터 누구를 막아야 할지 모르게 군대식으로 조직 체계를 갖추어 불길이 꺼지지 않고 아주 오래오래 세계만방이 다 알도록 하고 엄청난 시위사태를 지속시켜 일본의 무력침략사실을 알려야 합니다."

"대감께서 말씀하시니 우리는 하라시는 대로 목숨을 걸고 앞장서기만 하면 되겠습니까?"

"참, 그걸 잊었군요. 목숨을 걸되 죽지는 않아야 합니다. 나는 죽는 것 반대합니다. 이스라엘이 애굽에 종이 되었을 때 그들은 죽음의 길을 택한 게 아니라 참고 인내하며 기도하면서 때를 기다리는 하나님의 명을 따랐습니다. 조선인 2천만이 다 죽어서 나라를 찾은들 무엇하겠습니까? 단, 2백 명이 죽는다고 해도 나는 반대요, 열 명이 죽어도 나는 내 동포 내 민족이 죽는 일은 추진하지 못합니다. 그것은 하나님의 명령입니다. 내가 살기 위해 민족을 죽는 길로 내몬다면 나는 살인자요, 악인이라는 것이 저의 믿음입니다."

"하지만 대규모 시위를 하다 보면 일본이 발사를 할 것이고 고문도 하고 잡아 갈 건데 과연 죽는 사람이 없겠습니까?"

3 · 1운동 기념터. 종로 YMCA 건물 정문 앞(현재)

"왜 없겠습니까? 내가 망설이는 이유가 바로 여기에 있습니다. 사람의 목숨은 하늘 아래 그보다 귀한 것이 없습니다. 누가 얼마나 죽게 될지…. 나는 이걸 생각하면 그만두고 싶습니다."

"그만두면 어찌됩니까?"

"말 같다고 들릴지는 모르겠으나 다 하나님이 알아서 하시지요. 단 우리가 할 바는 하고서 하나님의 은총을 기다려야 한다는 것이 갈등입니다."

"어쨌거나 일은 하시자는 거지요?"

"예, 대규모로 제대로, 해외에서 한 것보다 백배 천배로 대규모 시위라고 하는 희망을 가지고 해보겠습니다."

월남은 결심을 굳혔다.

이대로 두고 볼 나라가 아니다.

더욱이 해외 애국동포들의 고생이 너무 심하고 그들이 심한 고초를 겪고 있는데 국내에서 보고만 있을 수는 없는 일이다.

거듭 다짐하고 결심한다.

규모가 커야 하고 일본이 놀라고 세계가 놀랄 사상최대의 항일독립운동을 펼치겠다고 하는 것이다.

그러기 위해서 우선 민족대표를 선임해야 한다.

그러나 Y만 나설 일이 아니다. 종파와 신분을 초월하여 대한민족 전부를 망라한 각계 대표를 세워야 한다.

3·1운동의 전운이 감돌다

우창 신석우와의 만남
망명정부를 세워야 한다
무슨 수가 없을까
의암 손병희를 만나다

우창 신석우와의 만남

나이 45세 연하의 지금 26세 된 신석우가 어찌 알고 월남을 찾아왔다.

신석우(申錫雨, 1894~1953)가 누구인가?

월남의 손자뻘이 되는 청년으로서 이미 조선자주 독립의 의지가 굳센 애국청년. 호는 우창(于蒼)이다. 후일 여운형과 손잡고 고려교민 친목회를 조직하고, 유인신문 『아등의 소리』를 발간하는 한편, 임시정부 교통총장직을 맡았던 한국의 언론인이자 독립운동가다.

여운형(呂運亨, 1886. 5. 25~1947. 7. 19)은 또 누구인가? 월남보다 37세 연하이며 우창(신석우)보다 11세 연상이다. 본관은 함양(咸陽), 호는 몽양(夢陽)이며, 1886년 경기도 양평(楊平)에서 출생하였다. 우무학당(郵務學堂) 등에서 한학(漢學)을 공부한 후 1907년 고향집에 광동학교(光東學校)를 세우고, 1908년 기독교에 입교하였다. 강릉에 초당의숙(草堂義塾)을 세워 민족의식을 고취하던 중 국권이 피탈되고 학교가 폐쇄되자 평양신학교에 입학하였다. 선교사 클라크를 따라 처음

우당 이회영이 문을 연 서간도(西間島)의 신흥무관학교(新興武官學校)를 견학하며 국외에서의 독립운동의 필요성을 절감하고 학교를 중퇴, 1913년 중국으로 건너갔다.[15)]

우창(신석우)은 후에(1924년) 일본의 훼방으로 경영난에 빠진 조선일보사를 인수하여 월남 이상재(李商在)를 사장에 추대, 부사장으로 있으면서 민족지로 성장시키는 데 힘썼다. 8·15광복 후에 주(駐)자유중국 대사를 지내기도 하였으나 지금 월남은 이름만 들었지 초면이다.

"월남 대감마님! 큰절 받으십시오. 사부님으로 모시고자 찾아뵈었습니다."

"우창이라 하시던가? 블라디보스톡 한인촌에서 한인청년단(단장 강대일)을 만들었을 때 여운형, 장덕수 조동우, 김국 동지들과 같이 신한청년단을 만든 명단에 들어있던 그 신석우가 우창이란 말이요?"

"예, 소생이 바로 그 소인입니다. 일찍이 찾아뵙고자 하였으나 늦었습니다."

"잘 오셨습니다마는 스승이나 사부까지야 되겠습니까? 어떤 생각으로 찾으셨습니까?"

"말씀은 '하게'로 내리시면 제가 더 편하겠습니다. 말씀을 내리십시오."

"내리고 올리는 것이야 소통이 잘 되면 소용이 무엇이겠소. 임심상조불언중이라고 아시오?"

"예, 一心相照 不言中(마음이 같으면 말이 필요 없다)은 잘 알고

---

15) 우당 이회영은 전 국정원장 이종찬과 현 민주당 이종걸 의원의 祖父시다.

있습니다. 사부님께서 소인을 그리 대
해주시면 더 이상 바랄 것이 없겠습
니다."

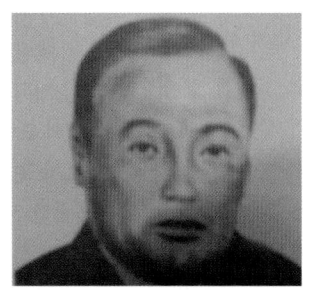

우창 신석우 선생

"그런데 어찌하여 블라디보스톡까지
갔습니까? 춥지 않아요?"

"사부님의 발바닥에도 미치지 못하
겠으나 나라를 잃은 원통함만은 누구
에게 지지 않습니다. 젊은 몸이오니 사부님께서 명하시면 차질 없이
명을 받들고자 하여 오래전부터 찾아뵙기가 소원이었습니다."

"하하, 그랬습니까? 내게 배울 게 뭐가 있을까 우려됩니다. 나로 말
하면 나라를 잘못 받들어 황제 폐하의 불충한 신하일 뿐만 아니라,
수족이 다 잘려도 몸 바쳐 싸우지도 못하는 물렁탱이입니다. 나라의
임금을 제대로 모시는 신하가 얼마나 어려운 것인지 이제 황제 폐하
마저 승하하시고 보니 정말 쥐구멍이 어딘가 싶습니다. 자격이 없어
요."

"제 어찌 모르겠습니까. 그러나 월남 스승님의 충효정신에 대하여
저는 이 세상에 두 분도 없다고 알고 있습니다. 더욱이 나라의 미래
를 멀리 보시는 혜안에 대하여도 감히 누구도 흉내 내지 못하는 줄도
알고 있습니다."

"거참, 과찬도 아니고 착각인가 싶습니다. 현대를 사는 우리는 1년
이든 반년이든 나라의 녹봉을 먹은 신하라고 한다면 전부 목을 내놓
아야 마땅합니다. 나라를 뺏긴 이 중죄인이 살아있다는 것 자체가 하
늘을 보기 두렵습니다. 승하하신 황제 폐하를 뵐까 두려워 어찌 수를
마치고 곁으로 갈지 몸 둘 바를 모르는 것이 솔직한 속내입니다. 이

런 내게 배우고 자시고 할 게 있을까 모르겠습니다.”

“사부님으로 모시려는 결심을 굳히고 왔사오니 거두어 주시기 바랍니다. 배 두드리고 떵떵거리며 친일파의 앞잡이가 된 신하들이 득세하며 백성을 괴롭히는 이때에 충절의 강직한 사부님의 올곧은 정신세계를 모르는 사람이 누구일까마는 저는 골백번 머리 숙여 존경하는 바입니다.”

“사부고 스승이라고 할 일도 아닙니다. 못난 신하지만 그래도 도와주시고 싶으시다면 동지로 지내시면 되십니다. 나같이 면목이 없는 불충한 신하의 벗이 되어 주신다면 나는 45년을 벌어들이는 것 아니겠습니까? 크든 작든 우리가 현명하고 지혜로워야 합니다. 나는 어리석은 자를 가장 딱하게 생각합니다. 분하다고 자결하고 무모하게 대들고 되지도 않는 시위로 몰매나 맞고 감옥에 들어가 고문이나 당하는 것은 내 성정에 맞지 않아요. 이건 내 목숨이 아깝고 매가 무서워서가 아닙니다. 작은 자지만 내 말 한마디 잘못 나가면 몇 명이 다치고 심지어는 죽을지도 모를 일입니다. 뱀같이 지혜롭고 비둘기같이 순결하고 눈같이 깨끗하고 정결하라는 성경 말씀이 있습니다. 어찌 보면 졸장부요, 어찌 보면 겁쟁이요, 무얼로 보면 행동하지 않는 양심이라니 썩은 정신이라고 나를 욕하는 사람도 많습니다마는, 그러나 인간을 사랑하고 백성의 안위와 행복을 위해 마땅히 해야 할 효율적이고도 내실 찬 행동이 무엇인가를 함께 생각하기로 한다면 상해로 가든 러시아로 가든 우리는 동지입니다. 허나 굳이 사부님이라고 불러도 그냥 들어는 들어야지 별수 있겠습니까?”

“사부님! 다시 한 번 큰절 올리겠습니다. 이것은 제자가 스승님께 올리는 큰절입니다.”

우창이 또 큰절을 한다. 월남이 편하지 않아 맞절을 하고 앉았다.

"그래서 특별히 하고 싶은 말이라도 있습니까?"

망명정부를 세워야 한다

"예, 실은 가르침을 받고 싶은 것이 있어서 왔습니다. 아직 블라디보스톡에서 올 생각이 없었는데 황제 폐하께서 승하하셨다 하니 대한문 앞에 가서라도 예를 올려야 한다고 생각해서 문상을 하고 귀국한 차에 스승님을 뵙고 한수 가르침을 받으러 왔습니다."

"그래요? 내가 좋은 말을 해 줄 것이 있을까 모르겠으나 말이나 해 보시오."

"모두들 우리 땅에서는 우리 정부를 세우지 못하니 간도나 만주 아니면 미국에라도 우리 조선의 망명정부를 세워야 하지 않겠는가 여쭙고자 하는 것입니다."

"맞는 말입니다. 내가 그 얘기라면 정말 면목이 없습니다. 그래서 불충한 신하라는 생각이 떠나지 않아요. 노령(만주, 요서지방)이든 블라디보스톡이든, 아니면 상해라도 괜찮습니다. 내가 얼굴도 못 본 안중근이란 청년은 하얼빈에서 이등박문을 총살했습니다. 말고도 나를 찾아오는 사람이 많아요. 내가 무슨 능력이 있는 것도 아닌데 나를 보고 해외로 나가자고 하는 사람들이 있어요. 나가서 어디엔가 우리 대한제국 망명정부를 세우고 거기서 군대도 양성하고 힘이 생기면 나라를 되찾아야 한다는 주장인데 일리가 있습니다."

"그런데 왜 국내에만 계시는지요?"

"생각이 많습니다. 여기를 떠나 어디엔가 정부를 세우려면 그 역시도 제대로 세워야 되는데 그러려면 누군가가 돈을 대 주어야 합니다. 누구보고 돈 대라고 하자니 마땅한 사람도 없지만 머리가 풀리지를 않습니다."

"그러시다보면 나라의 희망이 없지 않습니까?"

"그게 꼭 그렇지만은 않습니다. 나라고 해서 생각이 없겠습니까? 여기는 YMCA라고 하는 국제연맹이 있습니다. 제아무리 일본의 총칼이 강력하여도 우리 Y에 대해 제멋대로 해대지는 못합니다. 그러니까 이렇게 큰 회관을 지은 것이고요. 해외 망명정부 참 중요하지만 그에 못잖게 중요한 것이 국내거점입니다. 해외는 우선 먹기는 단 곶감이지만 일본도 실은 무시합니다. 더 큰 문제는 국내에 동포가 병들고 친일화되면 세운들 뭘 하겠습니까. 물론 우리 Y는 망명정부도 아니고 대한제국의 거점도 아닌 민중교육단체고 하나님의 법도를 지키며 인간의 본분을 구현하는 곳입니다. 하 세월 같지만 Y는 결국 우리의 작은 정부라고 해서 손색이 없습니다. 역시 드러내고 반일운동을 하지는 않습니다. 오로지 하나님의 법을 가르치고 배울 뿐인데 이것이 참 강한 무기입니다. 총칼은 한 개도 없지만 그보다 강한 하나님의 권능이 뭉쳐진 곳입니다. 마음은 급하지만 급하게 먹으면 체합니다. Y는 대한제국의 민족혼을 지키며 불의와 싸우는 곳입니다. 단, 비폭력 평화주의이며 인간 사랑을 모토로 하는 곳입니다. 이 점을 족히 이해하고 설명하려면 말로는 참 어렵습니다. 그래서 해외로 갈 수가 없어요. 내가 가면 Y가 절반의 힘으로 줄어든다고 할까요? 교만이 아니라 Y에도 한 사람이 귀합니다. 저도 그중에 한 사람입니다."

"그렇지만 해외에 망명정부를 세운다고 하면 반대는 안 하시지요?"

"반대라니요? 그 무슨 말입니까. 절대적 쌍수로 환영합니다. 다만 그 엄청나게 힘든 일을 해야 하는 동지들을 돕지 못하는 것이 마음 아플 뿐이고 천국에서 받아올 수만 있다면 세상에는 없는 상급을 주고 싶어 대환영이고 대찬성입니다. 내가 못하는 일을 다른 누군가가 할 수 있는 것이거든요. 각각 사람에게는 맡겨진 역할이 있는 거니까요."

"아니라도 여러 소리가 나옵니다. 간도다 노령이다 상해다 해서 망명정부를 세우고 정부조직을 갖추되 군대도 양성해야 한다고 주장하는 사람들이 참 많습니다. 저도 그런 입장이고요."

"그럴 수만 있다면 내가 할 수 있는 기도와 국내에서 내게 맡겨진 일에 충성하여 나중에 둘이 합치게 되면 기꺼이 모셔 환영하겠습니다. 대통령이라 하든지 총통령이라 하든지 장관이든 대신이든 정부조직을 만들고 헌법을 만들어야 합니다. 그래서 우리가 둘이 아니라 하나가 되어 나라를 되찾아 내야 합니다. 하지만 모든 일은 하나님이 허락하셔야 한다는 생각이 예수를 믿는 나의 믿음입니다."

"그럼 저도 서둘러 망명정부를 만들자고 하렵니다."

"하세요. 부디 젊어서 나라를 위한 일에 몸과 마음을 바치시오. 그런데 망명정부라니까 어감이 좀 이상해서 달리 나라 이름을 국명으로 정해야 하겠습니다."

"말이 망명정부지 국가명을 짓기는 지어야지요. 조선임시정부라든가 대한제국임시정부라고 하든가 해야 하겠지요."

"잘 생각하여 이제 나라를 되찾으면 다시는 이런 치욕을 겪지 않도록 좋은 국명을 지어야 하는데 아마 우창보다는 웃어른들이 알아서 국명을 짓지 않겠습니까?"

"제가 감히 어찌 국명을 짓겠습니까?(실은 나중에 신석우가 대한민국이라는 국호를 지었음) 그것은 웃어른들의 몫이겠지요. 그런데 만약 망명이든 임시정부든 국명을 짓고 나라의 틀을 짠다면 어떤 국명과 조직이 좋겠습니까?"

"물어보나마나 조선은 아닙니다. 조선은 신선한 아침의 나라라는 뜻이지만 신선하지 못합니다. 일제가 도로 조선이라 불러서 얕보며 죠센징이라 비하하니 조선은 아니라 하겠고, 고종 황제 폐하께서 지으신 대한이 좋다고 보입니다마는, 어찌 내가 두렵고 떨리는 국명을 짓겠습니까? 훌륭한 분이 좋은 국명을 지어야지요."

"별 말씀을 다하십니다. 조선의 명신들이 많았으나 스승님도 뒤지지 않습니다. 그러니 스승님이 지으셔도 되고말고요. 그런데 대한이란 국호가 좋은 국호일까요? 만일에 그렇게 짓게라도 된다면 말입니다."

"대한이란 국호는 다들 무식하여 제대로 모릅니다. 손바닥만 한 나라가 어찌 큰 大 자를 써서 大韓이라고 하느냐고 비웃는 사람도 있으나 몰라서 하는 소립니다. 대한이란 "뛰어난", "걸출한", "위대한" 이런 뜻이라는 것 우창도 알아요?"

"예, 저도 대한은커녕 작은 나라니까 소한이라야 맞다는 생각을 했다가 한문공부를 제대로 해 보니까 "대단한", "뛰어난"이라는 뜻이라는 것 알고 있었습니다. 국호는 그렇다 치고요. 정부조직은 어떻게 하는 것이 좋을까요?"

"미국식이 있고 영국식이 있는데 일본식은 개놈들의 법이니 내던져 버리고 영국식이 좋다는 생각을 하고 있습니다."

"영국식이라면?"

"미국식은 미국이란 나라가 원래 긴 역사를 갖지 않은 식민지였으므로 왕이 없이 바로 대통령인데 영국식은 왕이 있고 수상이라고 하여 대통령과 같은 역할을 하는 조직이 근본입니다. 세계에는 지금 이 두 가지 중에 절반가량(당시 100여 개국 중 45개국 정도)이 영국식입니다. 고종 황제 폐하가 승하하셨지만 우리가 진정으로 국권을 되찾았다고 한다면 왕권을 튼튼하게 복원하고 그 아래 중추원이나 국회를 두고 수상이나 대통령을 앉힌 다음 입법·사법·행정의 3권 분립으로 가야 합니다. 그런데 왜 이런 얘길 하자니까 맥이 쭉 빠지지요? 이게 꿈꾸는 무지개 그림 같으니 말입니다. 그거야 뭐 내가 그저 노망이 들어서 한 말이라고 흘려들어도 상관없습니다."

"아주 좋은 말씀이셨습니다. 황제 폐하를 잃었으니 황권을 회복하고 그런 다음에 순종이라도 새 황제를 모시고 나라를 다스려야 제대로 된 국권복권이라는 말씀에 전적으로 공감합니다."

"하지만 이건 말이 그렇다는 것이지 절대적이라는 뜻은 아닙니다. 어떻게 하든지 나라만 되찾아 바른 민주주의 나라를 만들어 국민을 위한 정부가 된다면야 더 이상 바랄 게 무엇이겠습니까? 단, 황실가족이 섭섭하실 터이니 국민의 도리가 아니고 복 받는 데 분량이 적겠지요."

무슨 수가 없을까

고종 승하와 더불어 해외에서 독립운동이 발단되기 시작하고, 국내에서도 미미하나마 독립운동을 한다고는 하는데, 가장 중요한 문제는 많은 백성들이 일제의 수작에 말려들어 간다는 사실이다.

그러나 무엇 하나 제대로 되고 있다고 보기 어렵다. 독립운동이 몇 사람의 의지로 며칠 움직여 될 일이 아니다. 대규모로 움직여도 효과가 날지 허사가 될지도 모를 일이다. 공연히 찔러나 보는 식의 독립운동은 득 될 게 없기 때문에 무언가 내실이 있는 독립운동을 제대로 전개해야 한다는 것이 월남의 생각이다.

그러나 그것이 말과 생각처럼 쉬운 게 아니다. 조직을 만들어야 하는데 일제의 눈이 노려보고 있어 언제나 비밀로 만나고 상의되어야 한다. 또 몇 사람만 만나서 되는 일도 아니다. 각계각층의 지도자를 무수히 만나되, 사상이 독립사상으로 믿을 사람들이어야 한다. 자발적으로 찾아오는 동지들과 쉽게 결정하여 일시에 되는 일도 아니므로 상당한 준비를 거쳐 일제가 모르는 사이에 완벽한 조직이 동시에 터져야 하고 그래도 과연 효과를 볼지 말지다.

게다가 월남은 이미 요주의 감시대상자다. YMCA에 틀어박혀 Y 일에만 열중하면 눈총을 좀 풀지만 밖에 나와 누군가를 만난다면 일제의 감시는 이제까지도 그랬지만 더 커질 일이다.

그러니 고민이 태산이다.

이럴 때면 문득 집에서 성경 보고 찬송하고 기도만 하는 순재가 나타나 말을 걸기도 한다.

"서방님! 이대로 둘 수도 없고 어떻게 할 수도 없고 황제 폐하는 돌아가셨고 백성들은 자꾸 포섭돼 들어가고 참 큰일입니다."

"맞아요, 이제는 두고 보자는 말도 안 나옵니다."

"서방님이 나서셔야 다들 힘을 받을 것 아니겠어요?"

"그게 문젭니다. 70이나 된 늙은이 뭐 볼 게 있다고 나를 보고 어떻게 할 거냐고 찾아와 자꾸 물으니 대답이 난감합니다."

"모두들 젊으니까 어른이 되시는 서방님의 뜻을 알아야 힘을 받겠으니까 여쭙는 것 아니겠어요?"

"그렇다고 눈에 뻔히 보이는데 시답잖게 해서 그게 될 일입니까? 일제가 더 심하게 감시만 할 것이고 고통만 받습니다. 잘못하면 애국 청년들이 또 잡혀가거나 다쳐요. 이게 작은 일이 아닙니다. 여기는 만주도 아니고 미국도 아니고 한국입니다. 서울 장안에서 반일 항의시위를 하려면 제대로 해야 하는데 이 큰 조직을 어떻게 만들어 댈 겁니까?"

"왜 국채보상기금 준비한 것 50만 원 있다고 하지 않았어요? 자금은 그걸 쓰면 나중에 해방되기만 하면 안 갚아도 되잖아요?"

"그런데 말입니다. 그러면 돈 문제는 좀 해결되는데 글쎄 그 돈을 일본 총독부가 어찌 눈치를 챘는지 그만 압수해 가 버렸습니다. 엊그제 갑자기 경무청하고 총독부에서 4명이 나와 가지고 국채 내놓으라고 하고 뒤지더니 그만 몽땅 빼앗아 갔습니다."

"아니 우리가 낼 때 되면 그 날짜에 낼 돈인데 그걸 왜 강제로 빼앗아 갑니까?"

"눈치를 챈 게 분명합니다. 황제 폐하 인산(장례)일에 분명 대대적인 시위를 벌일 자금으로 쓸 돈이 그것밖에 없다고 판단한 모양입니다. 찾아내더니 압수라고 가져갔어요."

순재가 말은 안 해도 집에서 기도를 많이 하나보다. 그러니까 곁에 있지도 않은 순재의 음성이 이렇게 또렷하게 들리는 모양이다. 이것이 성령께서 인도하시는 순재 기도에 대한 응답일까?

"그래서 서방님이 지금 기운이 하나도 없으시군요."

"그래요. 돈은 그 돈으로 쓴다고 한 가지 걱정은 덜었는데 이제는 돈도 없어졌습니다. 그러니 돈 없이 어찌 시위를 주도합니까? 전국각지에 동지들을 비밀리에 찾아가 만나야 하고 밥값도 있어야 하고 처처에 경비를 대줘야 조직을 짜고 하다못해 태극기라도 제작할 게 아니겠어요? 인쇄비만 해도 백만 장이면 돈이 얼맙니까? 50만 원도 사실 모자랍니다. 이게 동네 계모임이 아니거든요."

"그러니 이제 정말 암담하군요. 그러니까 동지들은 뭐라고 하세요?"

"매일 찾아와 한숨만 푹푹 쉽니다. 날짜만 자꾸 간다고요."

"서방님은 무슨 생각이십니까?"

"이러지도 저러지도 못해 좌불안석입니다. 그렇다고 해외에서 저렇게들 애를 써 대는데 국내, 서울에서 가만히 있자니 이건 면도 안 서고 말도 안 되고, 해외라면야 크게 하나 작게 하나 상관없지만 국내는 달라요. 하면 작게도 못하겠고… 또 크게 벌이자니 승산이 걱정인데 게다가 돈까지 없어졌습니다. 안 하면 무능하고 친일이라 할 판이고 해서는 질 게 뻔한 싸움인 데다 무모하게 사람만 다칠 것이고요, 동지들이나 Y에 대한 감시와 핍박은 또 얼마나 강해지겠습니까?"

"참 진퇴양난이라더니 이를 어쩐다지요?"

"어쩌다 오래 살아가지고 모두들 내 눈치만 보는데 내가 무슨 힘이 있습니까, 돈이 있습니까, 있다면 정신 하나뿐인데 정신 가지고 되는 일도 아니잖아요?"

"그래서 포기예요?"

"포기도 못하고 진행도 못할 처지라서 그래서 머리가 아픕니다."

"서방님! 그런데 애국동지들 중에 누가 돈 좀 가진 사람은 없습니까?"

"있긴 누가 있습니까. 그렇다고 내주겠어요? 나라를 위해 돈을 쓸 사람은 1만 명에 1명도 드물 겁니다."

'아차!'

그런데 이렇게 말하는 순간 잡자기 손병희 교령이 떠올랐다.

번개처럼 스쳐가는 직감이다. 이것이 곧 순재가 기도하니 성령이 지금 월남 자신의 영혼을 흔들어 깨우시는가 싶다.

손병희가 누구인가? 천도교 교령이며 이미 독립선언서에 서명해서 발표까지 한 애국 동지다.

월남은 밤새고심 끝에 의암 손병희 교령에게 연통을 넣어 조용히 보자 하여 Y에서 만났다.

밤….

방을 옮겨 캄캄한 방이다.

의암 손병희를 만나다

"손 교령님 오랜만입니다. 이번에 독립선언운동에 참여하신 것 잘 알고 있습니다. 긴히 상의할 일이 있어 모셨으니 부담 없이 편하게 들어 주시기 바랍니다."

우선 월남이 입을 열었다는 손병희(孫秉熙, 1861. 4. 8.~1922. 5. 19)에 대해 어떤 사람인가부터 알아두자.

호 의암(義菴). 초명 응구(應九). 후명 규동(奎東). 충북 청원(淸原) 출생이다. 1882년(고종 19) 22세 때 동학(東學)에 입교, 2년 후 교주 최시형(崔時亨)을 만나 수제자로서 연성수도(鍊性修道)하였다.

1906년 동학을 천도교(天道敎)로 개칭하고 제3세 교주(교령)에 취임, 교세 확장운동을 벌이는 한편, 출판사 보성사(普成社, 후일 이종일이 운영함)를 창립하고 보성(普成)·동덕(同德) 등의 학교를 인수하여 교육·문화 사업에 힘썼다. 1908년 교주 자리를 박인호(朴寅浩)에

게 인계하고 우이동에 은거, 수도에 힘쓰다가 지금 월남 이상재와 만나는 것이다.16)

"월남 대감님! 정말 뵙고 싶었습니다. 우리가 이대로 있어서는 안됩니다. 특히 대감께서 이대로 계시면 안 됩니다. 우리 천도교는 이미어떤 수를 써서라도 민족독립운동을 전개해야 한다고 의견일치를 보았습니다. 그래서 아시다시피 작년 12월 15일 저(손병희)하고 오세창, 최린, 정한경, 민찬호 등 천도교인들이 중심이 되어 남대문 밖 상춘원에서 독립운동에 대해 협의를 하지 않았습니까? 아시지요?"

"알고 있지요. 교도가 기독교의 백배가 넘고, 천도교가 조국해방을위해 얼마나 노심초사 고군분투하시는지는 제가 누구보다 잘 압니다."

"그러나 약효가 없습니다. 몇몇이서 의견일치만 보았지 행동으로옮기려 하니까 이건 여간 많은 문제가 앞을 막는 것이 아닙니다. 그래서 일단 보류하고 다음 기회를 보자고 한 상태였습니다."

"그래요 알고 있습니다. 너무 어려운 일 맞습니다. 섣불리 대들어봤자 피만 흘리고 강권 철권통치만 부채질하고 말아요. 그래서 왜 저라고 생각이 없겠습니까마는 능력이 안 되니 당하고 망하는 짓이라용기가 안 났습니다."

"하지만 이대로 둘 수는 없는 것이 나라가 일본화되어 갑니다. 이러다가 몇 년 지나면 우리글 우리말도 다 없앨 놈들이고 결국은 노예로 부려먹을 놈들이고 거기에 빌붙는 친일파 배만 불려줄 게 뻔하니수를 내긴 내야 하겠는데 월남 대감한테 묘수가 없으십니까?"

---

16) 이후(1919년) 민족대표 33인중의 1인 대표로 3·1운동을 주도하고 경찰에 체포되어 3년형을 선고받고 서대문 형무소에서 복역하다가 이듬해 10월 병보석으로 출감 치료 중 별장 상춘원(常春園)에서 사망했다. 1962년 건국공로훈장 중장(현 건국훈장 대한민국장)이 추서되었다. 이상재 보다 11세 연하.

"묘수라고 할 것은 없고 최선을 다하는 수밖엔 없는데 해외 동지들을 봐서도 그렇고 우리 민족의 장래를 봐서도 그렇고 이번 황제 폐하 인산일에는 그냥 넘어가면 안 된다는 생각입니다."

"어쩌면 그 생각이 저하고 똑같습니다. 그날을 거사일로 잡고 일본이 도저히 막지 못할 정도로 국민이 전부 들고 일어나 대한독립을 세계만방에 알리는 기회를 만들었으면 합니다."

"그런데 그러자니 돈이 필요해요. 그래서 우리 YMCA가 국채보상금으로 50만 원을 감춰둔 게 있었습니다. 그 돈으로 전국에 조직을 만들어 대한민이 전부 일어나도록 하려고 했는데 그만 사흘 전에 총독부가 그 돈을 압수해 갔어요. 그러니 돈이 없어 못하게 생겼으니 뵙자고 한 것입니다."

"그게 50만 원은 돼야 하겠지요?"

"다다익선이지요. 조직이 클수록 좋지만 나중에 맞아 죽더라도 그 돈으로 대규모 집회를 계획했는데 물 건너갔으니 말 수도 없고 할 수도 없습니다."

"그럼 규모를 좀 줄이는 수밖에 없지 않습니까?"

"줄여도 돈은 필요합니다. 그래서 여쭈어만 보는 건데 교령님네 천도교에는 국채기금 같은 것이라도 있습니까?"

"국채가 아니고 돈은 있습니다. 지금 내가 교주도 아니니 말하기는 어렵지만 나랏일이라면 우리 교도들은 효과를 묻지 돈을 따질 것 같지는 않습니다."

"정말 참 애국종교 맞군요. 그럼 좀 상의를 해 보시겠습니까?"

"제가 장담할 일은 아니나 한 30만 원 정도는 동의를 받을 것 같은데 자세한 건 모르겠습니다."

"그래요? 그러면 나중에 우리가 일부를 갚기로 해도 좋으니 동의를 받아 오셨으면 해서요. 벌써 2월 5일입니다. 불과 한 달도 남지 않았어요. 전국에 조직을 짜려면 시간이 바쁩니다. 이게 터놓고 할 일도 아니고 비밀로 해야 하는 일이니 더욱 어렵습니다."

"무슨 말인지 왜 모르겠습니까? 일단 자금 사정이 있으니 해외동지들은 일단 보류하고 국내만 움직이는 걸로 한다면 30만 원 가지고도 일은 될 것 같기는 한데 지금 우리 천도교인들의 숫자가 300만이 넘으니 국내 최대의 종단입니다. 불교도 우리보다 적어요. 그러므로 이제 시작되면 우리 천도교도들은 자원하여 헌금을 낼지도 모릅니다(후일 천도교인들 중심으로 거금 500만 원을 헌금하여 독립운동을 도왔음). 하여간 일단은 우리 교도들의 동의가 있어야 하니까 아직은 확답을 못하겠습니다."

"그러시다면 이렇게 하십시오. 교도들과 상의하시면서 천도교에서 민족대표의 대표를 맡는 것으로 하십시오. YMCA는 재력도 없고 손교령만 한 배포를 가진 분도 없습니다. 또 천도교보다 교세도 아주 약하여 기부금에 대한 기대도 별로 없습니다. 그러나 물론 뉘게 지지 않는 애국정신은 투철하니 교령님이 딴 걱정은 하시지 않도록 할 자신은 있습니다."

3·1민족대표
의암 손병희 선생

"누가 민족대표를 하든 간에 적어도 몇십 명은 대표가 돼야 되지 않을까요? 한 40~50명이 공동대표가 돼야 그런대로 규모가 갖춰 질 것 같습니다. 일단 돈은 됐다고 보고 말입니다."

"맞습니다. 민족대표는 33이 좋겠습니다. 우리는 우리의 민족정신에 33이라는 숫자가 갖는 의미가 있습니다. 그러니 민족대표는 33인으로 하고 예비대표로 절반 정도라고 할 15명 정도를 더 세워 48명으로 하시고 공동대표 중의 1인 대표는 최 교령이 하는 것으로 하면 좋겠습니다."

"아닙니다. 민족대표 중의 대표는 당연히 월남 대감님이 하셔야지 제가 할 일이 아닙니다. 뭐 나중에 상의할 문제지만 돈이 되거든 월남 대감이 민족대표로 앞장서시는 걸로 하십시오."

"돈도 없는데 미리 정할 가치도 없으나 민족대표는 돈을 대는 최 교령이 해야 옳고, 대신 기독교에서 16명을 대표로 하고 천도교가 돈을 대니까 15명의 민족대표를 하는 겁니다. 불교에도 한두 명을 포함해야 될 것이고요."

"불교는 조선시대에 들어와 숭유억불(崇儒抑佛, 유교숭상과 불교억압) 정책으로 그만 유림에게 밀려 호국불교정신이 약해졌습니다. 저는 잘 모르지만 만해 한용운 같은 스님은 월남 대감과 가깝지 않나요? 불교는 만해 스님과 월남 대감이 상의해서 몇을 넣자면 우리 양쪽에서 숫자를 줄여 그쪽을 늘려 드리면 되지 않겠습니까?"

"알았습니다. 문제는 돈인 것 같습니다."

"돈 문제는 아마 장담을 못해 그렇지, 제가 제의하면 동의할 것으로 보여 집니다. 나라를 찾자는 데 돈이 문제냐고 오히려 더 적극적일 것도 같고 잘 모르겠습니다."

"감사합니다. 그 돈은 언젠가 우리에게도 힘이 생기면 절반이나 아니면 일부라도 부담을 지겠습니다. 물론 나라를 되찾아 내면 나라에서 몇 갑절로 주지 않겠습니까? 하지만 그 안에 제가 세상을 떠나면 책임은 못 집니다."

"예예, 알았습니다. 그저 잘 됐으면 좋겠습니다마는 저의 천도교 쪽은 전국에 빈틈없는 조직이 있습니다만 기독교 쪽은 어떠합니까?"

"그건 기독교도 천도교에 못잖습니다. 충청남도와 강원도에는 감리교단이 선교구역을 맡았고 경상도는 장로교가 맡았고 전라도는 공동선교구역이 되어 있어 교회의 조직은 사찰이나 천도교에 지지 않습니다. 그래도 쉽게 볼 일은 하나도 없겠지요?"

"일단 잘 알았습니다. 민족대표 문제도 있고 하니 저놈들 눈을 피해 자주 만나야 할 것 같습니다. 하여간 자금부터 자금 사용 건에 대한 통과를 받아보겠습니다."

손병희가 밝은 얼굴로 돌아갔다.

손병희에게는 나라를 되찾아야 한다는 애국정신이 월남에 못지않은 터였고 이미 일을 저질렀던 터였다.

천도교에서 손병희는 극진한 존경의 대상이었다. 그만큼 성정이 올곧고 생각이 현명하고도 신심이 깊은 데다가 민족 사랑과 교우들에 대한 애정이 넘치는 까닭이다.

과연 손 교령은 천도교도들과 협의에서 일단 1차로 30만 원부터 지출하기로 결정을 받아냈다. 월남 이상재와 논의가 되었다는 사실에 천도교는 이제야 나라를 되찾을 기회가 온다고 기뻐하며 작정헌금을 자원해서 미리 약정하기도 하여 단방에 100만 원대가 더 걷히고 3·1 운동기간 내내 전부 500만 원이라고 하는 상상도 못하는 독립운동자금을 갹출해 냈다.

금쪽같은 자금은 전국 각처로 동·정맥을 거쳐 모세혈관을 타고 가듯 국내에 퍼져 내려갔으나 천도교나 기독교의 생리상 일제가 눈치를 챌 방도가 없는 비밀조직에 착수한 것이다.

지금 생각하면 얼마나 훌륭한 분들이며 위대한 애국자인지 숙인 머리를 땅에서 뗄 수가 없을 정도다.

불교와의 대화는 의외로 간단하고도 짧았다.

만해 한용운은 이미 결정된 것에 찬성하고 불교에도 인재가 많으나 두 사람만 민족대표로 세우기로 하였다.

그런데 여기에는 정말 너무 중요한 비밀문제가 하나 있다.

3월 3일이 고종의 인산일이므로 그날로 거사를 한다는 점이다. 그런데 이 문제는 일제가 감지하고도 남을 일이다. 고종 장례식에 모일 국민의 숫자는 몇십만은 기본이라는 데 의심의 여지가 없다. 그러니 뒤통수를 쳐야 한다는 의견이 바로 3월 3일로 하지 말고 이틀을 앞당겨 3월 1일로 극비리에 변경한다고 하는 것이다.

일본이 모든 시위방지 대책을 3월 3일에 맞출 것이므로 그들의 허를 찔러 이틀을 앞당기자고 하는 것이다.

물론 3월 3일이라고 통일된 비밀용어는 그대로 사용하는 것이다.

2·8 독립선언서와
민족대표 33인

연속 비밀회동

"교도들이 환호하며 대찬성하여 우리 측에서 당장 30만 원부터 내놓기로 하였습니다. 대감마님! 넉넉하진 않지만 기꺼이 내놓은 돈이니 이제 돈 걱정은 안 해도 되시겠습니다. 우리 천도교는 독립운동을 못해 몸살이 나있습니다. 뭐 돈이야 꼭 어느 쪽에서 쓴다고 별것 있겠습니까? 우리 민족이 독립만 된다면 그보다 더 귀한 용처가 어디에 있겠습니까?"

손병희와 최린, 이종일을 비롯한 몇몇 천도교인들이 월남을 찾아왔다.

"아 참, 이 고마움을 어찌 말할지 모르겠습니다."

"아닙니다. 저희가 고맙고 감사합니다. 돈이 얼마가 들어가도 독립운동만 제대로 할 수 있다면 원이 없겠다는 것이 우리 천도교도들의 바람이었습니다. 월남 대감님이 협조하신다는 데야 이제 겁날 게 없습니다. 동의해 주셔서 감사할 뿐입니다."

"뭘, 저야 작은 늙은이 아닙니까?"

"아니지요. 현재 조정에서 월남 대감이 앉았던 정도의 자리에 앉은 분 가운데 독립운동의 뜻을 가진 사람이 누가 있습니까? 단 1명도 없어요. 마음만 가져주시면 행동은 우리가 합니다."

"정말 고맙습니다. 이번에 천도교의 신세를 안 지고 우리 YMCA가 책임지고 해내려고 했는데 기왕에 이렇게 되었으니 그러면 구체적인 계획을 마련해야 하겠습니다."

"계획은 월남 대감님의 생각을 존중하여 우리는 따르는 걸로 결정했습니다. 사실 천군만마가 아니라 2천만 2천마를 얻은 기분입니다. 제가 움직이자고 기를 써도 사실 호응이 약합니다. 이건 돈 문제가 아니라 그만큼 민중의 믿음이 약한 것이겠지요. 그러나 월남 대감께서 이 일에 합심해 주시면 이제 우리 천도교는 추호도 차질이 없을 일입니다. 아마 그 점은 YMCA나 불교인들도 일반인들도 마찬가지일 거예요. 연세도 있으시지 명망도 있으시지 덕망이야 더 말해 무엇 하겠습니까. 월남 대감만이 민족대표를 세우고 그들을 움직이게 할 동력을 제공하실 분이신데 참 잘 됐습니다. 성공적으로 마쳐야 합니다. 전 세계에 유례가 없는 대규모 집회를 벌여 일본으로 하여금 물러가지 않고는 얼굴을 못 들게 만들어야 합니다."

"그러면 얼마나 좋겠습니까? 아니 그래야지요. 꼭 세계역사의 새 장을 긋고 우리 대한의 혼을 되찾는 거사가 되어야 합니다."

"그런데 우리 천도교에서는 월남 대감마님을 민족대표의 대표로 모셔야 한다는 말이 나왔습니다. 제가 할 게 아니라 월남 대감께서 민족대표를 하십시오."

"그렇지 않습니다. 그렇게 해서는 거사가 성공하기도 어렵습니다.

나야 까딱하지 않아도 아마 첫째로 나를 의심할 것이고 이게 월남의 모사라고 몰아붙일 것이 총독부입니다. 나는 전체 대표가 아니라 다른 민족대표도 하면 안 됩니다. 내가 아무 직책도 없어야만 일을 마치고 난 다음에 저놈들이 비인간적으로 나오면 호통을 치고 우리 동지들을 구해내는 데는 그래도 내가 좀 낫다고 봐요. 절대 누가 대표를 하고 말고가 중요한 게 아니라 일

옥파 이종일 선생 동상, 수송공원

이 되도록 전체를 지휘하는 역할이 중요한데 기왕에 내가 나이가 많으니 빠져서 뒷일을 하고 손 교령이 전체 대표를 해야 합니다."

"뭐가 무서워서 못할 일은 아니지만 문제는 효력입니다. 성공여부가 중요합니다."

"그러니까 손 교령 쪽에서 독립선언서 원본도 작성하세요. 누가 해도 되겠지만 주체적으로 꼭 성공하기 위한 문안을 만들어야 합니다."

"그건 저희가 만들겠습니다. 미리 보여 드리고 수정하거나 추가 삭제는 월남 대감께서 하시면 되는 것이니까요."

"예, 그대로 해도 되고 그렇지 않아도 됩니다. 그런데 여타 민족대표는 생각해 보았습니까?"

"일사천리로 결정되었습니다. 저희 쪽에서 대표를 하는 걸로 하고 15명을 정했습니다. 여기 있습니다."

월남이 천도교 측의 15인 대표의 면면을 훑어보았다.

천도교 측 민족대표 15인

- 손병희(孫秉熙, 1861. 4. 8~1922. 5. 19)

한말 천도교의 지도자, 독립운동가. 천도교 제3세 교주를 지냈다. 민족대표 33인으로, 3·1운동을 주도하다 체포되었으며 교육·문화 사업에 힘썼다. 1962년 건국공로훈장 중장(현 건국훈장 대한민국장) 이 추서되었다.

- 권동진(權東鎭, 1861. 12. 15~1947. 3. 9)

함안군수·육군참령을 지냈고, 3·1운동의 핵심적 지도인물로 체포되어 복역하였다. 신간회를 조직하여 부회장으로 활동하였다.

- 오세창(吳世昌, 1864. 7. 15~1953. 4. 16)

3·1운동 민족대표 33인의 한 사람인 한말의 독립운동가·서예가·언론인.『한성순보』기자를 지냈고 우정국 통신원국장등을 역임했다. 만세보사, 대한민보사 사장을 지냈고 대한서화협회를 창립하여 예술 운동에 진력하였다.

- 임예환(林禮煥, 1865. 7. 17~1949. 4)

동학농민운동 때 평안도 지방에서 동학군을 이끌고 싸웠으며, 천도교 도사가 되어 평양에서 민중 계몽과 포교에 힘썼다. 3·1운동 민족 대표 33인의 한 사람으로서 독립 선언서에 서명을 하는 등 독립 운동에 힘썼다.

● 나인협(羅仁協, 1872. 10. 8~1951. 4)

3·1운동 때는 천도교를 대표하여 민족대표 33인 중 한 사람으로 독립선언서에 서명하였다는 이유로 체포되어 옥고를 치렀다.

● 홍기조(洪基兆, 1865. 12. 6~1938. 7. 6)

동학에 들어가 동학농민운동에 가담하였다. 3·1운동 때 독립선언서에 서명하였으며, 천도교의 도사(道師)·장로(長老)를 지내면서 청년들에게 민족정신을 고취하였다.

● 박준승(朴準承, 1866. 11. 24~1921. 3. 24)

전라도 도사(道師)를 지냈다. 독립선언서에 서명하고 체포되어 복역 중 옥사하였다. 1962년 건국훈장 대통령장이 추서되었다.

● 양한묵(梁漢默, 1862. 4. 29~1919. 5. 26)

이준 등과 함께 헌정연구회를 조직하였고 서울에 천도교 중앙총부를 결성하여 법도사·직무도사 등으로 활약하였다. 3·1운동 때 민족대표 33인 중 한 사람으로 체포되어 옥사하였다.

● 권병덕(權秉悳, 1867. 4. 25~1944. 9. 15)

천도교 종리원의 서무과 주임, 중앙교회 심계원장·감사원장·선도사 등을 지냈다. 1962년 건국훈장 대통령장이 추서되었다.

● 김완규(金完圭, 1876. 7. 9~1949. 6. 20)

국권피탈 후 천도교에 입교하여 봉도·법암장 등을 역임하고 출옥

후 천도교 도사가 되어 종교활동과 민족운동을 계속했다.

● 나용환(羅龍煥, 1864. 8. 7~1936. 8. 19)

3·1운동 때 천도교 대표로 민족대표 33인 중 한 사람으로 독립선언서에 서명하였다. 1962년 건국훈장 대통령장이 추서되었다.

● 이종훈(李鍾勳, 1858. 2. 9~1931. 5. 2)

동학농민운동에서 활약, 2대 교주 최시형의 장례를 치렀다. 손병희 등과 천도교 개편에 힘썼다.

● 홍병기(洪秉箕, 1869. 11. 5~1949. 1. 26)

천도교인으로 동학농민운동에 가담, 천도교 장로로 교세 확장과 구국운동을 계속하였다. 3·1운동 때는 민족대표로 독립선언서에 서명하고, 체포되었으며 이후 만주로 망명하여 고려혁명당 창당에 참여, 다시 검거되어 복역했다.

● 이종일(李鍾一, 1858. 11. 6~1925. 7. 13)

제국신문 사장,『천도교회월보』월보과장, 인쇄소 보성사(현 조계사 후문) 사장 등을 지냈다. 3·1운동 때 '독립선언서' 3만 5,000부를 인쇄하고, 민족대표 33인의 한 사람으로 체포되었다. 조선국문연구회 회장으로 한글맞춤법 연구에 공헌했다.

● 최린(崔麟, 1878~1958)

일제강점기의 친일파, 독립운동가. 메이지대학 법과를 졸업하고 귀국해 1911년, 보성학교 교장에 취임하고, 신민회에 가입하여 항일구국운동에 투신했다. 3 · 1운동 때는 민족대표 33인의 한 사람으로 독립선언서에 서명하고, 징역 3년을 선고받았다. 그러나 1933년 말 대동방주의(大東方主義)를 내세우며 친일파로 변절하여 광복 때까지 친일활동으로 일관했다.

이로써 15명이 선정되었다.

"혹 생소한 사람이 있으십니까?"

"혹 있기는 한데 거의 다 아는 이름들입니다. 그야 뭐 손 교령이 알아서 정한 분이시니 저는 손 교령을 믿기 때문에 다른 의견은 일절 없습니다."

"YMCA와 기독교에서는 정하셨습니까?"

"손 교령으로부터 무슨 대답을 들어야 결정할 건데 아직 마음에만 두고 결정은 못했습니다. 속히 정해 알려 드리겠습니다. 우리도 간단합니다. 이미 조국독립에 불길이 치솟는 분들이 너무 많아 걱정일 정도니까 하자면 미적이고 조건 걸 사람도 없고 목숨이라도 내놓겠다할 분들이 너무 많습니다. 곧 알려 드리겠습니다."

기독교 측 민족대표

● 이승훈(李昇薰, 1864. 4. 25~1930. 5. 9)

신민회 발기에 참여했고, 오산학교를 세웠다. 105인 사건에 연루, 옥고를 치렀다. 3 · 1운동 민족대표 33인의 한 사람이었다. 동아일보사 사장에 취임, 물산장려운동과 민립대학 설립을 추진했다.

● 박희도(朴熙道, 1889~1951)

33인 중의 한 사람으로 3·1운동 때 그리스도교 대표로 독립선언
서에 서명했다. 출옥 후 독립사상과 신앙운동에 힘쓰다가 다시 복역
했고 일제강점기 말에는 변절하여 친일행위를 했다.

● 이갑성(李甲成, 1889. 10. 23~1981. 3. 25)

3·1운동 때 민족대표 33인의 한 사람으로 독립선언서에 서명하였
으며, 1933년 신간회 사건으로 상해에 망명하여 독립운동을 펼치다가
귀국하였으며, 광복 후 여러 정치적 활동을 하였다.

● 오화영(吳華英, 1880. 4. 5~1950, 납북)

목사. 민족대표 33인의 한 사람. 독립선언서에 서명을 했다는 이유
로 옥고를 치르고 6·25전쟁 때 납북되었다. 1989년 건국훈장 대통령
장이 추서되었다.

● 최성모(崔聖模, 1874. 1. 9~1937. 3. 14)

서울 협성신학교를 졸업하고, 북감리교 목사가 되어 해주 남본정
교회에서 목회활동을 했다. 1919년 상경하여 3·1운동 때 민족대표
33인의 한 사람으로 독립선언서에 서명했다. 이 일로 체포되어 징역
2년형을 선고받았다. 출옥한 뒤에 만주로 망명하여 펑톈성[奉天省]을
중심으로 독립운동을 계속하였다.

● 이필주(李弼柱, 1869. 12. 9~1942)

기독교청년회(YMCA) 상동 공옥 소학교 교사로 신생활운동을 전개

하였다. 3·1운동 민족대표 33인의 한 사람이었다. 목회활동과 야학 개설 등 육영사업에도 힘썼다. 신사참배 거부 등 일제에 항거하였다.

- 김창준(金昌俊, 1889~1956)

기독교인으로 종교활동을 하였고, 3·1독립운동에도 참여하였다. 말년에는 좌익 활동을 하였다.

- 신석구(申錫九, 1875. 5. 3~1950. 10. 10)

1919년 3·1운동 때 민족대표 33인의 한 사람. 신사참배에 반대하여 옥고를 치렀다. 반동비밀결사(反動秘密結社)의 고문을 지냈다는 이유로 체포되어 총살당했다. 1963년 건국훈장 대통령장이 추서되었다.

- 박동완(朴東完, 1885. 12. 27~1941)

33인 중의 한 사람. 독립선언서에 서명, 복역 후 신간회 상임간사 등 사회운동에 종사했다. 만보산사건 때 한·중 융화에 힘썼다. 하와이로 망명, 독립운동을 계속했다.

- 신홍식(申洪植, 1872. 3. 1~1937)

감리교 목사로 충청남도 공주에서 포교를 시작하여 1917년 평양 남산현교회로 전임되었다. 이곳에서 3·1운동 계획에 대해 듣고, 이제 적극적으로 가담했다. 이를 계기로 3·1독립선언서에 기독교 대표로 서명하게 된다.

● 양전백(梁甸伯, 1869. 3. 10~1933. 1. 17)

한국의 목사이자 독립운동가로 3·1운동 때 민족대표 33인의 한 사람이다. 신성중학·보성여학교 등을 설립하였고 예수교장로회 총회장을 지냈으며 그리스도교 대표로 독립선언서에 서명하였다.

● 이명룡(李明龍, 1872. 8. 2~1956. 11. 12)

한말의 독립운동가로 3·1운동 때 민족대표 33인의 한 사람으로 독립선언서에 서명하고 체포되어 2년간 옥고를 치렀다. 1945년 조선민주당을 조직하여 고문에 추대되었다.

● 길선주(吉善宙, 1869~1935. 11)

장로교회 목사이자 교육가로 민족대표 33인의 한 사람이다. 평양 장대현교회(章臺峴敎會)에서 목회(牧會)를 하면서 신앙활동으로 구국운동을 펼쳤고 숭실학교(崇實學校)·숭덕학교(崇德學校) 등을 설립하였다.

● 유여대(劉如大, 1878. 11. 26~1937. 1. 13)

민족대표 33인의 한 사람이며 의주에서 독립선언서를 배포하고 시위군중을 지휘하였다. 옥고를 치른 뒤 폐교에 이른 양실학교를 재건하고 민족계몽을 위한 여러 권의 책을 저술하였다.

● 김병조(金秉祚, 1895. 2. 5~1938. 5. 26)

1919년 평안남도의 독립만세운동을 주도했다. 1920년에는 독립의용단에 가담하여 일본 관공서 폭파활동 등을 벌였다. 1925년 상해로 건너가 한국독립당 동북의용군, 산중연합군에서 무장투쟁을 계속했다.

• 정춘수(鄭春洙, 1875~1951)

한국의 종교인으로, 3·1운동 때 원산 남촌동교회 목사로 재직하던 중 민족대표 33인의 한 사람으로 독립선언서에 서명하고 옥고를 치르기도 하였으나 이후 변절하여 친일 행적을 남겼다.

이로써 16명이 선정되었다.

불교 측 민족대표

• 한용운(韓龍雲, 1879. 8. 29~1944. 6. 29)

독립운동가 겸 승려, 시인. 일제시대 때 시집 『님의 침묵(沈默)』을 출판하여 저항문학에 앞장섰고, 불교를 통한 청년운동을 강화하였다. 종래의 무능한 불교를 개혁하고 불교의 현실참여를 주장하였다. 주요 저서로 『조선불교유신론』이 있다.

• 백용성(白龍城, 864. 5. 8~1940. 2. 20)

대각교(大覺敎)를 창시한 승려이자 한말의 독립운동가이다. 3·1운동 때 민족대표 33인 중의 한 사람으로 불교계를 대표하여 독립선언서에 서명하였다는 이유로 옥고를 치렀다.

민족대표 48인은 1919년 3·1운동 때 기미독립선언서의 기초와 서명, 인쇄 및 배포, 탑골공원 만세 시위 등 3·1 운동의 기획과 실행에 참가한 핵심 인사 48명이다.

민족대표 33인

예비대표 15인[17]

- 최남선(崔南善, 1890. 4. 26~1957. 10. 10)

한국의 사학자·문인. 잡지 『소년』을 창간, 「해에게서 소년에게」를
발표했다. 한국 근대문학의 선구자 중 하나이다. 독립선언문을 기초
하고 민족대표 48인 중 하나였지만, 이어 친일 활동을 하였다. 진흥왕
순수비를 발견하였다.

---

17) 본래는 이 사건으로 일본 제국 법정에서 재판을 받은 48명, 즉 독립선언서에 서명한 민족대표 33인 가운
데 3·1운동 직후 해외로 망명하여 체포되지 않은 김병조와 재판 판결이 내려지기 전에 구금 중 사망한
양한묵을 제외한 31인에 박인호 등 17인을 더한 인원을 가리키나, 편의상 민족대표 33인에 15~16인만
더해서 민족대표 48인, 중앙지도체 48인, 또는 민족대표 49인이라는 표현을 사용하는 경우도 있다. 이들
가운데 최남선과 현상윤이 추후 친일 행위로 민족문제연구소가 발표한 민족문제연구소의 친일인명사전
수록예정자 명단에 오르는 등 친일파로 불리는 경우도 있다.

● 박인호(朴寅浩, 1855. 12. 25~1940. 4. 3)

동학농민운동이 일어나자 예산 홍주 등지에서 활약했다. 3·1운동 때는 손병희를 도와 천도교 측 독립투사들 연락에 힘쓰며 민족대표 48인 중의 한 사람이 되었다.

● 김홍규(金弘奎, 1874~?)

가톨릭 신자로 조선천주교에서 경영하는 인쇄소의 공장감독으로 있으면서 1919년 3·1운동 때 독립선언서 2만 매를 인쇄, 각계에 발송하여 독립운동을 지원하였다. 3·1운동 지도자 48명 중 한 사람으로 체포되어 1년간 옥고를 치렀다. 1968년 건국에 이바지한 공로로 대통령표창이 추서되었다.

● 노헌용(1866~?)

3·1운동 때 민족대표 48인의 한 사람으로 활동한 독립운동가. 황해도 곡산(谷山) 출생. 천도교에 입문하여 천도교 총본부 금융관장으로 있으면서 독립운동자금 조달에 진력하였다. 일본경찰에 체포되었으나 1920년 복심원(覆審院)에서 무죄를 선고받았다.

● 이경섭(李景燮, 1874~?)

일제강점기에 활동한 독립운동가. 천도교 봉훈으로서 교세 확장에 힘쓰다가, 1919년 독립만세운동에 가담하여, 독립선언서를 황해도에 배포하고, 3월 1일 곡산 장터에서 천도교도들을 모아 만세시위를 벌이다가 체포되었다.

(이상 천도교 5인)

● 김도태(金道泰, 1891~1956)

한국의 교육자·독립운동가. 만세시위에 참가하였다가 옥고를 치렀다. 조선지리학회 회장, 공군사관학교 교수, 서울 시사편찬위원 등을 지냈다. 1980년 건국포장이 추서되었다.

● 안세환(安世桓, 1892. 3. 25일~1927. 9. 20)

1911년 숭실학교 교사로 있던 중 신민회 회원으로 활동하다가 서북 지역의 기독교계 인사들이 연루된 105인 사건으로 수감, 실형 선고를 받고 복역했고, 1919년 3·1 운동에 민족대표 48인 중 한 사람으로 참가했다.

● 함태영(1872. 10. 22~1964. 10. 24)

한말의 독립운동가·정치가·종교인. 불의를 참지 못하는 강직한 성품으로 인해 법관생활 중 면관·복직되기를 거듭하다 결국 공직에서 물러났다. 그 후 3·1운동 때 민족대표 48인의 한 사람으로서 활약했다. 광복 후 심계원장(審計院長), 한국신학대학장을 역임하였으며 대통령 이승만과 함께 제3대 부통령에 당선되었다.

● 김원벽(金元璧, 1894. 6. 24~1928. 3. 9)

독립운동가. 3·1운동을 주도한 48인의 한 사람으로 만세운동을 벌이다가 일본경찰에 체포되어 징역 2년형을 선고받았다. 출옥 후에는 신생활사·시대일보사 등에서 근무하였으나 요절하였다.

● 김세환(1889. 11. 18~1945. 9. 16)

한말의 독립운동가로 삼일남녀학교(三一男女學校)를 설립하여 청년들에게 애국심과 항일사상을 고취시키고, 그리스도교 청년회에서 활동하였다. 3·1운동으로 옥고를 치른 뒤, 수원상업학교를 설립하는 등 교육에 진력하였다.

(이상 기독교 5인)

● 임규(林圭, 1867. 9. 23~1948. 3. 7)

전라북도 익산 출생이다. 일본의 게이오의숙을 졸업하고 경성부에서 일본어 교사로 근무하던 중, 1919년 3·1운동에 민족대표 48인 중 한 사람으로 참가했다.

● 송진우(宋鎭禹, 1889. 5. 8~1945. 12. 30)

한국의 정치가, 독립운동가, 언론인. 중앙중학교의 교장으로서 학생들에게 민족의식을 불어넣었다. 동아일보사가 주식회사로 개편되자 사장에 취임, 이후 30여 년간 사장·고문·주필 등을 역임하면서 『동아일보』를 민족의 대변지로 이끌었다.

● 현상윤(玄相允, 1893~?)

사학가이자 교육가로 3·1운동의 계획과 추진에 참가하여 옥고를 치른 후 중앙고등보통학교 교장과 조선민립대학기성회 중앙집행위원을 지냈다. 광복 후 보성전문학교 교장에 취임하여 고려대학으로 승격되자 초대 총장을 지냈다.

- 강기덕(康基德, 1886~?, 납북)

한말의 독립운동가. 47인 중의 한 사람으로 3·1운동 때 독립선언
문을 낭독하고 만세시위를 하였다. 1990년 건국훈장 독립장이 추서되
었다.

- 정노식(鄭魯湜, 1899~1965)

사회주의 운동가로 1921년 상해 고려공산당에 입당한 후 본격적인
사회주의 운동을 전개했다. 광복 후 민주주의민족전선 상임위원과 남
조선노동당 중앙상무위원 등을 역임했다. 이후 월북하여 활동을 계속
하였다.

- 김지환(金智煥, 1892. 2. 22~1972. 4. 9)

일제강점기 때 활동한 독립운동가. 3·1 운동 때, 파리강화회의와
미국 대통령 윌슨에게 보내는 독립탄원서를 전달하는 책임을 맡아
활동하다가 일본헌병에게 체포되었다. 3·1운동 주모자 48인 가운데
한 사람으로 재판을 받다가 1920년 무죄석방되었다.

- 한병익(자료 확보 못함)

2·8 독립선언서

쥐도 모르고 새도 모르고 귀신도 모르는 3·1독립운동의 씨앗이
움트고 있다.

어느새 전국 각 도·부·군·면·골골마다 입에 지퍼를 채운 독립운동 준비가 한창인 상태다.

일본이 알까 모를까? 알았을 수도 있고 몰랐을 수도 있을 것이나 알았다고 해도 고종 장례식에 대한 준비라고 판단했을 일이고, 되도록 군중의 숫자를 줄일 방법과 절대적 불법 항일 구호를 피켓이나 현수막이나 태극기를 휘두르지 못하게 철저히 대비하고 있었을 텐데 누구도 잘 모르게끔 선명하게 밝혀지지 않아 역사의 비밀이다.

역시 독립운동자금이 어떤 루트를 통하여 누구에게 각각 얼마씩 분배되었는지도 정확한 기록을 찾기 어렵다.

다음 5권에서 일부 서술할 것이기는 하나 아무리 열심을 내도 당시의 이 놀라운 독립운동의 내막은 하늘만 알고 땅만 알지 사람이 다 알 수가 없는 일이라 할 것이다.

그 이유는 너도 모르고 나도 모르고 오직 자신만 아는 돈을 받고 자신만 아는 조직을 움직였다고 하는 이유로 일제의 눈알이 시퍼렇게 쳐다보는 상태에서 민족운동의 조직을 짰다는 것은 거의 인간의 한계를 넘는다고 할 것이다.

특히 3·1운동이 일어나자 곧장 체포된 사람은 '나 잡아가라'고 한 것과 다름없는 민족대표 33인(실은29명)과 예비대표 15인이다.

손병희는 첫째로 잡혀갔다고 보아야 하는데도 천도교는 계속해서 독립자금을 받아 어떻게 어디로 보냈는지 3·1만세 운동은 3월 1일부터 시작하여 장장 6개월간이 이어져 내렸다고 하는 사실이다(실은 1년간 간헐적으로 지속되었다).

물론 월남 이상재도 즉시 붙잡혀 갔다.

다음 권에서 쓸 이야기지만 잡혀간 월남은 3개월 후에 출옥하였으나(6개월 후라는 자료도 있음) 손병희는 6년 징역형을 받았으니 이제는 영수(지도자) 월남도 없고 손병희도 없어 한마디로 머리가 없어진 것이 3·1운동인데 몸뚱이만 살아서 악착같이 조국해방과 자주독립운동이 지속 전개되었다고 하는 사실은 당시 몽땅 잡혀간 33인과 15인도 없는 가운데 이 도대체 어찌 된 영문인지 귀신이 곡할 노릇이다.18)

누가 연속적으로 기부금을 걷어 어떻게 어디로 보내고 언제 어떻게 모여 독립만세운동이 비화되는 산불처럼 전국을 메아리치고 강토를 태극기의 물결로 채웠는가에 대하여는 애국단체나 국가보훈처나 문화체육관광부 쪽에서 끊임없이 연구해야 될 역사적 과제라고 보아야 할 것이다.

이 점은 제5권에서 좀 더 서술하기로 하면서, 수많은 애국정신들이 혼연일체가 되어 장장 6개월에 걸쳐 140여 만 명이 참여하는 사상 유례가 없는 독립운동이 펼쳐진 것은 오로지 기독교가 말하는 하나님과 천도교가 말하는 인내천(사람이 곧 하늘이요, 하늘이 곧 사람이다) 사상이 아니고는 설명이 불가능하다는 점만 분명히 한다.

그런데 여기서 말하는 140만이란 정확한 통계도 아니다. 천도교인 300만은 말할 것 없고, 한국인의 절반 규모로 실은 1천만에 이른다고 볼 일이나 일제는 그 수를 최대한 줄인 것이다.

하지만 지금 이런 이야기를 쓰고 있으나 아직은 3월 1일 이전일 뿐이다.

거사일은 아직도 근 스무 날이 넘게 남아 지금은 지난 2월 7일경의 이야기로서 조금 앞당겨진 이야기를 미리 꺼냈을 뿐이다.

---

18) 이것은 우리의 자주독립 민족성이 근본이라고 보아야 한다.

각설하고, 아무튼 이러는 사이에 하루가 더 지나 2월 8일이 되었다.

일본 동경유학생들이 독립선언서를 발표하니 역사적인 '2·8 독립선언서'다. 일본 동경유학생들이 1919년 2월 8일 조선청년독립단의 명의로 발표한 독립선언서.

서두에서 한국은 4,300여 년의 유구한 역사를 가진 자주독립국임을 강조하여, 한민족의 독립근거와 그 정당성을 주장하고 있다. 그리고 일제침략과 국권찬탈을 사기와 폭력에 의한 수치스러운 역사였다고 전제하고, 왜 한민족이 그동안 수십만 명의 희생자를 내면서 독립운동을 전개하여야 했는가 하는 이유를 밝히고 있다. 또 일제의 통치정책을 한민족의 모든 자유를 짓밟고 민족차별과 생존권 박탈을 자행한 고대적 노예정책이었다고 비난하고, 자유를 위한 조선민족의 투쟁은 앞으로 끊임없이 계속될 것이라고 경고하고 있다. 끝으로 한민족의 독립운동으로 건립될 국가는 민주주의에 입각한 신국가임을 명시하고 세계평화와 인류문화의 발전에 기여할 것이라 약속하고 있다. 말미에는 결의문 4개항이 제시되어 있는데,

① 한일병합조약의 폐기와 조선의 독립을 선언하고

② 민족대회의 소집을 요구하며,

③ 만국평화회의에 민족대표를 파견할 것이며

④ 이 목적이 이루어질 때까지 영원한 혈전을 벌일 것을 선언하고 있다. 바로 이 점이 「3·1독립선언서」와 다른 점이다.

2·8 독립선언서 상세

全朝鮮青年獨立團은 我二千萬朝鮮民族을 代表하여 正義와 自由의 勝
利를 得한 世界 萬國의 前에 獨立을 期成하기를 宣言하노라.

조선청년독립단은 우리 2천만 민족을 대표하야 정의와 자유의 승리를 득한
세계만국의 전에 독립을 기성하기를 선언하노라.

四千三百年의 長久한 歷史를 有하는 吾族은 實로 世界最古 文明民族
의 一이라 비록 有時乎支那의 正祖를 奉한 事는 有하였으나 此는 朝鮮
皇室과 支那皇室과의 形式的外交的關係에 不過하였고 朝鮮은 恒常 吾
族의 朝鮮이오 一次도 統一한 國家를 失하고 異族의 實質的支配를 受
한 事無하도다.

4천 3백 년의 장구한 역사를 유한 오족(우리 민족)은 실로 세계 고민족의 하
나이라. 비록 유시호 중국의 정삭을 봉한 사는 유하얏스나 차는 양국왕실의 형
식적 외교관계에 불과하얏고 조선은 항상 오족의 조선이고 일차도 통일한 국
가를 실하고 이족의 실질적 지배를 수한 사 무하도다.

日本은 朝鮮이 日本과 脣齒의 關係가 有함을 自覺함이라 하여 一千
八百九十五年 日清戰爭의 結果로 日本이 韓國의 獨立을 率先承認하였
고 英·美·法·德·俄 等 諸國도 獨立을 承認할 뿐더러 此를 保全하
기를 約束하였도다.

일본은 조선이 일본과 순치(입술과 잇몸)의 관계에 있음을 자각함이라. 1895
년 일청 전쟁의 결과로 일본이 한국의 독립을 솔선승인하고 영·미·법·덕·
아 등 제국도 독립을 승인할뿐더러 차(이)를 보전하기로 약속하였도다.

韓國은 그 恩義를 感하여 銳意로 諸般改革과 國力의 充實을 圖하였도다. 當時 俄國의 勢力이 南下하여 東洋의 平和와 韓國의 安寧을 威脅할 새 日本은 韓國과 攻守同盟을 締結하여 日俄戰爭을 開하니 東洋의 平和와 韓國의 獨立保全은 實로 此 同盟의 主旨와 韓國은 더욱 그 好誼에 感하여 陸海軍의 戰上援助는 不能하였으나 主權의 威嚴까지 犧牲하여 可能한 온갖 義務를 다하여서 東洋平和와 韓國獨立의 兩大 目的을 追求하였도다.

한국은 그 사의를 감하여 예의로 제반개혁과 국력의 충실을 도하였도다. 당시 아국의 세력이 남하하여 동양의 평화와 한국의 안녕을 위협할 새 일본은 한국과 공수동맹을 체결하여 일아 전쟁을 개하니 동양의 평화와 한국의 독립보존은 실로 차 동맹의 주지와 한국은 더욱 그 호의에 감하여 육해군의 전상원조는 불능하였으나 주권의 위엄까지 희생하여 가능한 온갖 의무를 다 하여서 동양평화와 한국독립의 양대 목적을 추구하였도다.

及其 戰爭이 終結되고 當時 美國大統領 루스벨트氏의 仲裁로 日俄間에 講和會議開設될 새 日本은 同盟國인 韓國의 參加를 不許하고 日俄兩國代表者間에 任意로 日本의 韓國에 對한 宗主權을 議定하였으며 日本은 優越한 兵力을 持하고 韓國의 獨立을 保全한다는 舊約을 違反하여 暗弱한 當時 韓國皇帝와 그 政府를 威脅하고 欺罔하여 「國力의 充實함이 足히 獨立을 得할 만한 時期까지라」는 條件으로 韓國의 外交權을 奪하여 此를 日本의 保護國을 作하여 韓國으로 하여금 直接으로 世界列國과 交涉할 道를 斷하고 因하여 「相當한 時期까지라」는 條件으로 司法, 警察權을 奪하고 更히 「徵兵今實施까지라」는 條件으로 軍隊를 解散하며 民間의 武器를 押收하고 日本軍隊와 憲兵警察을 各地에

遍置하며 甚至에 皇宮의 警備까지 日本警察을 使用하고 如此히 하여
韓國으로 하여금 全혀 無抵抗者를 作한 後에 多少 明哲의 稱이 有한 韓
國皇帝를 放逐하고 皇太子를 擁立하고 日本의 走狗로 所謂合倂內閣을
組織하여 秘密과 武力에 裏에서 合倂條約을 締結하니 玆에 吾族은 建
國以來 半萬年에 自己를 指導하고 援助하노라 하는 友邦의 軍國的野心
에 犧牲되었도다.

급기 전쟁이 종결되고 당시 미국대통령 루스벨트 씨의 중재로 일・아 간데
강화회의 개최될 새 일본은 동맹국인 한국의 참가를 불허하고 일・아 대표자
간에 임의로 일본의 한국에 대한 종주권을 의정하였으며 일본은 우월한 병력
을 지하(가지)고 한국의 독립을 보존한다는 구전을 위반하여 암약한 당시 한국
황제와 그 정부를 위협하고 기망하여 「국력의 충실함이 족히 독립을 득할 만한
시기까지라」는 조건으로 한국의 외교권을 탈(빼앗아)하여 차(이)를 일본의 보
호국을 작하여(만들어) 한국으로 하여금 직접으로 세계열국과 교섭할 도를 단
하고 인하여 「상당한 시기까지라」는 조건으로 사법, 경찰권을 탈하고 갱히 「징
병금실시까지라」는 조건으로 군대를 해산하며 民間의 무기를 압수하고 일본군
대와 헌병경찰을 각지에 편치하며 심지에 황궁의 경비까지 일본경찰을 사용하
고 여차히 하여 한국으로 하여금 전혀 무저항 자를 작한 후에 다소 명철의 칭
이 유한 한국 황제를 방축하고 황태자를 옹립하고 일본의 주구로 소위합병내
각을 조직하여 비밀과 무력에 리에서 합병조약을 체결하니 자에 오족은 건국
이래 반만년에 자기를 지도하고 원조하노라 하는 우방의 군국적 야심에 희생
되었도다.

保護條約을 締結할 時에 皇帝와 賊臣안인 幾個大臣들은 모든 反抗手
段을 다하였고 發表後에도 全國民은 赤手로 可能한 온갖 反抗을 다하

였으며 司法, 警察權의 被奪과 軍隊解散時에도 然하였고 合倂時를 當하여는 手中에 寸鐵이 無함을 不拘하고 可能한 온갖 反抗運動을 다하다가 精銳한 日本武器에 犧牲이 된 者가 不知其數며 以來 十年間 獨立을 恢復하려는 運動으로 犧牲된 者－數十萬이며 慘酷한 憲兵政治下에 手足과 口舌의 箝制를 受하면서도 曾히 獨立運動이 絶한 적이 없나니 此로 權하여도 日韓合倂이 朝鮮民族의 意思가 아님을 可知할지라.

如此히 吾族은 日本軍國主義的 野心의 詐欺暴力下에 吾族의 意思에 反하는 運命을 當하였으니 正義로 世界를 改造하는 此時에 當然히 匡正을 世界에 求할 權利가 有하며 또 世界改造에 主人되는 美와 英은 保護와 合倂을 率先承認한 理由로 此時에 過去의 舊惡을 贖할 義務가 有하다 하노라.

보호조약을 체결할 시에 황제와 적신안인 기개대신들은 모든 반항수단을 다하였고 발표 후에도 전 국민은 적수로 가능한 온갖 반항을 다하였으며 사법, 경찰권의 피탈과 군대해산 시에도 연하였고 합병 시를 당하여는 수중에 촌철이 무함을 불구하고 가능한 온갖 반항운동을 다하다가 정예한 일본무기에 희생이 된 자가 부지기수며 이래 십년간 독립을 회복하려는 운동으로 희생된 자－수십만이며 참혹한 헌병정치하에 수족과 구설의 겸제를 수하면서도 증히 독립운동이 절한 적이 없나니 차로 권하여도 일한합병이 조선민족의 의사가 아님을 가지할지라.

여차히 오족은 일본군국주의적 야심의 사기폭력하에 오족의 의사에 반하는 운명을 당하였으니 정의로 세계를 개조하는 차시에 당연히 광정을 세계에 구할 권리가 유하며 또 세계개조에 주인 되는 미와 영은 보호와 합병을 솔선 승인한 이유로 차시에 과거의 구악을 속할 의무가 유하다 하노라.

實로 日本은 韓國에 對한 行爲는 詐欺와 暴力에서 出한 것이니 實狀 如此히 偉大한 詐欺의 成功은 世界興亡史上에 特筆할 人類의 大辱恥辱 이라 하노라.

실로 일본은 한국에 대한 행위는 사기와 폭력에서 출(나온)한 것이니 실상 여차히 위대한 사기의 성공은 세계흥망사상에 특필할 인류의 대욕치욕이라 하 노라.

또 合倂以來 日本의 朝鮮統治政策을 보건대 合倂時의 宣言에 反하여 吾族의 幸福과 利益을 無視하고 征服者가 被征服者에게 對하는 古代의 非人道的政策을 應用하여 吾族에게는 大小政權, 集會結社의 自由, 言論 出版의 自由를 不許하며 甚至어 信敎의 自由, 企業의 自由까지도 不少 하고 拘束하며 行政 司法 警察 等 諸機關이 朝鮮民族의 人權을 侵害하 며 公利에 吾族과 日本人間에 優劣의 差別을 設하며 日本人에 比하여 劣等한 敎育을 施하여써 吾族으로 하여금 永遠히 日本人의 被使役者를 成하게 하며 歷史를 改造하여 吾族의 神聖한 歷史的, 民族的 傳統과 威 嚴을 破壞하고 凌侮하며 小數의 官吏를 除한 外에 政府의 諸機關과 交 通, 通信, 兵備諸機關에 全部 或은 大部分 日本人만 使用하여 吾族으로 하여금 永遠히 國家生活의 智能과 經驗을 得할 機會를 不得케 하니 吾 族은 決코 如此한 武斷專制不正不平等한 政治下에서 生存과 發展을 亨 受키 不能한지라.

또 합병 이래 일본 조선통치 정책을 보건대 합병 시의 선언에 반하야 오족 의 행복과 이익을 무시하고 정복자가 피정복자에 대한 고대의 비인도적 정책 을 습용하여 오족에게 참정권, 집회결사의 자유, 언론, 출판의 자유 등을 불허 하며 심지어 신교의 자유, 지업의 자유까지도 불소히 구속하며 행정, 사법, 경찰 등 제기관이 조선민족의 사권까지도 침해하며 공사 간에 오인과 일본과의 우열의 차별을 설하며 오족에게는 일본인에 비하야 열등한 교육을 시하야서 오족으로 하여금 영원히 일본인의 사용자로 성케 하며 역사를 개조하야 오족의 신성한 역사적 전통과 위엄을 파괴하고 능모하며 소수를 제한 이외는 정부 제기관과 교통, 통신, 병비 등 제기관에 전부 혹은 대부분 일본인을 사용하야 오족으로 하여금 영원히 국가생활에 지능과 경험을 득할 기회를 부득케 하니 오인은 결코 여차한 무단전제 부정, 불평등한 정치하에서 생존과 발전과를 향유키 불능한지라.

그뿐더러 元來 人口過剩한 朝鮮에 無制限으로 移民을 獎勵하고 補助하여 土着한 吾族은 海外에 流離함을 不免하여 國家의 諸機關은 勿論이오 私設의 諸機關에까지 日本人을 使用하여 一邊 朝鮮人으로 職業을 失케 하며 一邊 朝鮮人의 富를 日本으로 流出케 하고 商工業에 日本人에게는 特殊한 便益을 典하여 朝鮮人으로 하여금 産業的 發興의 機會를 失케 하도다. 如此히 何方面으로 觀하여도 吾族과 日本人과의 利害를 互相背馳하며 背馳하면 그 害를 受하는 者는 吾族이 吾族은 生存의 權利를 爲하여 獨立을 主張하노라.

그뿐더러 원래 인구 과잉한 조선에 한으로 이민을 장려하고 보조하야 토착하니 오족은 해외에 유리함을 불면하며 정부의 제기관은 물론이고 사설의 제기관에까지 일본인을 사용하야 일단 조선인의 부를 일본으로 유출케 하고 상공업에도 일본인에게만 특수한 편익을 여하야 오족으로 하야금 산업적 발흥의 기회를 실케 하도다. 여차히 하 방면으로 관하야도 오족과 일본과의 이해는 상호배치하야 기해를 수한 자는 오족이니 오족은 생존 권리를 위하여 독립을 주장하노라.

最後에 東洋平和의 見地로 보건대 그 威脅者이던 俄國은 이의 軍國主義的 野心을 抛棄하고 正義와 自由와 博愛를 基礎로한 新國家를 建設하려 하는 中이며 中華民國도 亦然하며 兼하여 此次 國際聯盟이 實現되면 다시 軍國主義的 侵畧을 敢行할 强國이 無할 것이라.

최후 동양평화의 견지로 보건대 위협이던 아국은 이미 군국주의적 야심을 포기하고 정의와 자유를 기초로 한 신국가의 건설에 종사하는 중이며 중화민국도 역연하며 겸하여 차후 국제연맹이 실현되면 다시 군국주의적 침략을 감행할 강국이 무할 것이다.

그러할진대 韓國을 合倂한 最大理由가 이미 消滅되얏을뿐더러 徒比로 朝鮮民族이 無數한 革命亂을 起한다 하면 日本의 合倂된 朝鮮은 反하여 東洋平和를 攪亂할 禍源이 될지라. 吾族은 正當한 方法으로 吾族의 自由를 追求할지나 萬一 此로써 成功치 못하면 吾族은 生存의 權利를 爲하여 온갖 自由行動을 取하여 最後의 一人까지 自由를 爲하는 熱血을 濺할지니 어찌 東洋平和의 禍源이 아니리오.

그러할진대 한국을 합병한 최대이유가 소멸되었을뿐더러 차로부터 조선민족이 무수한 혁명란을 기한다면 일본에게 합병된 한국은 반하야 동양평화의 요란하고 화원이 될지라. 오족은 정당한 방법으로 오족의 자유를 추구할지나 만일 차로써 성공치 못하면 오족은 생존의 권리를 위하야 온갖 자유행동을 취하야 최후의 일인까지 자유를 위하는 열혈을 유할지니 어찌 동양평화의 화원이 아니리오?

吾族은 一兵이 無호라. 吾族은 兵力으로써 日本을 抵抗할 實力이 無호라. 然하나 日本이 萬一 吾族의 正當한 要求에서 不應할진대 吾族은

日本에 對하여 永遠의 血戰을 宣하리라.

오족은 일병이 무하니 오족은 병력으로써 일본에 저항할 실력이 무하도다. 일본이 만일 오족의 정당한 요구에 불응할진대 오족은 일본에 대하야 영원의 혈전을 선하리라.

吾族은 久遠히 高等한 文化를 有하였고 半萬年間 國家生活의 經驗을 有한 者－라 비록 多年專制政治의 害毒과 境遇의 不幸이 吾族의 今日을 致하였다 하더라도 正義와 自由를 基礎로 한 民主主義의 上에 先進國의 範을 隨하여 新國家를 建設한 後에는 建國以來文化와 正義와 平和를 愛護하는 吾族은 반드시 世界의 平和와 人類의 文化에 貢獻함이 有할줄 信하노라.

오족은 구원히 고상한 문화를 유 하얏고 반만년 간 국가생활의 경험을 유한 자라 비록 다년간 전제정치하의 해독과 경우의 불행이 오족의 금일을 치하얏다 할지라도 정의와 자유를 기초로 한 민주주의의 선진국의 범을 취하야 신국가를 건설한 후에는 건국 이래 문화와 정의와 평화를 애호하는 오족은 세계의 평화와 인류의 문화에 공헌함이 유할 줄을 신하노라.

玆에 吾族은 日本이나 或은 世界各國이 吾族에게 民族自決의 機會를 典하기를 要求하며 萬一 不然하면 吾族은 生存을 爲하여 自由行動을 取하여써 吾族의 獨立을 期成하기를 宣言하노라.

자에 오족은 일보이나 혹은 세계각국이 오족에게 자결의 기회를 여하기를 요구하며 만일 불연이면 오족은 생존을 위하야 자유의 행동을 취하야 써 독립을 기성하기를 선언하노라.

決議文

결의문

一. 本團은 日韓合倂이 吾族의 自由意思에 出하지 아니하고 吾族의
生存과 發展을 威脅하고 또 東洋의 平和를 攪亂하는 原因이 된
다는 理由로 獨立을 主張함.

一. 본단은 일한합병이 오족의 자유의사에 출하지 아니하고 오족의 생존과
발전을 위협하고 또 동양의 평화를 교란하는 원인이 된다는 이유로 독립
을 주장함.

二. 本團은 日本議會 及 政府에 朝鮮民族大會를 招集하여 該會의 決
議로 吾族의 運命을 決할 機會를 集하기를 要求함.

二. 본단은 일본의회 급 정부에 조선민족대회를 초집하여 해회의 결의로 오
족의 운명을 결할 기회를 집하기를 요구함.

三. 本團은 萬國講和會議에 民族自決主義를 吾族에게도 適用하게 하
기를 請求함. 右 目的을 達成하기 爲하여 日本에 駐在한 各國大
公使에게 本國의 主義를 各其 政府에 傳達하기를 依賴하고 同時
에 委員 二人을 萬國講和會議에 派遣함. 右 委員은 旣히 派遣한
吾族의 委員과 一致行動을 取함.

三. 본단은 만국강화회의에 민족자결주의를 오족에게도 적용하게 하기를 청
구함. 우목적을 달성하기 위하여 일본에 주재한 각국 대공사에게 본 국의
주의를 각기 정부에 전달하기를 의뢰하고 동시에 위원 이인을 만국강화
회의에 파견함. 우 위원은 旣히 파견한 오족의 위원과 일치행동을 취함.

四. 前項의 要求가 失敗될 時는 吾族은 日本에 對하여 永遠의 血戰을 宣함. 此로써 生하는 慘禍는 吾族이 그 責에 任치 아니함.

四. 전항의 요구가 실패될 시는 오족은 일본에 대하여 영원의 혈전을 선함. 차로써 生하는 참화는 오족이 그 책에 任치 아니함.

朝鮮靑年獨立團 右 代表者 崔八鏞(최팔용), 李琮根(이종근), 金度演(김도연), 宋繼白(송계백), 李光洙(이광수), 崔謹愚(최근우), 金喆壽(김철수), 金尙德(김상덕), 白寬洙(백관수), 徐椿(서춘), 尹昌錫(윤창석) 재일본동경조선청년독립단 대표.

2 · 8 독립선언서에 대한 고찰

1919년 2월 8일 동경 유학생들이 발표한 독립선언. 일명 '2 · 8독립선언서', '조선청년독립선언'이라고도 한다. 3 · 1운동 전후에 발표된 독립선언서는 모두 셋이다.

첫째 1918년 11월에 만주 · 노령에서 발표한 「무오독립선언서」, 둘째 「2 · 8독립선언서」, 셋째 1919년 3월 1일 서울에서 발표된 「3 · 1독립선언서」이다. 2 · 8독립선언서는 학생들에 의하여 작성되었다는 점과 3 · 1운동 발단에 직접적인 영향을 미쳤다는 데 그 특색이 있다. 동경유학생들은 이미 한말 때부터 대한흥학회를 조직하고, 학회지『대한흥학보』를 간행하여 국내에 배포하는 등 애국개화운동에 기여하였으며, 1910년 망국 이후에는 조선유학생학우회 · 조선기독교청년회 · 조선학회 · 조선여자친목회 등 자치단체를 조직하여 회원의 애국사상을 고취하였다. 특히 조선유학생학우회는 1912년 10월에 조직되어 동경유학생 전원이 자동 가입되었으며, 회지『학지광(學之光)』을 발간하는 한편, 웅변·토론·강연·졸업생축하회·신입생환영회 등의 모임을 열어 회원의 애국사상을 고취하여왔다. 재일유학생들이 한국의 독립문제에 관심을 가지기 시작한 것은 이미 제1차 세계대전이 발발한 1914년부터라고 하겠으나, 독립선언서를 발표하게 된 직접적인 자극은 1918년 1월 종전을 앞두고 미국 대통령 윌슨이 발표한 평화원칙 14조와 그해 11월에 성립된 제1차 세계대전의 휴전조약으로부터 받은 것이라 할 수 있다. 특히 유학생들에게 고무적이던 보도는 1918년 12월 15일자『저팬 애드버타이저 The Japan Advertizer』(神戶에서 영국인이 발간한 영자지)에, 「한국인, 독립을 주장 Korea, Agitate for Independence」이라는 제하에 미국에 있는 한국인들이 독립운동에 대한 미국의 원조를 요청하는 청원서를 미국정부에 제출하였다는 기사와, 12월 18일자 「약소민족들 발언권 인정을 요구」라는 기사에서 뉴욕에서 열린 세계약소민족동맹회의 2차 연례총회가 파리강화회의 및 국제연맹에서 약소민족의 발언권을 인정하여야 한다고 주장한 사실 보도였으며, 아울러 한국대표가 이에 포함된 사실까지 알려주었다. 이 보도에 접한 재일유학생들은 1919년 1월 6일 동경 간다(神田)에 있는 조선기독교청년회관에서 웅변회를 열어,

"오늘의 정세는 우리 조선민족의 독립운동에 가장 적당한 시기이며, 해외의 동포들도 이미 실행운동에 착수하고 있으므로 우리도 마땅히 구체적 운동을 개시하여야 한다."

고 결의하고 실행위원으로 최팔용·서춘·백관수·이종근·송계백·김도연 등 10명을 선출하였다. 실행위원들은 독립선언서를 발표

하여 이를 일본정부가 각국 대사공사 그리고 일본 귀족원·중의원 양의원에 보내기로 결의하고 1월 7일 청년회관에서 회원 약 200명을 모아 실행위원의 결의사항을 보고하고 만장일치의 동의를 얻었다. 실행위원 중 전영택이 신병으로 사퇴하자 북경으로부터 서울을 거쳐 동경으로 온 이광수·김철수를 새로 추가하여 11명의 실행위원이 먼저 조선청년독립단을 조직하고 독립선언서를 기초하였다. 기초위원으로는 백관수·김도연·이광수를 선출하였으나, 실제 문안작성은 이광수가 전담한 것으로 알려져 있다. 완성된 선언서 초안 한 부는 송계백과 최근우에 의하여 국내에 반입되었고, 중앙학교 현상윤·송진우·최남선·최린 등이 이를 받아보고 흥분하였다는 것이다.

최팔용은 1919년 2월 7일 일문으로 된 「민족대회소집 청원서」를 동경 시바구(芝區) 고야마정(小山町)에 있는 이토인쇄소에서 1,000부를 인쇄하고, 「독립선언서 부(附)결의문」은 국문·일문·영문이 있었으므로 7일밤 김의술 집에서 국문·일문을 등사판으로 밀고 영문은 타자를 쳐서 이튿날 아침 10시 이들 청원서와 선언서를 먼저 우편으로 동경주재 각국 대사관·공사관과 일본정부의 각 대신, 일본 귀족원 중의원, 조선총독 및 각 신문사로 보내고, 오후 2시 기독교청년회관에서 유학생대회를 열었다.

그리하여 600여 회원의 환호 속에 역사적인 「2·8독립선언서」가 발표되었다. 동경유학생의 거의 전원이 모인 이날의 독립선언회의에서 유학생들은 독립실행방법을 토의하려 하였으나 관할 니시간다(西神田) 경찰서장이 강제해산을 명령하여 실행위원 10명이 붙잡혔다. 그러나 이광수는 이미 1월에 중국으로 떠난 상태였다. 2월 12일 유학생 1,000여 명이 다시 히비야 공원에 모여 이달(李達)을 회장으로 추대하고 「독립선언서」를 재차 발표하려 하였으나 이달 등 13명이 붙잡혀 해산되고 말았다. 23일에는 또 변희용·최재우·장인환 등 5명이 조선청년독립단 민족대회촉진부 취지서를 인쇄하여 역시 히비야공원에 배포하고 시위운동을 벌이려 하였으나 배포 도중에 붙잡혔다.

3·1운동이 일어난 뒤에는 조선독립단 동맹휴학촉진부가 결성되어 유학생들이 동맹휴학운동을 벌였으며, 고국으로 돌아가 3·1운동에 참여하는 학생도 많았다. 일제의 통계에 따르면, 1919년 2월 8일부터 5월 15일까지 재일유학생 359명이 귀국하였다는 것이며, 그중 127명이 서울로 돌아왔다는 것이다.

젊은 동경유학생들이 기초하여 발표한 「2·8독립선언서」는 먼저 일제침략행위를 역사적으로 설명하고 병합이 민족의 의사를 무시한 일제의 군국주의적 야심의 사기와 폭력이었다고 규탄하였다. 이어 식민지정책의 야만적 성격을 폭로하였고, 일제와 열강은 마땅히 동양평화와 세계평화를 위하여 한국을 독립시켜야 한다고 주장하였다.

이 선언문은 두 가지 점에서 「3·1독립선언서」보다 의미 있는 문서라 할 것이다. 첫째, 이 선언서는 최남선이 「3·1독립선언서」를 기초할 때 참고한 문헌이었다는 점이다. 최남선은 이광수의 문장을 한층 다듬었으나 그 문맥은 같은 것이며

"되도록 온건하게 쓰라."

는 손병희의 지시에 따라 2·8선언서의 과격한 표현을 대폭 연화시킨 흔적을 드러냈다. 특히 선언서 말미의 결의문 4항을 공약 3장으로 바꾼 최남선은 "일체의 행동은 가장 질서를 존중하여야 하며 배타적 감정을 삼가라"고 주장하였다. 결의문을 건의문으로 변조하였다고는 할 수 없으나 독립을 요구한다는 「2·8독립선언서」의 강력한

의사표시가 부드럽게 표현된 사실만은 부정할 수 없다.

둘째, 「2·8독립선언서」는 정당한 방법으로 민족의 자유를 추구할 것이지만, 만일 이로써 성공하지 못하면 온갖 자유행동을 취하여 최후의 일인까지 열혈을 흘릴 것이며, 영원한 혈전을 불사한다고 주장하였으나 「3·1독립선언서」에서는 단 한마디도 피의 전쟁을 언급한 일이 없으며 공약 3장 2에서, 다만

"최후의 일인까지 최후의 일각까지 민족의 정당한 의사를 쾌히 발표하라."

고 말했을 뿐이다. 그러므로 2·8독립선언에서는 무단통치하에서 신음하는 2,000만 민족의 고통과 강렬한 독립요구를 한층 더 절실하게 표명한 것이라고 할 수 있을 것이다.

기도하는 일부터 시작하자

이제 국민들이 적극 참여하여 사력을 다하기만 한다면 필경 일제가 놀라고 세계가 깜짝 놀라게 될 거사(3·1독립만세운동)는 첫발을 내디뎠다.

월남은 자주 가슴이 울렁거린다. 한편으로는 걱정도 되는 탓이다.

'내가 왜 이러지?'

그때마다 월남은 역시나 아직도 믿음이 작다는 생각이다.

'우리 뒤에는 하나님이 계시고 이 모든 거사는 하나님이 책임지고 돌봐주시는데 내가 왜 이러지…?'

하지만 월남은 마침내 마음에 평정을 얻었다.

'맞아. 최선을 다하기만 하면 결과는 하나님이 책임진 대로 된다!'

그러자 첫째가 하나님의 창고에 기도를 가득 쌓아야 한다는 것을 안 것이다.

'그래 기도부터 시작하자!'

결심을 더욱 굳히고 33인중 우선 기독교 쪽 16인과 5인에 자신을 합쳐 22인이 모인자리에서 역설하였다.

동지 여러분! 일제가 아직은 낌새를 몰라 우리가 모이는 집회를 현재는 감시하지 않습니다.

원래 우리 YMCA는 세계가 주시하고 서양선교사들의 출입처라 상당부분 치외법권(治外法權)적 성소였고, 실제 Y는 아무리 들쑤셔 봐도 저들을 거슬리지 않았으니 이번 거사를 끝까지 눈치 채지 못 할 것으로, 일단 저는 그렇게 믿습니다.

그러나 항상 태연하고 일체 조심하십시오.

눈치를 채는 날에는 열배 그 이상 힘들어 집니다.

잘 하시니 됐고요.

천하만사… 공중에 나는 새 한 마리로부터 들에 피는 풀 한 포기까지….

그 어느 것 하나도 하나님과 상관없는 것은 없습니다.

우리가 펼칠 거사도 마찬가집니다. 우리의 생명과 발걸음과 생각을 주장하시는 하나님께서 이 거사의 주인이 되심을 믿어 의심치 않습니다.

그렇지만 우리가 하나님께 모든 것을 믿고 맡겨도 반드시 우리가 미리 해야 될 것이 있습니다. 너무들 잘 아시겠지만 그것은 기도입니다.

불교는 이 일을 위해 불공을 드릴 것입니다. 천도교 역시 말할 것도 없습니다.

중요한 것은 우리 22명입니다. 우리 22명이 기도해야 합니다. 기도할 날이 스무 날도 남지 않았어요. 잔소리로 듣지 마시고 다시 한 번 기도창고를 넉넉하게 채우자고 하는 것입니다.

첫째, 국민들이 알고 모여 줘야 합니다. 그러나 우리는 알릴 마땅한 방법이 없습니다. 전에 만민공동회가 1만 명이 모인 것은 단방 하루에 된 게 아니었습니다.

그런데 이번 우리 거사에는 1만 명이 아니라 최소한 열 배 10만 명은 모여 줘야 합니다. 이게 우리끼리만 모여서는 하나마나 독사의 입에 손가락 넣어 보기입니다. 알릴 방법은 마땅찮아 어떻게 알리며, 또 알리면 그들이 알고 나와 줄는지… 저는 믿음이 약해 사실 걱정도 좀 했습니다.

그러나 이제는 확신을 가졌습니다. 최하 하루 10만 명에서 최대 총계 100만 명 이상도 모이게 된다고 하는 믿음입니다. 그렇지만 사실 이건 제가 생각해도 과한 욕심 같기도 합니다. 그러나 지금은 확신합니다. 2천만 국민이 다 알게 된다. 모인다. 하루 이틀이 아니고 몇날 며칠 몇 달… 세계인이 다 알고 일제가 감당을 못 하게 구름처럼 모인다는 확신이 왔고 응답까지 받았습니다. 동지들도 이 확신을 가져야 합니다.

하지만 만약 확신이 맹신이 되면 큰일 납니다. 그래서 제가 받은 응답을 알려 드릴 터이니 기도에 참고하시기 바랍니다.

우선 세상 모든 일의 성사여부 첫째는 기도하기에 달렸다는 것은 아실 것입니다. 그러나 기도한다고 다 응답되는 것은 아니고 어떤 기도는 거부가 응답인 경우도 있다는 것도 아실 것입니다. 바로 이 대목에서 이번 거사가 거부되는 응답이 될지도 모른다는 약한 마음을 버려야 합니다. 이게 어렵습니다. 그러나 이치를 알면 열배 백배의 확신과 응답을 받게 됩니다.

1. 먼저 하나님의 뜻에 맞는지부터 짚어 보세요.
2. 다음은 내 욕심인가 국민을 위한 충심인가 짚어 보세요.
3. 그리고 이로써 하나님이 기뻐하고 영광을 받으실까 짚어 보시고
4. 끝으로 이 거사를 통해 내 한 생명 죽어도 그만한 가치가 있다고 하는 두려움이 없이 당당한가를 짚어 보시면 알게 됩니다.

예…. 우리는 잡혀가도 당당합니다. 죽인대도 두렵지 않습니다.

이번 거사로 감옥에 가고 죽어도 천추에 여한이 없으며 설사 뜻을 이루지 못하고 아까운 목숨만 버린다고 해도 이것은 나라와 국민과 후손과 하나님 앞에 "장하다. 위대하다"라는 축복을 받기만 한다면 그러면 우리는 의심에서 벗어나 확신과 응답을 받습니다.

제가 이 과정을 거쳤습니다. 물론 이미 동지 여러분도 저와 같은 믿음과 이런 과정을 다 거쳤을 것입니다. 그래서 지금은 저나 여러분의 발걸음이 가볍고 가슴을 누르던 걱정이 사라졌습니다.

그 결과 다시금 깨달았습니다. "하늘 창고에 기도만 가득 쌓으면 절대적 성공이다"라는 것입니다.

하여 저는 제 집에서 Y까지 걸어오면서 이미 기도를 깔아대며 쌓아 가기 시작했습니다.

물론 잠에서 깨면 제일 먼저 엎드려 기도부터 하고, 잠들기 전이나 나돌아 다닐 때나 밥을 먹거나 하루 종일 기도합니다.

그리고 또 있습니다. 그러니 잘 듣고 이것은 꼭 동지 여러분도 기

도에 참고하시기 바랍니다.

제가 여기까지 걸어 오며 세어 보니 오는 데 만 1만 보를 걷습니다. 왕복 매일 2만 보를 걸어요. 그때마다 '나는 왜 땅을 딛고 걸어 다니는가?'라는 생각을 해 봤습니다. 공중에 나는 새나 들짐승도 날고 걷는 데 이유가 있다면 나는 왜 걷느냐를 생각해 봤습니다. 그랬더니 바로 걸어가서 할 일이라고 하는 목적이 있다는 것입니다. 목적이란 거사입니다.

그래서 이 거사를 놓고 왼발 오른발 걸으면서 매번 기도합니다.

"최하 10만 명, 최고 100만 명."

다음은 더 크고 많이

"최하 100만 명, 최고 1,000만 명."

이걸 하루에 2만 보를 걸으면서 하나님의 기도창고에 쌓고 종로거리에 깔고 있습니다.

마음을 다해 10만, 100만, 1000만의 인파가 모이게 해 달라고 기도합니다. 결국 그렇게 모인다는 확신이 왔습니다. 걱정마라는 응답도 받았습니다. 너는 기도부터 열심히 하라는 응답도 받았습니다. 모든 것의 시작은 기도부터라는 응답 말입니다.

기도가 부족하면 안 된다는 것입니다.

10만 명이 모이려면 10만 번을 기도해야 할까요? 물론 단 한 번 기도에도 응답을 받을 수 있을 것이나, 때로는 100만 번을 기도해야 10만 명을 보내 주시는 경우도 있습니다.

이제 우리 22명 동지들 모두가 하루 2만 걸음씩 걸으며 걸음마다 기도, 기도, 기도… 기도에 게으르지 맙시다. 그러면 하루에 44만 번의 기도가 쌓이고 하루 44만 명을 보내주실 수도 있습니다.

이렇게 남은 날 20여 일 기도를 다 쌓으면 모두 480만 명, 아니 1,000만 명을 보내 모이게 해 주실 수도 있습니다.

최소한 하루 3만 번씩 우리가 20일만 다른 건 다 잊고 기도의 터를 다져갑시다.

그러다 감옥에 가면 그땐 하루 6만 번인들 못하겠습니까. 하자고요. 기도입니다.

저 자신부터 앞장서겠습니다. 될 일도 기도를 안 해 안 되는 경우가 있는가 하면, 안 될 일도 기도하면 되는 것이 있다는, 이것이 기도의 능력입니다.

기도는 그릇입니다. 그릇이 있어야 받을 것이고 주실 것입니다.

기도도 안 하고 왜 안 주시느냐고 한다면

"내가 주고 싶어도 네가 받을 그릇이 없는데 어찌 손바닥에다 물을 주랴?"

하실 수도 있거든요.

우리는 설사 빈손 안 주셔도 기도해야 하나님께 할 말이 있고 그래야 그때 따지고 울어도 울 자격이 있는 것입니다.

끝으로 한 말씀만 더 드립니다.

"기도하고 한 일은 반드시 된다"는 것입니다.

"기도 안 하면 될 일도 안 된다"는 것입니다.

이 말은

"기도하고 한 일은 망해도 흥한다"는 것이요, "기도 않고 한 일은 흥해도 결국 훗날 망한다"는 것입니다.

그러니 우리는 "잘돼도 흥하고 안 돼도 흥할 일밖에 없습니다."

믿습니까?

순재의 기도 동참과 세 발로 걷는다

"최하 10만 명, 최고 100만 명…."

월남이 기도하며 걷는다.

"최하 100만 명, 최고 1,000만 명…."

응얼응얼 기도하며 집을 나선다. 종로 골목을 걷고 때로는 육조거리를 돌아서 걷는다.

하지만 월남은 순재가 모르는 게 낫겠다 싶어 순재에게는 3·1 거사에 대해 함구하기로 했다.

그러나 사정이 달라졌다. 순재에게 아무 말도 안 했는데 들키고 만 것이다. 순재는 그날,

"서방님 지금 기도제목이 뭐예요?"

갑자기 묻기에 월남은

"아니 뚱딴지같이 기도제목이 뭐냐니 뭘 알고 싶은 거요?"

월남은 순간 이상한 감각이 스친다.

"기도 제목을 갑자기 새삼 물을 일이 뭡니까?"

"아니 제가 몰라서 물을까요? 알아요, 다."

"뭘 압니까?"

"서방님 기도제목은 제가 줄줄이 뀁니다. 아마 열 가지는 순서까지 맞춰낼걸요."

"그래요? 그럼 알면서 왜 묻습니까?"

"그런데 도저히 모르는 게 하나 있으니까 묻는 겁니다."

"뭘 모르는데요?"

"하하, 서방님도 참… 뭘 모르느냐 물으시면 내가 뭐라 하겠습니까?"

"다 안다면서요?"

"그런데 모르는 게 튀어나왔다니까요?"

"튀어나와요? 뭐가 튀어나온 겁니까?"

"하하, 참 답답하시네요. 그게 뭔지 모르겠다니까요. 그래서 그게 뭐냐고 묻는 겁니다."

이것 참…

월남은 마음먹은 대로 그냥 감추기로 하였다.

"아는 것이나 모르는 것이나 다 그 속에 들었습니다. 새삼스레 이런 기도를 하는 중이다 뭐다 시시하게 우리가 그 정도로 소통부재는 아니잖습니까? 믿음을 가지고 기도하는 하나님의 성령 안에서 같이 사는데…. 됐어요, 밥상이나 어서 들입시다."

하고 넘어갔는데, 밤이 되자 순재가 이상해졌다. 말을 안 하는 것이다. 뭔가 골이 나서 토라져 버렸는데 알 수가 없다.

"왜 그래요, 부인. 아니 숙부인마니임! 뭣 땜에 그럽니까?"

눈치가 영 다른데 아까 그게 마음에 걸린다.

"아, 말을 해봐요. 혹 왜 그 아까 그 기도제목이 뭔지 말해 주지 않았다고 삐친 겁니까?"

"아이 몰라요. 됐어요, 됐어."

분명하다. 그러나 거사를 말할 생각은 없는데

"서방님! 나 그런 여자 아닙니다. 죽어도 같이 죽고 살아도 같이 산다고 한 제 마음은 기도가 엇갈리면 개코나 다 헛된 바람이라는 것 너무 잘 안답니다."

순간 아차 싶다. 공연히 기도의 동지요 아내이며, 내가 순재고 순재가 곧 나라고 하는 것을 망각한 것이다. 그러나 이부자리 송사라는 말이 있어 할 말 안 할 말은 가려야 한다는 것도 잘 안다.

그런데 순재가 누구인가. 순재는 하나님과 자신 월남만 아는 여자다. 문제라면 분명 하나님보다 어쩌면 자신 월남이 더 먼저라고 보일 정도다.

'21인의 Y 동지를 믿는 것이 100이라면…?'

순간 Y 동지처럼 기도부터 하나가 돼야 한다 싶어 진솔하게 사과하고 3·1거사 사실을 털어놓기로 했다. 듣고 나자

"아, 진작 그러시지 않고…. 그러나 충분히 이해는 갑니다. 맞아요. 마누라까지 비밀로 해야 될 경우도 있기는 해요. 그러나 그런 경우는 그보다 더 일찍 다른 문제가 엉켜 있기 때문입니다. 서방님과 나…. 그런 것 없잖아요? 나도 동참입니다. 기도에 동참…."

그로부터 순재도 걷기기도에 동참하였다.

"제가 서방님 걷는 숫자의 걷기기도 두 몫을 맡겠습니다."

"그래요? 어떻게요?"

"왜 그 여리고성이 무너진 것 아시지요? 제가 여리고 성을 돌겠습니다."

"여리고 성?"

"사방님 출와(出Y: YMCA에 출근함)하시면 집안일 할 거 하고 저도 매일 집을 나서 Y 한 바퀴 돌고 경복궁까지 돌겠습니다. 4만 보는 되겠지요? 하하, 신난다, 신나…."

순재가 매일 걷기기도에 걸음으로 동참하고 있다.

"최하 10만 명, 최고 100만 명. 최하 100만 명, 최고 1,000만 명…."

어느 날 덕수궁을 돌아보니 경복궁보다 고종 황제가 계신 덕수궁을 도는 것이 경복궁보다 좋다는 생각이 들어 돌담길을 걷는다.

눈이 와도 걷는다.

"오늘은 눈이 얼어 땅이 미끄러울 건데 어쩌지요?"

"그래도 저는 돕니다."

눈이 오나 비가 오나 바람이 부나….

순재는 기도걸음을 빠뜨리지 않는다.

"무리하는 것 아닙니까?"

"무리요? 두 배의 두 배라도 저는 합니다. 다만 걸 넘을까 싶고, 또 기도도 욕심으로 하면 안 된다 하실 터라 꾸준하게 한다고 두 배 4만 보에 맞추어 걷는 것뿐입니다."

"아, 그래요? 그래서 덕수궁입니까?"

"예, 여리고 덕수궁입니다요!"

재미도 나나 보다. 말하길 잘했구나 싶다. 순간 월남도 장난기가 솟았다.

"그런데 두 배는 아니거든요. 한 배 반입니다요."

"아니? 4만 보…. 내가 세어 보며 걷거든요. 뭐야! 서방님 나 모르게 더 걷습니까?"

"아니요. Y에만 출와 퇴와 고정입니다."

"그럼 2만 보잖아요? 내가 걸어본 사람인데 모릅니까? 아니지요? 더 걸으시나 보다."

"아니라니까요? 출와 퇴와로 땡입니다, 나는…."

"대체 뭔 소립니까?"

"하하하, 내 농을 좀 했습니다."

"농…이요?"

"생각해 보니까 출와 퇴와 2만 보가 맞기는 맞는데 있지요?"

"예!"

"나는 지팡이까지 셋이서 세 발로 걸으니까 남이 2만 보면 나는 3만 보다…. 하하하."

박장대소다.

기미(3·1)독립선언서 낭독한 곳, 태화관(泰和館)

마침내 월남과 손병희가 주축이 된 3·1독립운동의 거사일이 다가왔다. 여기서 가장 중요한 문제는 잘 풀렸다. 독립선언서를 인쇄하는 작업의 문제다.

독립선언서는 33인 중에 한 분인 천도교 측 이종일 선생이 일제의 감시 속에 자신이 운영하는 보성사[19]에서 2만 5,000부를 인쇄하였다. 일경이 순찰을 나와 밤새워 무엇을 인쇄하느냐고 하자 족보라고 속여 계획대로 인쇄를 마쳤으므로 이 엄청난 일을 해낸 이종일 선생은 33인 중 민족대표 손병희 선생의 다음 자리에 앉혀야 마땅하다 할 정도다.

아무튼, 3월 3일, 즉 고종의 장례일에 모든 행동지침을 잡았던 일본의 예측은 빗나갔다.

독립운동이 하루이틀에 마칠 게 아니라 대대적이고 장기간에 걸쳐 일어날 것을 계획한 월남과 손병희는 3월 1일을 시작일로 하여 3월 3일에 대대적인 시위를 벌이고 이어서 한 달이고 두 달이고 연이어 독립운동 만세운동을 펼치기를 밀약하였고 이 밀약은 물샐 틈 없이

---

19) 현재는 조계사 후문 옆에 공원, 이종일 선생 동상도 이곳에 있다.

지켜지게 되었다.

놀라고 당황한 것은 일본이었다. 이틀 후 3월 3일에 모든 저지계획을 맞춰 세웠으나 이틀 전에 대대적인 만세운동이 대한독립운동으로 터진 것이다.

첫 독립선언서 낭독 장소는 처음 YMCA가 자리 잡았던 태화관으로 정하였다. 태화관은 새로 지은 Y회관에서 멀지 않고 종묘공원과 Y와 삼각형의 북쪽에 자리 잡고 있는 곳이다.

그럼 여기서 태화관에 대해 알아보자.

1919년 3·1운동 당시 민족대표들이 모여 독립선언서를 낭독한 장소로, 인사동에 있던 요릿집인 명월관(明月館)의 별관인데, 남감리교회 재단에 인수되면서 헐려 현재는 12층의 태화기독교사회복지관 건물이 들어서 있다. 서울특별시 종로구 인사동에 있던 요릿집인 명월관(明月館)의 별관이다.

충남 태안 옥파 이종일 선생 기념관 내 독립선언서 인쇄체험을 위한 전시물 사진

조선 전기에는 중종반정에 가담해 정국공신(靖國功臣) 2등에 책록된 구수영(具壽永)이 살았고, 당시 이곳에는 태화정(太華亭)이라는 정자가 있었다. 조선 후기에는 안동김씨 김흥근(金興根)의 소유를 거쳐 다시 헌종(憲宗)의 후궁인 경빈(慶嬪) 김씨의 순화궁(順和宮)이 되었다가, 일제강점기에 이완용(李完用)의 소유로 넘어갔다.

1918년 벼락이 떨어져 이 집에 있던 고목이 둘로 갈라져 넘어지자 이에 놀란 이완용이 팔려고 내놓은 것을 마침 화재로 없어진 명월관의 주인 안순환(安淳煥)이 인수해 명월관의 별관으로 사용하기 시작하였다.

이때 태화정이 있는 곳이라 하여 이름을 태화관(太華館)이라 하였다가 뒷날 태화관(泰和館)으로 고쳤다.

안순환은 궁내부 주임관(奏任館)과 전선사장(典膳司長)으로 있으면서 궁중에서 순종(純宗)의 요리를 담당하던 부제조(副提調)로, 궁중에서 나온 뒤 명월관을 설립하였다. 이후 2층 건물인 태화관은 크고 작은 방이 많아 서울의 부호와 조선총독부 관리 등 친일파들이 즐겨 찾는 서울의 명소가 되었다.

특히 3·1운동 때는 민족대표 33인 가운데 김병조(金秉祚)·길선주(吉善宙)·유여대(劉如大)·정춘수(鄭春洙) 4인을 제외한 29명이 이곳에 모여 대한독립만세를 부르고 일본 경찰에 연행되었는데, 이로 인해 태화관은 더욱 유명해졌다.

1919년 3월 1일 오후 2시 무렵 민족대표 29인은 주인 안순환으로 하여금 조선총독부에 미리 전화를 걸게 하여 이곳에서 민족대표들이 독립선언식을 거행하며 축배를 들고 있다는 사실을 알렸다.

이어 출동한 80여 명의 일본 경찰이 포위한 가운데 한용운(韓龍雲)

이 대한독립만세를 선창하고 나머지 민족대표들이 제창한 뒤 일본 경찰에 연행되었다.

그 뒤에도 태화관은 궁정 양악대 출신들이 만든 우미관(優美館) 양악대와 단성사(團成社) 양악대가 자주 출연하는 장소로 인기를 끌다가 남감리교회 재단에 인수되면서 헐렸다.

이어 건물이 있던 자리에는 기독교 감리교 여자교육기관인 태화회관이 설립되었고, 현재는 12층의 태화기독교사회복지관 건물이 들어서 있다.

曾祖父님 前 獻詩

대전 거주 후손 일동

大韓民國 七千萬이여 아는가.

億萬番 불사른 月南 祖父님 心腸의 잿더미 - 南山보다 더 높음을 아는가.

댕기머리 열한 살 國呼出去(나라가 불러 나가심)하여 七十八年 한 平生.

꽃다운 아내, 토끼 같은 자식, 바위 같은 父母 함께 마음 편히 못 사시고

스러지는 우리 大韓 부여잡고 나라 발꿈치 밑 차마 눈을 감지 못하고 양주 삼하리에 묻힌 月南 祖父님 塵土가 된 五臟六腑를 아는가 모르는가.

쌀 한 가마니 4원 하던 時節

第二代 朝鮮總督 하세가와(長谷川好道)가 巨金 五萬원(쌀 12,000가마니) 들고 故鄕 韓山으로 가라할 때 그 돈 걷어 발로 차시고

老軀 病床에서도 大韓獨立運動이라면 일어나 주먹 불끈 두 눈 光彩 번뜩이신 月南 祖父님 정신의 줏대(얼) 時代精神을 여기 다시 모시렵니다.

五萬餘 愛國志士 그 뒤 뜨겁다 않으랴만,

或者 財物 감투 貪內 賣國奴로 살고, 나라 팔아 蓄財한 者의 後孫은 떵떵거리는데, 月南 祖父님은 말씀하셨다.

"나라를 잃었는데 땅이 있어 무엇 하며, 倭놈의 軍靴가 밟는데 妻子가 있은들 무엇 하며, 金銀寶貨 名譽 父母 子息… 나라 잃은 아비가 어찌 子息 안고 웃으며, 나라 잃은 사나이가 그 무슨 書房님이냐? 나의 一身 불타 숯덩이가 될지라도, 새 筍 트고 祖國光復解放 못 찾으면 家族도 있으나마나 全部를 다 잃은 것이다. 거적에 누워 자고 監獄에 갇

혀도 좋으니 나라만 찾으면 난 죽어도 괜찮다!"

누구는 나라 팔아 私腹 가득 잘 먹고 잘사는데

月南 祖父님 팔려나간 그 나라 되찾기에 家族을 버렸습니다.

健康을 버렸고, 一身寧安을 버렸고, 외로움과 쓰라린 生을 自請,

民族의 永遠한 큰 별이며, 偉大한 스승이 되셨습니다.

"스승은 무슨 놈의 스승이냐."

"나라도 못 찾고 백성을 지키지도 못한 것이 무슨 놈의 큰 별이냐."

月南 祖父님의 對答은 듣지 않아도 들려옵니다만 아니옵니다.

月南 祖父님! 李商在 할아버님!

우리나라 이제 번듯한 世界 13位 强國입니다.

할 수 있으시면 이제 부활하여 오늘날 이 땅에 오소서!

못다 한 가정의 아버지로, 男便, 長孫으로, 孫子 등에 업고 콧노래 부르는 할아버지로… 肉身이 아니어든 靈魂으로 오소서 이 땅에 오늘은.

오늘 大韓民國의 瑞光은 月南 祖父님의 愛國精神이라 하겠습니다.

勞心焦思 모진 拷問, 孤獨으로 애타게 이루시고자 한 大韓民國 光明 天地이오나 어두운 곳 아직도 많습니다.

허름한 흰 두루마기 - 굽은 단장 - 낡은 나막신 다 버리시고 -

韓山모시 두루마기, 살가운 속옷, 멋들어진 中折帽,

휴대폰, TV, 노트북, 高級 乘用車에 月南 祖父님 모시려 하오니

갈비 冷麪 드실까요? 生鮮膾 드실까요?

韓正食이 좋으세요? 北京料理를 드시렵니까?

아, 大韓의 푸른 草場 - 永永 마르지 않는 生命水 -

아, 月南 祖父님의 一生! 과연 새빨간 "紅松"이십니다!

월남 이상재 선생 일생(年譜)

- 1850년 10월 26일 충청남도 서천군 한산면 종지리 출생.

- 1856년 사숙(글방)에 입학하여 한문 공부를 시작.

- 1861년 봉서암 현만 스님에게서 수학.

- 1864년 15세 때 강릉 유씨와 결혼.

- 1865년 혜산 이혜진 스승에게서 수학.

- 1867년 18세에 과거에 응시하나 낙방.

- 1868년 친지 이장직 거창군수의 추천으로 죽천 박정양 사가로 감.

- 1880년 12년간 그 집에서 같이 지내면서 지식과 정치 경륜을 쌓음.

- 1881년 13년 만에 죽천 박정양과 신사유람단으로 일본에 감.

- 1884년 우정총국(현 우체국)이 개설되자 홍영식 추천으로 인천 우정국 근무. 갑신정변 실패로 낙향, 박정양에 의해 다시 등용.

- 1887년 박정양이 초대 미국에 전권대사로 파견되어 1등 서기관으로 수행. 워싱턴D.C.에서 1년 동안 근무.

- 1888년 외교관으로서 미국에서 청의 불간섭과 자주외교를 주장

하다 청의 압력에 의해 정부로부터 소환령을 받고 귀국.

- 1892년 전환국(현 조폐공사) 위원이 됨.
- 1894년 갑오개혁 후 우부승지 겸 경연각 참찬이 됨. 학무아문 참의로 학무국장을 겸임. 외국어학교 초대 교장.
- 1895년 학부참사관, 법부참사관을 지냄.
- 1896년 내각총서와 중추원 1등의관으로 국왕을 보필. 7월 서재필, 윤치호 등과 독립협회 창립하고 독립문과 독립관을 각각 건립. 독립공원 건립. 관민·만민공동회 개최하여 독립운동.
- 1897년 8월 매주 일요일 오후에 독립협회 토론회에 지명토론자.
- 1898년 2월 23일 자주독립수호의 구국운동선언 상소를 독립 협회를 대표하여 작성. 정부(고종)에 헌의6조 제출하자 고종이 수락 후 중추원을 개정하여 관제 발표. 3월 10일 대중계몽집회인 만민공동회 개최, 만민공동회 의장으로 활동.
- 1902년 개혁당 사건으로 인해 그의 아들(승인)과 함께 구금되어 두 달 동안 가혹한 고문을 당한 후 감옥에 갇힘.
- 1903년 옥고를 치르는 동안 기독교서적과 성경을 읽게 되었으며 54세에 옥중세례 받고 기독교 신자가 됨.
- 1904년 러일전쟁이 일어나자 국사범들과 함께 석방 연동교회에 입교함과 동시 황성기독교청년회(지금의 서울 YMCA)에 가입.
- 1905년 을사조약 체결. 고종의 간청으로 의정부참찬이 됨. YMCA 활동과 청년운동에 헌신. YMCA교육부위원장이 됨.
- 1906년 세계평화회의에 이준, 이위종, 이상설 세 사람을 고종의 밀사로 파견하는 일을 비밀리에 도움. 일제 통감부에 의해 구속되었으나 증거 불충분으로 석방됨. 한국축구 최초시축 함(대한체

육구락부 vs 황성기독청년회).

- 1907년 정부로부터 법부대신의 자리를 교섭받았으나 거절함. 헤이그 밀사사건으로 고종이 강제퇴위를 당하자 일본의 만행을 규탄하는 민중시위를 벌여 이를 진두지휘함.
- 1908년 황성 YMCA의 종교부 총무로 취임. 두 번째 장순재와 재혼.
- 1910년 제 1회 전국 기독교학생회 하령회를 조직하여 새로운 학생운동을 일으킴. 기독교회의 백만인 구령운동에 적극 참여하여 이를 구국운동으로 발전시킴.
- 1911년 기독교지도자들은 탄압하기 위해 데라우치 총독 암살음모사건을 조작하여 '105인 사건'으로 기독교계 지도자들을 대거 검거함. 선생은 셋째 아들의 장례차 귀향하여 화를 면함.
- 1913년 64세에 YMCA 총무로 취임 '105인사건'으로 YMCA를 일제에 예속시키려는 계획을 저지.
- 1914년 조선중앙 YMCA를 비롯 10개 YMCA를 규합하여 조선기독교청년회 연합회를 조직함.
- 1916년 조선중앙기독교청년회의 명예총무로서 청년들에게 민족정신을 고취시킴.
- 1918년 일제의 무단정치하에서 비밀리에 기독교, 천도교, 불교 지도자들과 만나며 3·1독립운동을 배후에서 지휘함. 일요강화, 강연회 등을 통하여 청년지사들을 규합함.
- 1919년 3·1 운동 배후인물로 활약하다 검거되어 옥고를 치름.
- 1920년 조선기독교청년연합회 회장, 조선중앙기독교청년회 고문으로 추대 국권회복을 목적으로 하는 조선교육협회를 창립하고 회장이 됨. 한국야구 최초 시구함.

- 1922년 북경에서 열린 만국기독교청년연합대회 조선 대표로 참석. 대한여자기독교청년회연합회(YWCA) 창립을 후원. 조선민립대학기성회 결성을 결의하여 준비위원장이 됨.
- 1923년 3월 민립대학기성회를 발기총회가 YMCA회관에서 열림. 조선민립대학 설립위원장. 조선기독교 청년회 고문.
- 1924년 연합 소년척후단(지금의 한국스카우트연맹) 초대총재로 추대 물산장려운동, 절제운동, 지방전도운동, 창문사운동 등을 진두지휘. 9월 조선일보사 사장으로 취임.
- 1925년 4월 제1회 전국기자대회 사회자로 해산직전의 대회를 수습.
- 1927년 2월 15일 민족적 단결을 목표로 하는 민족단일전선. 신간회의 회장으로 추대. 3월 29일 78세를 일기로 재동 자택에서 별세. 4월 7일 국내 최초의 사회장으로 한산 선영에 모심.
- 1929년 11월 월남사회장의위원회에서 선생의 유고, 행상 등을 모아 사회장의에 관한 각종 자료 등을 모아 월남 이상재를 간행함.
- 1957년 이승만 전 대통령 지시로 경기 양주 장흥면 삼하리로 이장.
- 1962년 건국훈장 대통령 장 추서.
- 1985년 3월 29일 이상재 선생 58주기 추모회 행사를 가짐. 청소년들을 위하여 월남 선생의 생애와 사상을 정리한 월남 이상재 선생 이야기를 월남 이상재 선생 동상건립위원회가 간행함.
- 1986년 4월 월남 이상재 선생 동상 제막식(종묘시민공원) 개최.
- 1992년 7월 이달의 독립운동가(대한민국 국가보훈처).
- 2002년 3월 이달의 문화인물 지정(문화관광부).

위의 본 저서에 공지된 연보는 월남 선생을 연구한 연구자에 따라 (고증자료채증문제로) 각각 경미한 차이가 있을 수도 있으며 채증된 다른 자료가 있으신 분은 본 저자에게 알려 주시면 감사하겠습니다. (kclc1000@naver.com)

천광노

한국정신문화(더 잘 세울)연구원장
현) Q·R News(구 충청시대) 주필
　토요신문(민주일보) 논설 고문
　대전 제일장로교회 집사
　장로교 신학교 졸업

歷史다큐小說 『민족의 스승 月南 李商在』(전 5권)
『基督教 讚揚學』
『敬歎讚詩』(전 5권)
『생각學』
『言語學』
『稟位學』
『잃어버린 세월』(전 5권)
『江華旅記』
『場生草』
『逆說 사랑學 槪論』

찬양(성가)집 레코드 & 카세트테이프 제1집~제11집까지 출반
　　(작사 및 작곡 약 150여 곡)
고신·합동·통합·합동보수, 전국 총회 및 노회 특별출연 찬양선교
1984년 한국기독교100주년 선교대회(100만 성도 회집) 특별출연 2회
　　(여의도 광장 빌리 그레이엄 목사 설교 전 특별찬양)
일본선교여행 2개월 20여 교회순회 찬양 선교(일본어판 찬양집 출반)
전국도시, 농촌·어촌, 섬, 기도원 등 1,500여 교회 순회 찬양선교

기독교 청주방송 찬양학 방송강의
기독교 부산방송 찬양학 방송강의
대전 극동방송 찬양학 강의
대전 극동방송 장애우를 위한 교양칼럼 방송강의
대전 극동방송 크리스천 교양칼럼 방송강의
울산 극동방송 크리스천 교양칼럼 방송강의

E-mail: kclc1000@naver.com
TEL: 010-401-3639

월남 이상재

민족의 스승

4권

초 판 인 쇄 | 2012년 1월 12일
초 판 발 행 | 2012년 1월 12일

지 은 이 | 천광노
펴 낸 이 | 채종준
기 획 | 권성용
편집 디자인 | 김매화
표지 디자인 | 박능원

펴 낸 곳 | 한국학술정보㈜
주 소 | 경기도 파주시 문발동 파주출판문화정보산업단지 513-5
전 화 | 031) 908-3181(대표)
팩 스 | 031) 908-3189
홈 페 이 지 | http://ebook.kstudy.com
E - m a i l | 출판사업부 publish@kstudy.com
등 록 | 제일산-115호(2000. 6. 19)

ISBN   978-89-268-2795-6 94910 (Paper Book)
          978-89-268-2791-8 94910 (Paper Book Set)